社会制作の方法

社会は社会を創る、でもいかにして？

北田暁大

keiso shobo

社会制作の方法——社会は社会を創る、でもいかにして？

社会制作の方法　目次

序　「社会学の根本問題」と社会問題の社会学——whatとhowのあいだ

(1)　社会秩序の問題転換

「社会秩序はいかにして可能か」。これは、タルコット・パーソンズ以来の社会学の重要課題の一つだ。この問いに対しては、様々な形で解答が与えられてきたし、また現在も与えられ続けている。それはたしかに社会を理論的に捉えようとする場合に、もっとも基礎的で根本的なものといえるが、きわめて論理的な問いであるといえる。もしこの問いを経験的な（empirical）水準——いうまでもなく社会学は経験的であることを指向する学の一形態である——で捉え返すとするなら、「社会秩序はいかにして捉えられる／記述しうるか」というものにならなくてはならないだろう。

しかしこの問いは、本質的に解答困難なものである。この問いに答えようとするならば、私たちはまず「秩序」という概念の意味内容を確定し、そしてその概念と適合する社会状態を記述しなくてはならない。しかし「秩序ある社会状態」というものを私たちは明確に表現することができるだろうか。いったい社会がどのような状態にあるとき、私たちはそれを「秩序ある」と認定するのであろうか。今あなたが生活を営んでいる社会は秩序ある状態にあるといえるだろうか。

近年では、政府の差し出す諸法案と立憲主義の関係が問い返され、政府が「例外状態」を想定した立法を目指す一方で、そうした動きを立憲主義、民主主義の危機と位置づけ、現状を「例外状態」と呼ぶ人たちもいる。法による通常の統治が不可能かつ著しい秩序の壊乱を招く「例外状態」にかかわる立法が、法的秩序・社会的秩序が不全となった「例外状態」と呼ばれる。秩序はいずれの立場でも取り戻されねばならない善いこと（good）である。しかしその善さを実現する法的措置が正しい（right）かどうかが、問われ続けている。秩序は「善さ」にも「正しさ」にも還元できない、独特の含意を持っている。そこに「社会秩序がある」という状態の複数の像が接点を持ちえない理由があるように思われる。

＊

パーソンズが定式化したこの「社会学の根本問題」は、彼が活躍した一九四〇年代から一九六〇年代にかけて、きわめて切実なものであった。粗くいってしまうなら、パーソンズ以前には、これは社会学の根本問題ではなかった、といえる。

というのも、三〇年代までのアメリカ合衆国では、社会が急激な変化（都市化・スラムの繁茂・貧困・人種差別）を迎え、その急変ゆえに、さまざまな社会問題・暴動・紛争が生じており、そうした「社会問題」を解決していくための方法を「科学的」に示していくというのは、社会学者にとって当然の課題であったからだ（この点については、北田 2014, 2015）。アメリカ社会学の原点と言われることの多いシカゴ学派は、都市をフィールドとして様々な社会問題を扱ったし、シカゴ大学は政財界からの支援を受けて、「社会改良のための学」としての社会学の基盤を作っていった。

シカゴ学派に先駆けて本格的な社会調査を行っていた「忘れられた社会学者」W・E・B・ドュボイスは、『フィラデルフィアの黒人』という浩瀚な経験的研究の書をすでに19世紀のうちに上梓していたし、シカゴ学派の周辺には社会改良運動（social reform movement）にかかわる人びと、スラム街に居を構え、貧困者たちへの物的・文化的支援をおこなっていたセツルメント「ハルハウス」や、工業都市における労働者の実態を調査した「ピッツバーグ調査」を指揮したケロッグもいた。あまり知られていないが、「自我論」で有名なG・H・ミードも所属は心理学部だったものの、同僚のデューイとともに社会改良運動に携わっていたし、実際セツルメント活動家と深いかかわりを持っていた。19世紀末の「慈善活動《チャリティ》」を抜け出し、調査をしたうえで社会改良を目指していくという潮流は一般に「社会調査運動」などとも呼ばれるが、かれらはみな社会学・社会調査が社会の善さの向上に寄与することを当然のこととみなしていた。いま読むと同化主義とも読めるロバート・パークの人間生態学にしても、社会的な混乱から秩序が生み出されていくメカニズムを解明しようと試みるものであった。社会学にとって、秩序という善い状態を目指すことは当然のことであり、「社会的秩序はいかにして可能か」という理論的で抽象的な問いは生まれてきようがなかったのだ。

言い換えるなら「秩序が可能であるとはいかなる状態を指すのか」という論理的問いを社会学の根本問題として据えた点で、パーソンズのほうこそが特異な思考を展開していたのである。

その特異性ゆえに、後々「秩序志向の保守主義者」扱いされるわけだが、それは話が転倒している。「なにはともあれ壊乱や悲惨を除去していくこと」という社会学のプログラムを再定式化し、「そもそも秩序があるというのはどういうことか」と論理的に問い返したパーソンズの切りこみは鋭い。彼を保守主義者と呼ぶことは、秩序なるものを「体制的」といえてしまえるほどには「壊乱的ではない状態」が常態であることを前提とした後世の後知恵――あるいは「内戦から革命へ」という類のスローガンを信じ切っていた者たちの信仰――にすぎない。「秩序がない状態を回避すること」は社会学者にとって頭に浮かびようのないぐらい当然の課題であったわけで、それに対してパーソンズは、待ったをかけた。「そもそも秩序があるとはどういう状態のことを指すのか」と。

秩序がある、ということはgood（善い）でありright（正しい）である、そういう社会学会を覆っていた信念に陰りが出てきたからこそ、秩序問題は社会学の基礎問題たりうることができた。アメリカ社会学でドイツ流の価値判断論争が本格的に展開されるには、リンド／オグバーン論争より少し遅れて、北欧の経済学者の問題提起を待たねばならなかった。膨大な資金が投下され、後に『アメリカのジレンマ――黒人問題と近代民主主義』(*An American Dilemma: The Negro Problem and Modern Democracy*)というタイトルを持つ書として多くの読者を呼び込んだミュルダールの「付録」においてである。ミュルダールは後にハイエクとともにノーベル賞を受賞する（というか、彼自身が創設にかかわった）経済学者であるが、ロックフェラー財団の要請を受けて「価値中立的」な科学の立場から、アメリカにおける文化的葛藤を描き出した。しかし彼が到達したのは、「純粋な社会科学は政策や価値から自由である」という意味での価値論ではなく、いかに中立性・客観性を装うとも、社会科学が持ってしまう価値判断・規範的要素を明示化すべき、との当為判断であった。

自由な個人が自己の力能において、自由な競争の下で、豊かさや善い生活を手に入れることができる、というアメリカの創設神話＝価値は、しかし、人種問題をはじめとする様々な、社会的スタート地点の格差がもたらす不均衡を覆い隠すことはできなくなっている、目標とされる価値は、黒人たちの経済的悪環境、それに由来する文化的後進性（マナーや知識獲得への指向など）、それを観察する白人による黒人差別という悪循環（累積的因果連関）を招くに至っている。現在の言葉でいえば「社会的排除」の連鎖であるが、そうした負の循環を断ち切ろうとする社会科学は、倫理的にも、方法論的にも、それらの状態を改善「すべきという」価値判断を含みこまざるをえない。したがって客観性とは、そうした価値負荷性を隠すのではなく、むしろ明示化することによってこそ担保される、と。秩序を目指す（ことこそ）社会科学が当然視される状況（シカゴ学派〜リンド）から、秩序回復を示唆する社会科学の価値負荷性が認識される（ミュルダール）のあいだに、「秩序はいかにして可能か」を問うパーソンズが存在している。逆に言うと、パーソンズによる問題転換があったからこそ、ミュルダール的な——遡及的に考えるとウェーバーの周回遅れの——価値論が提示されえた。「秩序」はようやく分析方法との関係性を問われうる対象となったのである。社会科学は「「べき」がいかにしてあるのか」を問う学問として再定式化されたわけだ。

ミュルダールが最初にアメリカの地に足を踏み入れたのは、一九三三年。カーネギー財団の招聘を受けてのこと。まさに未曾有の大恐慌の環境のなかで、この経済学者は、予測と結果の差異が次なる予測に繋がっていくという「予期の経済理論」を打ち立て、ケインズに先駆け、予期を誘導する財政出動、投資を呼び込む金利政策を支持する経済理論を提示していた。予定調和的な景気変動論に異を唱え、短期的な予期の帰結と中長期的な経済成長とを軸に、いわば長期的な視座に立った労働力への投資などを支持し、スウェーデン福祉社会の基盤づくりにコミットしていく。かれはそれを価値中立的な姿勢とは考えなかった。理論経済学もまた、安定した成長という状態を志向しているのであり、その志向性の由来は人びとの予期にある。この積極財政派の経済理論と労働力の質向上（人的資本への投資）がもたらす「豊かさ」へのコミットメントをミュルダールは隠すことはなかった。

ここまで話を進めれば、なぜパーソンズとミュルダールが併記されるのか、が分かるだろう。ドイツ仕込みのウェーバー読解の能力を持つパーソンズは、けっして「現状維持 status quo」という意味での秩序＝均衡を目指したのではなく、ありうべき秩序＝均衡状態が可能となる条件の模索、ミュルダール的にいえば予期の予期にもとづいた社会秩序の学として、社会学を再定式化したのだ。パーソンズが立てたホッブス的秩序の問題とは「期待の相互依存性」が秩序を生み出す条件の探索術である。他者の期待・予期への期待・予期が安定する条件の模索。その意味で、パーソンズはミュルダールとともに、予期・期待概念と秩序・均衡（あるいは成長）概念との密接なかかわり合いを示した論者なのである。

パーソンズは明確に秩序がある状態をそうでない状態よりも「善い」と判断していた。そのうえで、それが「正しい」かどうかについては、判断を保留したともいえる。複数ありうる均衡点のいずれが「正しい」のかを経済学者が口ごもるように。しかし経済学的にいうなら、パレート均衡的なものを彼がイメージしていたことは、十分に推察される。パレート改善とは、「誰の効用も犠牲にすることなく、少なくとも一人の効用を高めることができる社会状態」のことを指すが、パーソンズもまた、その均衡点が複数ありうることを知っていた。知っていたうえで、秩序にかんしてパレート改善を示唆しうる社会科学として、社会学を位置づけたのである。「秩序は善い」から「秩序があるとはどのような条件において可能か」という問いへの転換。これは経済学の模倣というだけではない、秩序の学としての社会学の「課題」を示唆すると同時に、社会学の不可避的な価値負荷性を明示した「一周先」にある「社会的なもの the social」への彼なりのコミットを示している。

「現状維持」の秩序――黒人に対する差別的措置によって成り立つ治安の安定、相互予期の安定性――の維持が善いといっているのではない。複数ありうる秩序状態が、いかにして、どのような観点の下に秩序である、と術語づけ、条件設定することができるのか。それがパーソンズの問いである。たんに価値負荷的ということだけではなく、「複数ありうる秩序状態の成立要件を特定する」という作業にパーソンズはとり組んだ。その論理構成に賛成するか否かはおいておくとして、「相互予期（期待）安定による秩序の成立」という規範的課題にパーソンズがとり組んでいたことは間違いない。「非秩序こそが本質的」といえるためには、最低限そうした秩序が成り立っていないと、社会そのものが存立不可能である。それは非秩序的な状態がないと、秩序的な状態も意味をなさないという、文法的な問題にとどまるものではない。パーソンズの分析的リアリズムは、そうした規範的志向に基づいて提示された研究プログラムだったのである。

パーソンズが再定式化した「秩序の学」としての社会学は、ここで二つに分岐していく。つまり、what を追究する方向性と how を追究していく方向性である。もちろんロバート・キング・マートンにおいてはその両者は不可分の関係にあった。難解な術語を用いてはいるが、ニクラス・ルーマンもそうだ。How を突き詰めれば方法としての実証主義が、what を詰めていけば実在物としての社会が問題となる。How に問題を切り詰めていくことは、必ずしも社会学にビルトインされた展開の方法ではない。この **what と how の切り分け難さこそが社会学の根底にある**わけで、how に特化した社会学も、また社会状態、あるいは理想的な社会状態の構想——ハーバーマス——を描く what に特化した社会学もありえない。あるのは社会状態に関する適切な括弧入れと、括弧外しである。適切な括弧入れ（how の問い）のためには、what を世界から分節することが、論理的に前提とされなくてはならないし、無節操な what の記述は、経験的「学」としてのあり方を放棄した開き直りにすぎない。

だが、秩序の成り立ちをめぐる精緻な分析志向は how へと還元され、秩序の what を問う分析は他分野（経済学や行政学、法学、倫理学）に委ねられてしまった。この本は「秩序の学」としての社会学という原点に立ち戻り、理論的な構想力においてたどり着きうる秩序の条件を描き出すことを目指している。そこで「仮想敵」——より正確には仮想的な連帯な相手——とされているのは、what（社会状態）を括弧入れし、how に定位する社会構築主義（social constructionism）であり、そうした what の括弧入れ（と適切な括弧外しの実践）の記述のうえに成り立っている社会学理論・規範理論・方法論である。

「秩序」の学としての社会学の記述の確度をたかめていくと同時に、そうした how にこだわる経験科学であるからこそいえる what のあり方。あるいは構築主義の成果を踏まえた「適切な括弧の外し方」を模索すること（岸 2015）。それが、本書が自らに課した課題である。

第Ⅰ部では、how の検出精度を高めていく構築主義が、こと歴史的出来事にかんする記述に際して、what を排除する、括弧入れすることにより、意図せざる結果として、「what を問わない」という価値規範にコミットしてしまうことを示し、howとwhatの不可分性という社会学の根元的な問いに、議題を差し戻していく。

第II部では、whatの括弧入れという構築主義のプログラムを、いかにして倫理的・道徳的なコミュニケーションの記述へと接続していくのか、という点を、構築主義のプログラムを別角度から捉え返すことにより示していく。第I部でもすでに扱われている問いであるが、本書においてプログラムとしての構築主義は否定されない。というか、前提である。そのうえで、いかにして構築主義とともに、構築主義の彼岸を社会学の課題として受け止めていくべきなのか、そういう問題をここでは考察することとしたい。

第III部は、構築主義の方法論的プロジェクトがそのものとして規範的なプロジェクトたりうることを、ラディカルな構築主義——王道的な「ラディカル構成主義」には批判的な立場をとっているのだが——を自認するニクラス・ルーマンの議論にそくして考察していくこととしたい。それは、howを分析者というよりは社会に生きる人びとの水準に設定するというラディカルな構築主義が、いかにして実質的な規範を含む倫理や熟議、人権といった問題系を解釈しうるか、を示し、ルーマン的なプロジェクトが持ちうる「社会学的啓蒙」の可能性を探索する作業である。

ルーマンにとって、ハーバーマスの討議倫理も、世の中の道徳も、人権という「代えがたい」行為の理由の主張も、すべては「いかにしてhow、倫理的なものを語っているか」というhowの問いにおいて扱いうるはずのものであった。そのことは第8章でいうように、文法的には真である。しかし、ある比較準拠点立って機能的等価物を比較する、というルーマンのプロジェクトにおいても、あらゆる社会的包摂（ということは排除）からも逃れてしまう「記述しえない悲惨」がある、という結論に到達した。これは一見、第7章でみたローティの結論と似ていなくもない。しかし、構築主義を詰将棋のようにあらゆる社会領域で展開していったルーマンが、「記述しえない」と記述する悲惨は、実在すると述べたことの含意は小さくない。それはちょうど第2章で私が歴史的構築主義の「実在性前提」をくりだしたのと似た作業なのではないかと思っている。

しかし実在性前提である以上、実在性をめぐる哲学的問題にどのようにかかわるかはルーマンにおいてもあくまで微妙な問題である。ただ、いかにして彼が、ギリギリまで構築主義をたどりつつ、「記述しえない秩序の外部」を見いだしたかということは、それ自体重要な知識社会学的問いである。その端緒を開くために設けられたのが第Ⅲ部の一連の論考である。

本書はだから、「秩序の学」「社会問題の学」という社会学の自己・他者規定を否定しない。問題は、そこでいわれる秩序がいかなるものであるか、いかなる条件で可能か・という問いがいかにして立ち上がりうるのか、というきわめて「構築主義的」な問題にこそある。

(2) 社会問題は存在する

「社会問題は存在する」。

ルーマンに倣って、本書のテーマをそのように設定することもできるだろう。「構築されざるもの」もまた記述可能という時点で、「構築主義」の外部にない（というか内部／外部という観察においてそれとして再定式化されるものにすぎない）。それは事実である。しかし、秩序がある／ないという問いが成り立たないほどに行為の期待連鎖が成り立っていない状況――その原因はもちろん「法学的」「政治学的」「経済学的」に記述されうるのだが――を前にしたとき、どこか、その事実性に抗う感覚があり、その一見漠然とした感覚が、経験的学としての社会学の研究を駆動させ、成功条件を定めているということもまた事実である。その抗いの感覚こそが「社会問題」と呼ばれる、研究プロジェクトを駆動するモチーフなのではないか。

やや走りすぎた。少しクールダウンして考えてみよう。

社会構築主義という how を詰きつめて考えた思考様式が、「社会問題の社会学」というしばしば平板に併置される冠社会学の一つから登場してきたことには、相応の意味がある。

第一には、既述のように合衆国で繁栄した社会学という学問領域が、そのはじめから「社会問題の記述、解決策の提示」というモチーフに貫かれており、「社会問題」は社会学という学問の存立そのものを支える研究アジェンダであったということ、つまり社会学は「社会問題」へのコミットメントを初めからビルトインしていたということ。

第二には、社会問題の記述という問いのなかから秩序問題等の理論的プログラムが差し出され、社会学に固有の秩序という問題系を生み出す契機となったということ。社会問題という問題設定は、社会学が他の学問と異なる固有の理論を持っている（持つべきである）という信念を生み出し、パーソンズの登場を準備することとなったわけだ。

第三に、社会問題研究がアメリカの経験的研究を先導しつつも、分析対象（社会問題）の選択自体が一定価値を帯びている（「社会問題がない」状態をright, goodとする）がゆえに、経験的な記述の妥当性（客観性、適切性など）と、規範的価値へのコミットメントとの緊張関係を顕在化しやすかったこと。科学であるという方向性――主観的判断を極力排除する、経験的データを基盤とする――が（how）、社会状態に対する「べき論」（what）と容易には切断しえなかったため、「いかにhow」と「なにをwhat」「なんのためfor what」という二つの水準の差異に敏感であらざるをえなかったわけだ。

あるべき社会状態whatを比較的安易に持ち出すマートンを批判する文脈のなかで、いかに記述するか、いかに人びとが捉えている状態を描き出すかというhowの問い（ラベリング論やシンボリック相互作用論、構築主義）が駆動していたことを想起しよう。

社会問題の社会学が、howを先鋭化させる構築主義の故郷であったことは、こうした歴史的・学史的背景のもとで捉えられなくてはならない。構築主義は、論理的・文法的に「構築されえない」ものの存在を含意している。その構築されえないもの、社会状態、あるいは準拠問題に動機づけられているかもしれないし、記述される構築のプロセスはなんらかの社会状態を原因として生じた言語行為の連なりであるといえるかもしれない。このことを否定する構築主義者はいないだろう。問題は、そうした動機との関係や、社会状態と言語行為の因果関係を、分析の課題として引き受けるかどうか、である。そうした課題を引き受けなくともやっていける、というのが原理的な構築主義のプログラムなわけだが、はたしてそれは「社会問題の社会学」という準拠問題に適っているといえるだろうか。

「構築されざるもの」――社会問題そのもの――は、howへの照準という方法論的決断によって、括弧のなかに収まり続けてくれるものなのだろうか。「社会問題」を、社会問題を持つとされる社会状態への分析者の判断抜きに分析することは（可能だとしても）、「社会問題とされるもの（カテゴリーとしての社会状態）を分析する」という準拠問題にそくしたとき、本当に適切といえるのだろうか。それは「経験的記述を追体験可能な形で差し出す」という方法論的な準拠問題へと話を移行させてはいないだろうか。移行させているとした場合、それはいったいいかなる意味において「社会問題の社会学」と呼ばれうるのだろうか。

問題は、方法が差し出されるとき準拠する準拠枠組の問題である。「いかにして社会問題を適切に記述することができるか」という準拠問題に対して、適切さを分析の再現可能性という positivism に置くのであれば、たしかに社会状態の存否を括弧に入れ——形而上学的判断を回避し——「いかに」記述するかという問題にたどり着くことに非合理はない。しかし同じ準拠問題については、行動主義（behavior）という機能的に等価な解法もありうる。心理主義的行動主義においては、心や目的、意図、目標といった志向的概念は、あくまで心理を理解する上での便宜的な操作的概念として処理され、その形而上学的地位については判断保留のまま、ひたすら反復可能・追試可能な外的行動、刺激と行動のみが観察の対象となる。「適切に——科学的な何らかのテスト可能性を前提とした——記述する」という準拠問題のみにこだわるなら、行動主義や新行動主義心理学における観察可能性の担保でも答えたりえてしまう。構築主義における記述の「適切さ」は、必ずしもテスト可能性のことを意味していないようである。

適切さは、この場合、社会の成員の使用カテゴリー・概念との意味連関を重視するという意味で用いられている。なぜ意味連関なのか、といえば、社会問題という対象に対し、社会の成員の実践を離れた名指しをすることは、それ自体が、社会問題という対象を創り出してしまう可能性を持つからであり、分析者による「社会問題の構築」を回避するためだ。たとえば「非行」という概念にしても、人びとがどのように使用し、その概念が指し示す外延が何なのかは異なる。

昭和二〇年代において、成人男性が一七歳の女性と合意の上、性行為に至ることは「犯罪」ではなかった。そうした逸脱行為の社会的な構築過程を描き出そうとするなら、操作的に逸脱行為の定義を定めて、その内包に対応する事象を時期・地域を問わずに分析のデータとしていく操作主義は、社会問題そのものを構築する作業と共生関係を築いてしまう。

「いかにして社会問題を適切に記述することができるか」と構築主義者が問うとき、こうした問題創出への分析者の常識にもとづく加担（予断）は排除されるべき、ということが前提とされているのであり、だからこそ、マートンの逸脱論や、ハワード・ベッカーのラベリング論は批判されなくてはならなかった。こうした分析そのものが持つ再帰的性格への問題意識が、記述の適切さをめぐる問いにビルトインされている。これは「分析自体が記述対象である状態の一部となっている」という認識論的な問題設定であり、社会問題という規範的な要素をたぶんに含む対象が対象であっただけに、伝統的に社会問題の社会学では、再帰性の問題への対応が重要視されてきた。つまり、構築主義における認識論を重視した方法論の支持は、たんなる科学的記述の適切さという方法論的な準拠問題にとどまらない、ある種の規範性を帯びたものであったと考えられる。

「いかにして社会問題を適切に記述することができるか」という準拠問題は、構築主義において、how への拘泥という方法論的自制のみならず、what の成り立ちに分析者がかかわってしまうことの回避という意味で認識論的、というか、認識における対象との距離の置き方という点において論理的な問いとして立ち現れる。社会問題論をhowに還元しようとする方向性が、どこか違和感を私たちにもたらしてしまうのは、歴史的にみて、この二つの問題設定のなかに位置していた構築主義が、片方に特化した形で展開・応用されていく可能性を持つからではないか。

構築主義が社会問題論の議論の構図のなかから出てきたことの意味を、本書では理論的な水準において受け止め、社会問題や非秩序、逸脱、不道徳といった社会状態を、社会学がいかにして受け止めたかという点に着目しながら、理論的に考察していくこととしたい。歴史的な水準での分析は他稿に委ねることとする。

(3) 改善されるべき「社会状態」とはなにか

しかしそうはいっても、冒頭で述べたように、「秩序がある社会状態」を明示的に言葉によって説明しようとしたとたん、私たちは袋小路に陥ってしまうのも事実である。

ここで、視点を転換してみよう。

私たちはたしかに明瞭な形で秩序ある状態というものを説明することができない。そもそも社会状態(social state)という概念そのものが不透明だ(世界の状態state of affairsとなにが違うのだろう?)。日常生活のなかで「社会の状態」が問われるということ自体がそうそう明白な事柄ではない。一方、「秩序を欠いた状態」のほうは比較的容易に同定することができるのではないか。実際、秩序という概念を説明する場合、私たちは「社会問題」「逸脱現象」など秩序を欠いた状態がない状態として説明することが多いのではないだろうか（「非行のない学級」「犯罪のない社会」「混乱のない市場」…）。私たちは、どうやら「秩序」というものを、「非秩序的でない状態」として捉えているようだ。

うまく会話にあわせていくための規則を明示的に語るのは難しいが、「会話に乗るのに失敗する」という事態を想起するのはそれほど難しくない。むしろ規則は「失敗のない状態において機能しているもの」として消極的にしか明確化できない場合も少なくない。とすれば、「社会秩序はいかにして捉えられる／記述しうるか」という課題を経験的な学としての社会学が引き受ける場合に、接近・調査可能性が高いのは、秩序ではなく非・反秩序のほうである、ということになる。かくして、準拠問題は、社会改良運動の地点にまで立ち戻り、「反秩序（社会問題、社会病理、逸脱）はいかにして捉えられるか／記述しうるか」というように変換されることとなる。

このように変換された問いは、「社会秩序はいかにして可能か」と同じく、社会学において長らくと り組まれ続けてきたものである。アメリカ社会学史におけるそれは、別のプロジェクトで歴史的な水準で検討しているが、ここでは、少しだけ理論的に、というか教科書的にこの問題を考えてみることとしよう。

私はさきに「「秩序を欠いた状態」のほうは比較的容易に同定することができるのではないか」と述べた。しかし、あらかじめ言っておくなら、それは後の議論で撤回されることになるだろう。社会学者たちは、非秩序を記述する作業を進めるうちに様々な問題にぶちあたり、その問題をクリアすることによってさらに別の問題にぶち当たり…といった（生産的な）堂々めぐりを繰り返してきた。ここでは、逸脱理論・社会問題理論の紹介、逸脱を描き出そうとする試みがたどってきた頓挫の系譜に軽く触れつつ、秩序なるものを記述することの困難さを確認しておくこととしたい。

*

あまり適切なアナロジーとはいえないのだが、ここで学校などでの「クラス」を一つの社会であると考えてみることとしよう。クラスには指導者（先生）や社会構成員（クラスメイト）がいるし、「係」や「班」によって枠づけられた役割もある。統制のとれたクラスもあるし、秩序が乱れたクラスもある。現在の社会学の理論水準からいえば相当に稚拙なアナロジーではあるが、私たちが「社会」という言葉を聞いて想起するイメージを分節化していくうえで、クラスのような小集団を想定するのは、よくあることであり、一定の妥当性もあるだろう。ここではそうした常識（mundane knowledge）にのっとって思考実験を進めてみる。

さてこのアナロジーを敷衍して、先に掲げた問い、つまり、「反秩序（社会問題、社会病理、逸脱）はいかにして捉えられるか／記述しうるか」という問いを考えてみよう。この問いに対して、どのような解答を与えることが可能だろうか。かつてある大学で「社会学説史」を担当していたときに、学生にこの思考実験を行うようにとの課題を出したことがあるのだが、そのときに人気のある解答は次のようなものであった。

第一に、心理主義的（？）とでも形容すべき解答。クラス＝社会を何らかの集合的な心理状態を持つ存在として捉え、その心理状態が不安定になるメカニズムを、個人の心理に関する（かなり緩い意味での）精神分析や心理学の知見を援用して分析する、というものだ。「成熟を可能にするためのオイディプス的葛藤が欠如しているために……」とか「父＝先生の存在感が弱いために、母的なものとの癒着が……」といった具合に、精神分析的な用語を借りながら自我＝社会の統合の失敗について説明するタイプの議論だ。巧拙の差はもちろんあるが、かつて流行した日本人論などに多く見られる説明様式であり、往々にして学生の受けがよい。

そうした心理主義的な分析方法と並んで人気があるのが、世俗化された社会有機体説である。この議論は、クラス＝社会を生物のようにして捉え、下位組織（細胞、クラスメイト）／上位組織（器官、班）といった区別を導入しながら、生命体としての均衡－秩序が維持されるメカニズム（ホメオスタシス）を描こうとする。言うまでもなく、専門的な社会学の領域でも、社会有機体説からオートポイエーシス理論にいたるまで——もちろん理論の内実はだいぶ違っているのだが——こうした生物学的アナロジーは導入されてきた。世俗化された社会有機体説では、反秩序の状態は、生命体（システム）としての均衡が失われた状態である、あるいは、特定の要素が首尾よく機能を果たしていない状態ということになるだろう。全体や上位組織に対する要素、部分の機能に照準するという機能主義の考え方と親和性を持つ発想である。

たとえば、マートンの機能主義的な社会問題理論は、こうした考え方を、徹底的に精緻化し、かつ生物学的なアナロジーを回避しソフィスティケートしたものといえるかもしれない。「社会問題は、社会の現状と、その社会の重要な機能を果たす集合体が、空想のうえではなくもっと真実に、こうあってほしいと望んでいる状態との間の喰い違い」(Merton 1966=1969:441) であるとするマートンの議論は、社会問題(社会解体)研究の重要な参照点となった。それによると、「社会システムを機能という観点から客観的かつ技術的に診断して逆機能的な事態を発見すること、そうした事態の原因をやはり機能的なつながりをたどって見つけ出すこと、そしてそれが可能ならその原因を取り除くための処方箋を書いて人々に示すことが、社会問題の研究者の仕事だということになる」(中河 1999:5-6)。これまた学生に支持を得ることの多い理論である。

こうした心理主義的な解答、機能主義的な解答は、全体(自己、システム)としての社会の調和、均衡を秩序状態として設定し、そこからの逸脱状態として反秩序を捉える発想である。このアイディアが説得力を持つためには、解答者、分析者は、均衡的な秩序・調和状態からの逸脱を客観的に測定できなくてはならない。たとえば、〈不良少年たちグループ拡大が、クラス全体の調和・秩序を乱している〉というように、分析者は、秩序や調和を乱す要素や部分(の様態変化や機能)を、社会に外在しながら特定することができなくてはならない。不良少年の場合は、分析者も社会の構成員もともに「問題である」と認識できるケースであるが(「顕在的」社会問題)、クラスの成員たちは問題であると認識していないが、客観的にみれば秩序を乱している、というような事柄もあるかもしれない(「潜在的」社会問題)。分析者は社会構成員の定義とは独立に、ある事柄の逸脱性、反秩序性を観察することができる、というわけだ。まさしくマートンが言うように「社会学者は社会問題の範囲を、自分たちが研究の対象としてとりあげ理解しようと試みる人びとの明白に規定する問題に限定する必要はない」(Merton 1966=1969:425) のである。

		社会学者の定義	
		社会問題	社会問題ではない
成員の定義	社会問題	顕在的社会問題	偽の社会問題
	社会問題ではない	潜在的社会問題	通常の社会問題

図1　マートンの社会問題の構図
(Kitsuse and Spector,1977=1990:56)

しかし、これは考えてみれば、かなり強い主張である。秩序を乱す要素を客観的に特定することができる、ということは、病気をもたらす細胞を特定するように、本質的に「逸脱」的な要素というものが、具体的な分析と独立に特定できる、ということだろう。

たとえば、ピアスをつけて授業を受けることは日本の多くの学校では「逸脱的」とされるかもしれないが、アメリカではそうではないかもしれない。禁酒法が施行されていたかつてのアメリカ社会では飲酒は社会の秩序を乱す道徳的に「悪い」行為であるが、今の日本ではそうではないだろう。つまり、社会における逸脱的要素というのは、当該社会に内在する人びとの「……は逸脱的である」「……は秩序を乱す」といった、行為や行為者についての（共同）主観的な定義づけを抜きにして特定することが難しい対象なのだ。

「社会学者は社会問題の範囲を、自分たちが研究の対象としてとりあげ理解しようと試みる人びとの明白に規定する問題に限定する必要はない」かもしれないが、自分が対象とする人びとの規定・定義をみないわけにはいかない。「「……は逸脱的である」と観察する人びと」を観察するという分析の入り組んだあり方を重視するなら、もはや素朴な心理主義的説明や社会有機体論的な説明はできなくなるだろう。

この点に照準したのが、一般にラベリング理論と呼ばれる逸脱研究のスタイルである。そこでは、「何が逸脱であるのか」「秩序／反秩序－差異」を社会学者が一意的に定めることはできないのではないか、社会学者が決めるよりも前に「社会」のほうが「秩序／反秩序」の境界線引きを行っている（そしてその常識的理解に社会学者も乗っかっている）のではないか、ということが先鋭的に問われる。「秩序／反秩序－差異」を逸脱理論のエキスパートたる社会学者が画定するのではなく、社会構成員が「秩序／反秩序－差異」を観察し、その観察を社会学者が観察する、というのがラベリング論的な方法論といえる。

ラベリング理論の視座転換の骨子を、簡単に標語化するならば、「**（＊）秩序／反秩序－区別を社会が構成する**」ということができるだろう。

それは「私たちはある行為を犯罪だから非難するのではなく、私たちがそれを非難するから犯罪なのである」というデュルケームの犯罪にかんするラディカルな「社会」主義的定義を洗練した形で継承したものといえる。機能要件などを特定化したうえで、秩序／反秩序の区別を観察者である社会学者自身が行うのでなく、社会のなかで日常世界を生きる人びとが何を秩序（正常）とみなし、何を反秩序（逸脱）とみなすのか、つまり秩序／反秩序の差異をどのように観察するかを観察すること、それが社会学者の役割である、というわけだ。特定の出来事、たとえば飲酒のような行為や飲酒者が、それだけで逸脱的要素、反秩序的本性（nature）を内備しているわけではない。他者が、飲酒（者）を逸脱（者）とラベル貼りするからこそ、当該の出来事・人は逸脱／逸脱者となる。ラベリング理論は「逸脱を、ある社会集団とその集団から規則逸脱者と目された人間とのあいだに取交わされる社会的交渉の産物」（Becker 18）とみるのである。

こうしたラベリング論的な発想を取り入れることによって、私たちは先に触れたピアスにかんする相

	規則違反行動	順応的行動
逸脱と認定された行動	真正の逸脱	誤って告発された行動
逸脱と認定されていない行動	隠れた逸脱	同調行動

図2　ラベリング論における逸脱の構図

対主義の成り立ちを説明できるようになる。飲酒法が施行されていない現在の日本では逸脱とみられない出来事・行為も、飲酒法が施行されていた当時のアメリカでは逸脱となる。秩序／反秩序の区別は、社会問題の専門家たる社会学者がするのではなく、社会に生きる人びとがなすのである。何が反秩序であるかを定義する特権を社会学者は持っていない。

ところが、このラベリング理論を敷衍していくと、（＊）テーゼと微妙に齟齬をきたしてしまう可能性がある。ラベリング理論は、二つの区別を前提としている。つまり、ラベル貼りされる行為・出来事／ラベル貼りされていない行為、出来事という区別と、また、規則逸脱者／非規則逸脱（規則順応）者という区別である。この二つの区別を採用すること自体にそれほど問題はないように見える。しかし、この二つの区別を掛け合わせて上記のような図を作成してみると、どことなく既視感を覚えはしないだろうか。

この図はラベリング理論の主導者であるベッカー自身が作成した構図を基にしたものだが、先に挙げたマートン（の議論を定式化したスペクターとキツセ）の図式とどことなく似ている。というよりも、ほとんど同じものと言っていい。逸脱と認定された行動／逸脱と認定されない行動の軸は、図1におけるメンバーの定義の軸に、順応的行動／規則違反行動の軸は、社会学者の軸になだらかに対応する。

もちろん、外部に立つ社会学者が特権的に逸脱／非逸脱を区別をすることをラベリング理論は拒絶しているわけだから、二つの図はまったく同じものではない。しかし、この2×2の表を描くことによって、「潜在的社会問題」「偽の社会問題」というカテゴリーと相同的な「隠れた逸脱」「誤って告発された行動」というカテゴリーが実体化してしまう。「逸脱行動だけど逸脱として認知されていない行動」、「逸脱行動ではないのに逸脱行動だと認知されてしまった行動」といったカテゴリーは、当事者による逸脱定義のプロセスの外側から、逸脱の有無を認定する視点を要請する(Spector and Kitsuse 1977=1990：97)。つまり、ベッカー流のラベリング理論もまた、機能主義と同じく、社会的相互作用の現場から離床した特権的視点――秩序／反秩序を区別する視点――を導入してしまっているのだ。ラベリング理論は、秩序／反秩序の区別をなす「権利」を社会・現場に生きる人びとへと譲渡したようにみえるが、別の入り口から秩序／反秩序の区別を導入し、(＊)を裏切ってしまっているのである。

(4) 構築主義

先の(＊)テーゼを徹底するためには、社会学者が反秩序を同定することをどこまでも回避し、秩序／反秩序という区別を引く「権利」を、社会に生きる人びとに譲り渡す必要がある。つまり、社会学者は、ラベリング理論が用いた裏口を注意深く封鎖し、秩序／反秩序という差異をめぐる社会構成員の観察を観察するという作業に従事する必要がある。こうした観点から出てきたのが、社会問題をめぐる「社会構築主義」と呼ばれる分析視座である。

構築主義は、当事者による「社会問題」についての定義づけに徹底的に寄り添うことにより、分析者による「社会状態」についての超越的な同定を避けようとする。「定義的アプローチの論理的帰結に到達しようとするなら、社会問題の定義をめぐる政治過程の参加者である社会学者は、客観的な観察者もしくは科学者としての特別の地位を認められるべきではない。社会学者が定義過程で他の参加者から科学者として取り扱われ、利害関心と偏見をもたない専門家としての特別の地位を与えられるかどうかは、一概には答えられないプロブレマティックかつ経験的な問いなのである」(Spector and Kitsuse 1977=1990: 109)。

> 社会問題は、なんらかの想定された状態について苦情を述べ、クレイムを申し立てる個人やグループの活動であると定義される（Spector and Kitsuse 1977=1990: 119）

これはラディカルな方法論的転回である。ラベリング論にも残っていた観察者＝分析者による「客観的」な社会状態の同定への指向を断念し、社会問題を、特定の社会状態（「改善」が求められるような社会状態）ではなく、「想定された状態」についての社会構成員によるクレイム申し立て（claim making）である、とするというのだから。

逸脱や社会問題ものを、反秩序的・反機能的な出来事と考える機能主義、逸脱を他者によるラベル貼り（反作用）が生み出すものとするラベリング論。社会構築主義は、さらに進んで、社会問題を、「想定された状態」を問題化しクレイムする活動そのものだと捉えようとする。ラベリング論が、秩序／反秩序－区別の定義権を社会構成員に譲り渡そうとしつつも、ラベル（逸脱についての定義）／実態という区別を維持してしまったとするならば、構築主義は、ラベル（定義）／実態という区別（A）を、定義／想定された状態（B）という区別に置き換える。（A）の区別は、社会構成員の視点／分析者の視点という視点の差異を前提とするが、（B）の区別の両項はともに社会構成員の視点に準拠したものだ。「（＊）秩序／反秩序－区別を社会が構成する」というテーゼを徹底化し、社会問題、逸脱を「実践の現場」へと差し戻そう／において捉えようとする試みといっていいだろう。

　したがって、構築主義者は、反秩序的な出来事や社会状態が実在するか否かは問う必要はない、というか問うてはならない（括弧入れしなくてはならない）。状態を問うことは、状態に外在する分析者の視点を持ち込むことになってしまうからだ。「状態への考察への後もどりを防ぐために、状態そのものの存在さえも、社会問題の分析にとっては関わりのない、外的なものであると考えたい。想定された状態が存在するかどうかについては、関知しない。想定された状態が完全なでっちあげ――嘘――であったとしても、その申し立てを受けた人びとが自ら分析を開始し、それがでっちあげであるということを発見しないかぎり、その状態の真偽について、われわれは非決定の立場を取り続ける（Spector and Kitsuse 1977＝1990：120-121）」

　こうした構築主義の非決定の立場を、過剰に哲学的・存在論的に受け止めてはならない。こうした方法論は、経験的研究を進めていくための方法プログラムであって、「クレイムを申し立てる個人やグループの活動」つまり「定義（活動）」が状態を構築する、という哲学的・存在論的主張ではない。この点を誤解してほとんど意味をなさない社会構築主義批判をしている人が少なくないので、この点は注意が必要だ。構築主義は、経験的な調査可能性（researchability）を重視した方法論なのであって（中河 1999）、哲学的な含意を持った理論ではない。

この経験的調査可能性ということは、消極的、積極的な意味を持つ。

消極的には「経験的な調査が不可能な、もしくは困難な事柄には口を出さない」という経験主義的禁欲として表現できる。スペクター＝キツセはいう。「社会学者は、非常に狭い範囲のクレイムの認定にしか参加できないのに、しばしば、自分に適格性がない領域にまで、権威ある発言をすることを委任されたと誤解してしまう。たとえば、社会学者は、どのような根拠に基づいて、マリファナの嗜癖性や遺伝学的影響についてコメントできるだけの権威をもつと主張するのか」（Spector and Kitsuse 1977＝1990：122）。マリファナを吸うという行為がかつては社会問題視されていなかったのに、ある時期から社会問題として言挙げされるようになった、ということを社会学者は分析することはできる。しかし、「マリファナ吸引は無害なのに、ある時期から有害化され、社会的な問題となった」と（構築主義的）社会学者が言うことはできない。同様に、慎重な構築主義者であれば、「男女のあいだには生物学的差異はさほど存在していないのに、ある時期から本質的で絶対的な差異があるものとして捉えられるようになった」と言うことはないだろう（慎重な構築主義者であれば、かつては男女の差異は「…」というように捉えられていたが、ある時期から「…」というように捉えられるようになった、という論述形式にするだろう）。クレイムの対象とされる「社会状態」「実態」の同定・確定作業は、しばしば「自分に適格性がない領域にまで、権威ある発言をすることを委任された」という誤解を社会学者に抱かせてしまう。この領界侵犯＝誤解を回避するために構築主義者は「社会状態」「実態」の同定作業から撤退するのである。

しかし、そうした領界侵犯が問題だというだけなら、社会学者が状態同定のための技量を身に付ければ済む話である。医学や生物学の知識を持った社会学者であれば、「マリファナ吸引は無害なのに、ある時期から有害化され、社会的な問題となった」、「男女のあいだには生物学的差異はさほど存在していないのに、ある時期から本質的で絶対的な差異があるものとして捉えられるようになった」という論述を展開することも不可能ではないだろう（実際そのような論述の事例は山のように存在している）。だが、構築主義は、たとえ社会学者がそうした領界外部の知識を持っている場合でも、社会状態、実態への問いを括弧入れすることを方法的に推奨するはずだ。つまり、社会状態を同定することにまつわる経験的困難がクリアされたとしても、社会状態への言及を回避する、ということである。機能主義的な方法の持つ問題性をクリアするには、「（＊）秩序／反秩序‐区別を社会が構成する」というテーゼを徹底化させなくてはならない。つまり、秩序／反秩序‐区別を分析者が特権的に立ててしまうことは回避されなくてはならない。

医学的に精査されたマリファナの「害悪の有無」は、クレイム（記述）と何らかの因果的な関連を持っているかもしれないが、クレイムはそうした「客観的」な状態の如何にかかわらず、独自の運動形態をもって連接する。いかに「少年犯罪は急増していないし、凶悪化していない」という犯罪学的知見をもってメディア報道や行政の動きを批判しようとしても、「少年犯罪問題」をめぐるクレイムは独自の論理をもって増殖し、特定のリアリティを獲得してしまう。その独自の論理の捕捉を目指すのが構築主義の課題であって、構築主義者は、「少年犯罪の凶悪化」という「申し立てを受けた人びとが自ら分析を開始し、それがでっちあげであるということを発見しないかぎり、その状態の真偽について、私たちは非決定の立場を取り続ける」のである（少年犯罪の凶悪化に対する反証も、構築主義的分析の一次資料として扱われる）。

定義／状態という区別を立てたうえで、両者の適合性、つまり定義の真偽を問うことを括弧入れし、定義・クレイムの自律的なリアリティ構成を経験的に追尾すること、それが構築主義における経験的調査可能性の積極的な意味である。社会構成員による「状態」の定義（記述）に対し、外的な分析者の立場から真理値を与えるのではなく、社会生活の現場における定義づけ活動そのものの動態を記述することが、構築主義という方法論の目的（の一つ）といえる。

(5) 社会問題の社会学としての構築主義を継承する

こうした観点からした場合、90－00年代に「俗流若者論批判」という形で差し出された『ニートって言うな！』や『反社会学講座』といったデータにもとづく「俗流若者論」「民間社会学」批判・反証は、「定義／状態（実態）」の区別を採用し、かつ、状態の同定可能性に対して信憑を持っているという点で、構築主義とは程遠い位置にある。

そうしたタイプの議論は、マートンの言う「人間の悲劇の客観的な重要性とこの悲劇に対する一般の人びとの知覚との間」の「著しい不均衡」（Merton 1966=1969：430）を描き出す方法論であるといってよい。そこでは定義／状態の区別を前提としたうえで、状態の不変性と定義の可変性を証示する。状態の不変性を同定するエキスパート性と、定義の変化を追尾するエキスパート性という二つの専門性が駆使されている。これをルーマンに倣って暴露的啓蒙と呼んでおくこととしよう。

それが悪い（正しくない）というのではない。構築主義とは異なる「問題」を異なる方法で扱っているのであり、尊重されるべきものといえるだろう。ただ、機能主義、ラベリング論を経由し、その克服を図る構築主義者であれば、居心地の悪さを感じるであろう、とは思う。

しかしそうした居心地の悪さを感じてしかるべき構築主義者もまた、そうした暴露啓蒙的介入にコミットしてしまっているのではないか、という批判が投げかけられた。これが一時期社会学界で話題となった「存在論的ごまかし ontological gerrymandering（以下、OG）」論である。たとえば、「ある時点t以降における児童虐待の構築」という構築主義的議論は、「「児童虐待」と名指されてはいなかったけれども、t以前に、「後に児童虐待と呼ばれるような出来事」は存在していた」ということが前提とされなくては成り立たない。「t以降における児童虐待」と「t以前における「t以降に児童虐待と呼ばれるようになった出来事」」との同一性が前提となって、（実態の不変性とともに）「定義」の自律的変化が語られるわけである。

こうした構築主義的分析は、たしかに「定義」の連接の自律的接続過程を記述している、その意味で積極的な意味での経験的調査可能性を担保している。が、その一方で、消極的な意味での経験的調査可能性を「裏切って」いるともいえる。「t以降における児童虐待」と「t以前における「t以降に児童虐待と呼ばれるようになった出来事」」との同一性同定は、社会学者の領分を越える作業とも考えられるからだ（しかしその作業はいったい誰の専門なのだろう?）。

比較的短期的なスパンの社会問題を扱うのであれば、こうした問題は前面化しにくい。しかし、ある程度の時間的なスパンを分析の中に導入する構築主義的分析においては、「定義／想定された状態」という区別が、「定義／状態」という区別へとなだれ込んでいく可能性が高まっていく。時間軸的変化を議論の掛け金とする限り「定義の可変性」と「状態の相対的不変性」は外せない議論の要件となるからだ。

こうした問題については、論理的に二つの道筋がありうる（中河 1990: chap7; 田中 2006）。

一つは、OG――定義／実態の区別の採用――は回避しがたいものとして、消極的調査可能性を一部犠牲にしつつ、積極的な調査可能性の含意を追求していく道筋。ベストによって「コンテクスト派」と呼ばれた潮流が、こうした構築主義の道筋をたどっているといえる。いまひとつは、消極的な調査可能性、消極的な調査可能性のいずれをも堅持して、あくまで定義／実態の区別を分析者が採用することを拒絶する道筋。この方向性においては、「社会構成員による〈定義／実態〉の区別」を分析者が観察する、という方途が採られるであろう。この道筋に近い方向性を模索しているのが、イバラ＝キツセの「厳格派」――この名称はベストによるラベリングによるのだが――である。

イバラとキツセは、「想定される状態」を「状態カテゴリー」と呼びなおし、「状態」そのものも社会構成員の相互作用過程において構築／利用される構築物として捉えるという道筋を示した。この立場を突き詰めていくなら、「t 以前における「t 以降に児童虐待と呼ばれるようになった出来事」」との同一性同定は、分析者の仕事ではなく、社会構成員の仕事であり、その社会構成員の仕事・観察をさらに再構成するのが分析者の仕事・観察ということになるだろう。「厳格派」は、たんに状態同定という困難さから逃げたのではない。

「厳格派」は、「分析者による状態同定」から「社会構成員による状態同定・の同定」へと分析の視座を移行させ、反秩序（というか、秩序／反秩序という区別）の立ち上がる現場への寄り添いを徹底化したのである。機能理論とラベリング理論、そしてラベリング理論と構築主義を分かつ指標であった〈客観主義／現場主義〉という区別は、構築主義内部にも導入され、再演されている。「秩序／反秩序」区別の立ち上がる現場」への接近は、どこまでも困難を伴った作業ということができるだろう。

イバラ＝キツセは、しかし、方法的禁欲のすえ、「定義」に定位し、言説・レトリックの分類学を目指すこととなる。

> 社会問題のディスコースの理論を作り上げていくほうが、XやYやZの社会的構築についての一連の個別理論を発展させるよりも、構築主義の展開の方向としてずっと一貫性のあるやり方だというのが、この問題についての私たちの立場である。(Ibarra and Kitsuse 1993=2000: 60-61)

「社会構成員による状態同定・の同定」を経験的に遂行するために、つまり、「「客観的な存在」についての想定一般を避けるために「人びとの言説しか取り扱わない」という方針を示」（中河 1999: 278）すことになる。調査の対象を言説（クレイムおよび状態についての言説）へと切り詰めたわけだ。ここでは、「観察可能な言説／観察不可能な実態」という区別が導入されている。この区別は実は、「観察可能な感覚与件を記述した命題／論理的に正しい命題（有意味）／検証不可能な命題（無意味）」という区別を掲げる論理実証主義の操作とほぼ同じである。「語りえないものについては沈黙しなければならない」というウィトゲンシュタインの言葉の誤読のうえに成り立つ「語りうるもの＝観察可能なもの／語りえないもの＝観察が不可能（困難）なもの」という区別が厳格派の方法論的信念を支えている。

ここには奇妙な逆説がある。社会問題という準拠問題にそくして、どこまでも社会構成員の視座に寄り添うという方法的決断をした「厳格派」が、機能主義と同じような、いやそれ以上の実証主義へと転態してしまうという逆説である。

「厳格派」は、社会状態についての問いをどこまでも回避しつつも、「レトリック」の全体配置についてはは漸近主義をとらざるをえない。つまり、このままでは、「今は暫定的なものだが、いずれ全体的なレトリックの目録を作りうる」——あるいは、「人間の認識は限定的なものであるかもしれないが、実証の手続きは全体への漸近を可能にする」——という指向を持たざるをえない。社会状態の全体性を議論に組み入れることは周到に回避されている。しかし、（社会状態から自律した）言説・言語空間という全体性は微妙な形で想定されてしまっている。全体性を逃れようとする（社会学の認識論的限界を踏まえる）振る舞いが別様の全体性（漸近的に言説・クレイムの全体的成り立ちに近似することができる）を導入してしまうこと。「厳格派」はその意味で、その対極にあるはずの実証主義と構造的な相同性を持っている。

また、イバラとキツセは、「客観的な状態」への言及（客観主義）から逃れでるために、別様の客観主義をとり、その結果分析者の特権性を別様の形で主張することとなってしまっている。「メンバーと社会学的分析者を区別することが重要なのは、構築主義者がつぎのような見解を持っているからである。

つまり、メンバーが言語的な生産物と活動（第一次構築）を提供することにより、今度は社会学者がそれを（実践的なものと対立するものとしての）理論的な吟味（すなわち第二次的構築）にかけることができる、というものだ」（Ibarra and Kitsuse 1993=2000：52）。この視点の分断によって、「疑わしいとされた「客観的な状態」への言及は、社会のメンバーによる第一次的構築のなかに閉じ込められ、それを構築主義者の二次的な構築が間接的にひきうけることは防げる」（田中 2006：223）こととなる。

状態を同定するエキスパートとしての分析者と、一次的構築を観察するエキスパートとしての分析者。いずれにせよ、日常を生きる人びとの素朴な／民間知識（folk knowledge）の外部に立つ社会学者という像は共有されている。機能主義－ラベリング論が内包する客観主義への批判として展開された構築主義が、その徹底化・厳密化の末に別様の客観主義を呼び込んでいるとしたら、それは皮肉なことだ。もちろん内在するのが「良く」て、外在するのは「悪い」といっているのではない。内在と外在の緊張関係――（分析者が状態同定するという）外在を回避するために、（状態同定をする人びとの言説を捉えるべく分析者として）外在する――が、経験主義的厳格化のなかで奇妙に弛緩してしまっているのではないか、ということだ。

もちろん、イバラとキツセのたどった道筋とは異なる方向に「厳格派」を展開していくことは十分に可能だし、その可能性はすでに切り開かれている。たとえば、中河伸俊は、エスノメソドロジーから寄せられた批判を真摯に受けとめ、ベスト的な文脈主義に安易に立ち戻るのではなく、イバラとキツセの言説・レトリック研究を展開していく可能性を示唆している。エスノメソドロジー的な視座からの批判は、おそらく「意味に関する記述主義」に対する「意味に関する使用主義」からの批判と言い換えることができるだろう。

論争や議論の多くはイバラとキツセが推奨するやり方で分析することができるだろうが、必ずしもすべての社会問題をめぐる言語ゲームが異なる立場からの対抗論証という形態をとるわけではない(Bogen=Lynch,1993:228)。

ボーゲンとリンチは、イバラとキツセのしていることは、チェスにおけるある手が、ゲーム一般[正確には盤ゲーム一般]における指し手であると言うようなものだと言う。…ここでの、ボーゲンとリンチの批判の論点は、イバラとキツセが分析の対象を構成してしまっているということではなく、かれらが『社会問題』を一般理論によって研究可能にするために、もともとの現象の豊かさを切りつづめてしまっていることにあるのである(岡田 2001：31)。

重要なことは、実践の仕方や方法という問題(行為の「いかにして」という問題)が、その実践を語る(記述する)という実践のなかにあるのではけっしてないということだ。行為の意味(その行為が何であるか)は、それが記述するというメタ的(であるかのようにみえる)実践によって決まるわけではない。その意味で構築主義者は、記述に対して、いわば過剰な要求を掲げているといったもよいのだが、そのことはかえって記述が本来もっている可能性すら閉ざす結果に陥ってしまうということも、指摘しておかなければならない(田中 2006：235-6)。

行為について、アルフレッド・シュッツは「遂行的行為（Handeln）」「成果行為（Handlung）」に分けて議論を展開している。私たちは都度都度とことさらに自らの行為を反省的・記述的に捉えているわけではない。私がバスに乗るとき、私は端的にバスに乗るのであって、「バスに乗ろう」という意図を意識したうえで行為選択しているわけではない。「バスに乗る」という行為記述が提示されるのは、自明な行為連鎖が遮られ、ことさらに当該行為を行為として捉え返す（定式化）必要がある場合――そうした自明な行為接続から離れる状況・文脈が用意されたとき――である。当然のように行われてしまっている行為のあり方が遂行的行為、反省的記述によって捉えられるような行為が成果行為である。

このシュッツの二分法によるなら、語られたクレイム（言説）に照準する構築主義の方法は、日常世界における行為のあり方を、記述的な成果行為へと還元する振る舞いであり、遂行的行為と成果行為とが複雑に絡まりあって成立する日常的な世界のあり方を「切りつづめる」ものということができるかもしれない。上記のイバラ＝キツセ批判は、そうした切りつづめを指摘し、社会問題の社会学の原・照準点である「活動」「実践」――クレイムが使用される現場――の複雑で豊かな様相をとり戻さなくてはならない、

方法論の貫徹のために対象を切りつづめるのではなく、対象の複雑さを捕捉するように方法論を操作しなくてはならない、というものといえるだろう。「エスノメソドロジーの知見を経由した私たちは、クレイムとクレイム申し立て主体とクレイム申し立ての場面とが、コミュニケーション（相互行為）を通して同時的、相互反映的に構成される、という認識に達している」（平・中河 2006:172）のであり、

クレイム言説が提示される状況、文脈性を「方法論的に斬り捨て」るわけにはいかない。

社会状態を分析者が同定するという外在主義・客観主義を回避すべく、社会構成員によるクレイム申し立てに照準したのだが、OG問題に直面してしまい、それを回避するために「言説」に特化した結果、別様の外在主義・客観主義に帰着してしまった構築主義。その構築主義を再度「実践の場」へと差し向けていくうえで、相互行為における文脈性、相互反映性を注意深く経験的に分析してきたエスノメソドロジーの知見は有益な示唆を与えるものである。

(6) 他なる構築主義のつきあい方

エスノメソドロジーは特定のクレイム（行為）がクレイムとして有意味に立ち上がるという出来事の文脈性を精細な手続きでもって分析するだろう。次のような中河のOG回避策を、エスノメソドロジー的に実践していくことは可能だろうし、意義深いものと思われる。

その一は、研究者が同じ「状態」についてのクレイムだと判定するのではなく、問題活動の参与者がそう判定するのであり、研究者はそれを踏襲するだけだという応え方であり、その二は、同じ「状態」を想定しなくても一般的な意味のレベルでの包含関係や類縁性（「不良」と「非行」、「怠学」と「不登校」、「環境問題」と「ダイオキシン汚染」）に注目することによって、研究者による同定は可能だというものである。（中河 1999：319）

しかし、そうした作業は——中河が指摘するように——分析者と分析対象の時間的な距離が大きくなると、当然のことながら困難なものとなっていく。クレイム（行為）の単位性を画定するために必要な文脈知——「一般的な意味のレベルでの包含関係や類縁性」など——の共有可能性が薄らいでいくからだ。何を有意味な「行為」「言葉」として捉えるか、といったかなり根源的な位相で、文脈知（理由空間の編成といってもいい）が異なってくる。

たとえば「疑似OG」とでもいうべき誤謬を考えてみよう。「X」というカテゴリーの歴史的変移を扱う、といった場合に、OGを犯す構築主義者は「t以前のXの意味づけaから、t以降のXの意味づけbへと変わった」と言ってしまう。ここで「Xの同一性」を密輸入しているではないか、というのがOG批判だったわけだが、むしろ私たちはこれと逆に、「Xの同一性」確定作業を怠ったまま、「aからbへと変わった」と言ってしまうことの危険性に注意を払うべきではないか。aとbは実は同一のXについての「定義」ではないかもしれない。t以前に関しては実はYを扱っていて、t以後についてはXを取り扱う。しかし実はt以後もYはちゃんと存在していた。分析者は、異なるものの「定義づけ」をとり出してその差異を「変化」として読み間違えた——そういう可能性もある。私見では、言説分析とか構築主義と呼ばれる議論が陥りがちな罠は、「同一性想定＝OG」というよりはむしろ、同一性確定作業の問題であるように思える。

この同一性確定作業は、当然のことながら、「当事者の視点に寄り添って」行うというわけにはいかない。「問題活動の参与者がそう判定する」という判定を歴史的な研究において遂行するのは経験的な困難があるし、「一般的な意味のレベルでの包含関係や類縁性」の見極めもかなりの困難を伴う。とすれば、分析対象が内在する理由空間における「包含関係や類縁性」を分析者が再構成していく——そこで有望なのが理解可能性に定位するエスノメソドロジーやルーマン型のシステム理論である——しかないだろう。

もちろん構築主義は、社会状態の実在への素朴な信憑は回避しようとする、つまり社会状態を観察する分析者の特権的位置どりを否定するが、同時に意味の単位性の確定問題に繊細なまなざしをむけるがゆえに、同一性確定作業に従事する分析者の位置取りの微妙さを認めなくてはならない。分析者が内在する理由空間から逃れられないことを自覚しつつ、それでも対象が内在する理由空間における「包含関係や類縁性」を、分析者の内在する現在の意味関係を投射することなく、追尾しなくてはならない。

人びとによってなされる実践や理由空間に定位するタイプのエスノメソドロジーは、そうした立場の微妙さを、繊細で整序された分析装置・方法を用いて処理することを目指すわけだが、歴史的な構築主義は、経験的な検証可能性がどこまでも間接的に担保されざれをえないため、そうした立場の微妙さから逃れ出ることは難しい（もちろん、これは相対的な差であって、現在に定位する研究についてもいえることだ）。逆にいうと、そうした立場の微妙さをあっさりと消去してしまうこと、消去できると思ってしまうことに対して、歴史的な構築主義は、警戒のまなざしを向けねばならないし、実際に中河の記述はそのまなざしに貫かれている。しばしば見受けられる「失敗することが宿命づけられている」という転倒した開き直りを断固拒絶しつつ、である。

「厳格派」の志を引き受け、エスノメソドロジーとの共闘可能性を模索している中河が、「構築主義アプローチの現時点での課題は、エンピリカルな調査研究をさらに推し進めるということにつきるだろう」（平・中河 2006：315）というとき、そこでいわれているのは、方法談義にかまけることなく、経験的なモノグラフを提示することによって、準拠問題（社会問題）と分析の成功条件（相互行為・実践の相互反映性に留意した分析課題）を、なにが調査可能（researchable）か、ということを慎重に検討しつつ、指し示していくことの重要性であるように思われる。

(7) 構築主義から構築主義へ

「秩序／反秩序」というところから、だいぶ話がずれてしまったようにみえるかもしれない。しかし、エスノメソドロジーやシステム論との接合可能性を模索する構築主義についてこまごま述べてきたことは、「（＊）秩序／反秩序－区別を社会が構成する」というテーゼを経験的な記述によって指し示していくことの困難さと密接に結びついている。

ラベリング理論→構築主義→厳格派構築主義といった方法論の系譜は、（＊）の認識をどうにか経験的な記述へと翻訳していこうとする試行錯誤の過程であったといえるだろう。ある局面で（＊）を体現するために（つまり「反秩序は現場で作られている」ということを示すために）、先行する方法論の難点をクリアしようとすると、別の局面で（＊）を裏切るような難点を抱え込んでしまう。その難点をクリアしようとして別の方法論的限定をかけようとすると、それもまた別の難点を抱えてしまい、どこかで（＊）を裏切らざるをえない…。この「堂々めぐり」は、考えてみれば当たり前のことである。

（＊）は、〈社会に内在しつつそれを記述する（記述するという行為は自明な相互行為の過程を「せき止める」こと、つまり外在することにほかならない）〉、〈記述者が内在する（前提とする）社会空間から可能な限り外在し、社会構成員の区別に内在する〉といった、内在と外在の同時遂行を分析者に要請するのだから。もちろん、これは、社会問題・逸脱研究に限らず、あらゆる社会学的な記述というものが引き受けざるをえない要請といえる。

しかし、社会問題研究の場合、「社会状態を問わない」というある意味極端な対応策が提示されたため、そうした一般的な困難がより鮮明な形で可視化されたということができる。あらためて注意を喚起するまでもないと思うが、「（＊）秩序／反秩序－区別を社会が構成する実践」を記述するということは、「当事者の立場に立つ内在主義に立脚する」ということと同じではない。そうではなくて、多義的な内在と外在の同時要請に、経験的に対処するという課題を引き受けるということなのである。

これは、「失敗することを宿命づけられている」などという「思想」風の問題ではない。empirical studiesとしての社会学が抱えこまざるをえない課題を虚心坦懐に認め／引き受けただけのことにすぎない。その立場を「反方法」と呼ぶかどうかは好みの問題であるが、個人的にはよい趣味とは思えない。

繰り返し確認しておくが、社会問題を書き留めるというのは、「当事者の立場に寄り添う」という当事者主義ではないし、「自らの政治的ポジションを問いかける」というポジショニング論でもない（そしてまた、遂行的に失敗すべしという根性論でもない）。当事者主義もポジショニング論も、ある意味で件の課題の複雑さを軽減するための理論装置である。

ここで冒頭の問題提起、パーソンズの「論理的」な問いの重要性についてあらためて立ち戻っておくこととしたい。

パーソンズの秩序問題は、「現にある秩序を欠いた社会状態に対して、秩序を形成するための知識をいかにして提供するか」という社会改良的な社会学の課題を、どのような条件において私たちは秩序があると判断することができるのか、という論理的な問題へと置き換えていくものであった。

本章で扱ってきた社会問題の社会学の系譜は、そのパーソンズの問いを承けつつ、「非秩序的な状態を、人びとがいかにhow観察するのか」という作業課題を見出していった。その極点が構築主義と呼ばれる方法論である。

一方でパーソンズは、自らがたてた問いに対して、期待の相補性という秩序形成のメカニズムの存在をもって解答した。この「期待」概念は、人びとが相互にある程度理解可能な行為や体験の予期を持っており、それが規範的に作用することによって、恒常的なホッブス的自然状態が回避されている、という「論理的」かつ「規範的」な条件を満たすものとして想定されていた。予期は規範的なものであるから、当然外れることもある。しかし予期外れの認識を自他に正当化するためには、そもそも理にかなった予期の構造（規範）が存在していなければならない。

パーソンズの問いは様々な修正・批判をうけながら、「非秩序状態の経験的記述」「秩序がある／ないというえるための予期の構造（規範）の記述」という二つの課題へと展開していくこととなった。ガーフィンケル自身が研究の展開のなかで示したように、前者の問い（非秩序の記述）は、後者の問い（非秩序/秩序が成員によって理解可能なかたちで成し遂げられている条件の記述）へと接続可能であるし、「認知的予期/規範的予期」の区別を導入するルーマンの議論もその経脈をひくものだ。学史的に見るなら、構築主義社会問題研究も、エスノメソドロジーも、機能構造主義も、パーソンズの解に対する精査から議論を組み立てている。それほどまでにパーソンズの秩序問題の論理的な定式化は「革命的カテゴリー」であったのである。

本書が目指すのは、そうした系譜の蓄積を十分に精査したうえで――ある意味でロバート・K・マートンが継承しようとした――パーソンズの定式化に込められていたであろうもう一つの問い、つまり社会状態の what をめぐる問題系に踏み込む糸口を探ることである。

社会状態そのものではなく人びとによる社会状態の記述（あるいは特定の実践が有意味たりうる条件）を模索するという方向性のなかで、社会状態とその記述の因果的関係（世界の状態と記述の対応可能性）、人びとが使用する出来事記述と出来事との関係性など、こういっていいのか迷いはあるが what をめぐる問いは、経験的な調査可能性の自己抑制のなかで、括弧入れされてしまう。しかし、わたしがある文脈において、「外は寒いよ」と発話するとき、コートを着たほうがいいという推奨の言語行為をしているのみならず、やはり「外は寒い」という事実――真理値が問われうるもの――の存在論的主張にコミットしていることは否定しがたい。

さらに深刻なトピックを挙げるなら、「南京大虐殺はなかった」「ホロコーストなどなかった」という発話行為に対して、その使用の不適切性を私たちは、現代の行為空間における理解可能性の水準においてのみではなく、記述された過去の出来事の存否判断にかかわるものとして捉えている。「従軍慰安婦は存在しなかった」というのは端的に出来事の記述として偽なのであり、いま、ここにいる私たちの理由空間において「右派のアイデンティティの強化」という媒介効果は、それを否定しないとしても、前者の存在論的判断に対して優位にたつものとはいいがたい。How への問いの先鋭化が、かりにこうした出来事の実在性への問いを封じるものであるとするならば、それ自体、パーソンズ的な、いやパーソンズ以前からの社会学の根本問題の重要な部分をそぎ落とすこととなってしまうのではないか。そしてそうした方法論はそれ自体として、ある種の媒介効果を持つ発話行為となってしまう。

How を先鋭化させる構築主義の系譜を踏まえたうえで、この出来事とその記述の因果関係、あるいは行為の記述と行為(や先行行為・出来事)の関係性を再度社会学的な課題として理論的に抽出し、その学問的・政治的意義を確認すること。それが、本書を通底するテーマである。

第I部では、歴史的な構築主義が不可避的に抱え込むと思われる問題に焦点を当てる。まずは、社会学的構築主義を「方法論的」なものと「政治的なもの」とにわけ、前者の方法的一貫性を支持しつつも、後者とも通じる「歴史」記述の問題をとりあげ(第1章)、歴史をめぐる構築主義的方法の理論的問題と存在論的コミットメントのあり方を検討し(第2章)、ある種の構成(構築)主義的な立場に立ちつつ、因果的説明との架橋を図っているジョン・サールの議論を紹介したうえで(第3章)、「構築主義以前」に、こうした因果と理解、記述の関係性を考察していたマックス・ウェーバーとカール・ポパーの歴史方法論のアクチュアリティを確認する。歴史、というか「過去の制作」をめぐる方法論的・理論的問題を扱ったのが第I部である。

続く第II部では、責任（第5章）・自由（第6章）・人間本性（第7章）といった「倫理的」な概念が、どのように「制作」「構築」されているのか、そしてそれはまた、構築主義的な存在論的禁欲と整合的なものであるかを検討する。倫理学的な道徳実在論の如何等に踏み込むつもりはないが、経験的な社会学的な問題構成のなかで、「制作される倫理」という方向性に棹さしつつ、具体的には、それがいかにして「制作」されているのか、あるいはある種の構築主義的プロジェクトが貫徹されうるのか、を検討していく。

第III部で主題となるのは、ラベリング論や構築主義とは異なる形でパーソンズの問いを受け止め、それでいてエスノメソドロジー等とも親和的な行為理論、コミュニケーション理論を打ち立てたニクラス・ルーマンの「ラディカル構成主義」――彼自身はそれに批判的であったのだが――を、その相互行為理論（第8章）、討議理論（第9章）、包摂・排除論、人権論（第10章）をとりあげ、考察していく。第8章では、私自身がかつて採用していたルーマン解釈（行為の事後成立説）を批判的に論じ、しばしばポストモダン的に曲解されるルーマンの相互行為論（あるいは規則観）を穏当な形で再構成する。それを受けて、第9章では、ユルゲン・ハーバーマスとの論争で取りざたされた「討議倫理」についてのルーマンのラディカルな凡庸さ（妥当な経験的社会学の視点）を確認し、ルーマン的な視座から「人権」という普遍的な倫理的価値がどのように記述されうるのかを検討する。そこでは「記述不可能な凄惨さ」というルーマンとは思えない社会状態記述が表れてくるが、それはローティ的な共感を随伴せざるをえない――哲学的記述の外部にある――「悲惨」「痛み」とは、だいぶ異なったものであることを、読者には読みとっていただきたい。共感を当てにするほど、ルーマンは哲学的に楽観的ではないし、社会学的に悲観的なわけでもない。構築・構成主義を突き詰めていった理論家のある種の臨界点・到達点の意味を私たちは熟考すべきであろう。

*

というわけで、本書の建て付けはきわめて複雑なものとなっている。構築主義をまずは受け入れつつ、そのなかに適切な構築主義／そうでない構築主義という区別を差し入れ、さらには区別したうえでも両者が共有せざるをえない前提を括りだす。そしてその前提が「過去」「倫理」「社会」の構築の記述にどのように関連していくのかを、さまざまなトピックをとりあげながら検討していく。独立した論文を編んだものなのでやや構造が読み取りにくくなっているが、編集の方針は、私自身の社会学方法論、行為理論の立場の変遷を、同一のテーマ系のもとにリミックスしたもの（自分の思考の軌跡を再定式化したもの）なので、できれば、第1章から順にお読みいただきたい。

私自身は本書で示したような思考の展開を経て、あらためてwhatに踏み込む等価機能主義という方法論・理論を積極的に打ち出していく用意をしているし（『社会学入門――等価機能主義から考える社会学理論（仮題）』有斐閣）、本書では「実在前提」として自制的に記した事柄を、記述、調査可能性と因果のかかわり方というやや哲学的な水準で考察し、ある種のプラグマティズム――私はローティと異なる立場からデューイを重要視している――により正当化しうる可能性を模索している。それはまた先の研究課題ではあるが、岸政彦さん（立命館大学）や稲葉振一郎さん（明治学院大学）との対話のなかで、共同的に構成してきた研究課題である。そこへと至る問題意識の展開を本書において感じとっていただければ幸いである。

第Ⅰ部　過去の制作

時間論というのは、それこそ古代ギリシャの時代から、ラッセルやマクタガード、大森荘蔵にいたるまで、哲学者たちの心をつかみ続けてきた課題である。「世界のあらゆる出来事が五秒前に誕生していたとしても現在の認識に何らの矛盾もない」「過去／現在／未来と、前／後という二つの時間系列をつぶさに検討すると、時間は存在しないという奇妙な結論に至る」「過去は制作されている」――哲学を志したことのある人であれば、いつかどこかのタイミングで時間論の引力に吸い込まれたことがあるはずである。ＳＦや映画ではタイムパラドクスはお馴染みのテーマであり、そこに相対性理論など中途半端な「理系的」知識を押し込むと、哲学者でなくとも、どこが胸が躍ってしまうものだ。

そうした論理的パラドクスでなくてもハイデガーの『存在と時間』のように、現象学的というか実存主義的というか、生と時間の関連を指摘されたり、世代間倫理などの倫理学的課題を提示されると、不可思議な倫理的感覚に襲われることも少なくない。現象学的な意味での時間論は、実際、アルフレッド・シュッツのような社会学者にもとり上げられているし、社会学にとっても時間論は無縁の話ではない。しかし、いかなる意味で無縁ではないのかは、社会学を経験的学として捉える場合には、熟考されるべき課題である。ラッセルの地球五秒前誕生説に頭を悩ましていても、経験的な記述の役には立ちそうもないし、音楽聴取体験などをもとに構成するシュッツの議論もだいぶ工夫しないと社会学の具体的な分析方法とするのは難しい。時間論は無縁だ、無縁ではない、と判定を下す前に、社会学にとってけっして無縁ではありえない「時間論」について、考えておくことは無駄ではない作業であると思われる。

いま私が念頭に置いているのは、歴史認識問題である。

敗戦以来、日本という国、国民はその戦争責任について問われ続けているわけだが、近年ではほとんど開き直りともいえる歴史改鋳主義（revisionism）がメディアを賑わせ、一国の首相が謝罪か否かも不鮮明な「戦後70年談話」を発表したりしている。その直近の淵源にはいわゆる従軍慰安婦問題と呼ばれる出来事がある。90年代以降、「元従軍慰安婦」の人びとが声を上げ、大日本帝国の継承国家である日本国に対する責任を問いかけ、一九九五年には賛否入り乱れるなか、「女性のためのアジア平和国民基金」が設立されている。玉虫色の対応ではあるが、以後も「慰安婦問題」は学問の内外で広がりをみせ、実証的研究がすすめられる一方、改鋳主義の声が吹き荒れるなか、駐韓日本大使館前の少女像などが政治問題されている。この社会問題・政治問題化している事象を社会学はどのように受け止めることができるか、90年代以降、少なくない社会学者がそうした問題に取り組んできた。

そのなかでも影響力のある社会学者、フェミニストである上野千鶴子が差し出した「実証史学批判」は議論を呼んだ。もちろん上野は「従軍慰安婦問題はなかった」などと言っているのではない。しかし、上野は、実証史学が用いる公文書・文書を、それらが時の権力によって選択的に記述されたことをもって批判し、過去の問題にかんするポストモダン的・政治的な括弧入れ、つまり、「過去の実態（実在）

は問わない」という態度をもって、「過去は現在によって構築されている」というある種の構築主義の立場から、実証史学とは異なるフィールドでの問題設定を提起した。折しも、「新しい歴史教科書を作る会」が立ち上がった頃合いであり、「事実か否か」が焦点化されている状況に対する上野の危機意識もあったのだと思う。

だが、ポストモダン的な構築主義でもって『従軍慰安婦』の著者吉見義明を「方法的に」批判する姿勢は、「過去は作られる」「歴史とは現在の観点から見た物語である」といった認識論的な相対主義を随伴するものであり、また「新しい歴史教科書を作る会」の歴史記述の方法と、吉見のそれとを等置しかねない、きわめてあやうい振る舞いであったといえるだろう。

当時は、ヘイドン・ホワイトの『メタヒストリー』の邦訳がない状態で、メタヒストリーの表層的な概念が踊り、ドミニク・ラカプラ『思想史再考』やジョアン・スコット『歴史学とジェンダー』、野家啓一『物語の哲学』に顔を見せる構築主義的な方法が、奇妙な形で日本の論壇に流通していた。アイデンティティ・ポリティクスという観点で言えば画期的ともいえるジュディス・バトラーの著作が紹介され始め、バトラー自身が構築主義という用語を使っていた（バトラーに、ではなくバトラーの援用について問題があったということだ）、ということも手伝ってか、実証史学の方法をアイデンティティ・ポリティクスの論理に還元する、という上野の議論がそれなりに拡がりをみせてしまった。残念ながら、二〇一八年現在においても、この左派的な構築主義が採った歴史への姿勢は、禍根を残しているように思う。**過去制作の方法は、明確に社会問題となった、いや、なり続けているのだ。**

第Ⅰ部で扱うのは、この「過去制作（構築）の方法」をめぐる社会学的越権行為への警告と、同じ構築主義（constructionism）と呼ばれているものの、出自も含意もまったく異なる二つの構築主義の腑分けである。片方は本書の連帯可能な言説であり、もう片方は明確な仮想敵である。

第1章の初出は『歴史学研究』、第2章は上野千鶴子編『構築主義とは何か』に収められた論文であり、私が明確に念頭に置いているのは、従軍慰安婦問題である。まず第1章では、序で紹介したような社会問題の社会学の経脈をひく方法論的構築主義と、上野らがポストモダン・フェミニズムの方法論の一つとして導入した政治的構築主義の相違を明確にする。ここでは、ポストモダン的なアイデンティティ・ポリティクスと共鳴した思考が歴史問題とかかわる際の問題性を、焦点化して論じている。もちろん、ポストモダン思想やアイデンティティ・ポリティクスが駄目だと言っているのではない（むしろアイデンティティ・ポリティクスはより一層重要性が増していると考える）。それがある種のやり方で歴史認識に結びついたとき、当のアイデンティティ・ポリティクスそのものを踏みにじってしまうのではないか、ということを問題化している。本書全体において使用する「方法的／政治的構築主義」という対概念を明確にするために、また本書の一貫した問題意識である規範的なものとの関連を明確化するために、冒頭に「存在忘却？」と題する章を置くこととする。

続く第2章「構築されざるもの「権利」」は、上野千鶴子自身が編集する書籍に寄せた、上野批判の論考である。ここでは、ややかなり理論的な水準で、「歴史的構築主義」が持つ理論的問題と、それがもたらす（おそらくは意図せざる）政治的帰結について煮詰めて書いている。注意してほしいのは、私がここで構築主義全般を否定しているわけではないということだ。一つには、過去の歴史的出来事という対象に即した場合、方法論的／政治的の区別なく構築主義が抱え込んでしまうであろう問題点を指摘し、「過去の出来事の実在想定」が論理的に不可避なのではないかということ、いま一つには、歴史的構築主義＝過去の制作という発想が持つ「物語論」的な思考様式が、出発点である「社会問題」「歴史問題」をめぐるアイデンティティ・ポリティクスを裏切ることになってしまうのではないか、ということ、この二点を問題化している。とりわけ実証史学批判を上野が展開していた時期でもあり、私は相当に明確に上野の立論への批判意識をもってこの論考を執筆した。一部改稿のうえ、ほとんど初出当初のまま掲載している。

第1章・第2章は、いわゆる「過去の出来事」と構築主義がどのように付き合っていくことができるのか、を——極力政治的なスタンスは抑制して——執筆したものである。過去の構築・制作ということでいえば、当時広く読まれていた大森荘蔵の「過去の制作」という論文がある。これは「過去の制作」と題されているが、過去の出来事記述に関する不可知論ではない。

大森は「過去」が「想起的体験」であることは定義的事実である、と述べ、「想起とは過去形の経験、すなわち過去形の知覚・行動の想起的経験であり、その経験はすべて想起された通りである。なぜなら真偽判定の基準はその想起以外にはあり得ないからである」という。とすると、夢の想起は過去形の知覚であるが、「想起の真偽をそもそも判定できない」ため、過去想起説は無謬（誤っているとも間違っているともいえない）となってしまう。「想起と独立した過去経験というものがあって、それが想起の正誤を判断する基準となる、という考えは誤りである」。結論としては、過去とは、過去についての言明の真偽を決する出来事そのもののことではなく、出来事についての過去形の言葉が、過去形の経験を創出する。過去は過去形の言語によって制作されるというわけだ。

この大森の議論は過去の非実在論――この用語の定義次第ではあるけれども――として読むこともできるが、重要なのは、大森が、想起間違い＝記述間違いの（不）可能性を指摘していることだ。想起知覚そのものは誤りえないが、想起知覚の記述は正しかったり、誤ったりすることができる。逆に言うと、想起が誤りえないということは、「自分自身の経験である限りにおいて」という条件があって有意味にたりうるものであり、複数の他者の検証を受けるような場合においては、そうした条件は成り立たず、したがって記述に真理値を与えることができるということである。大森の解釈としては踏み出していると思うが、この論でいくと言語が一定のルールに則った共同的な実践である――つまり誤用しうる――とするならば、過去の出来事の記述に真理値を与えられない、という言明は意味をなさないということにもなる（ちょうどウィトゲンシュタインの数列を続ける生徒のように）。

こうした大森の過去の制作論（のわたしの解釈）は、「語りえないものについては沈黙せねばならない」という上野の姿勢とは対照的ですらある。また方法論的構築主義についても「本当に語っていないのか」――OG問題――という問いが投げかけられうる。1、2章には大森の議論は出てこないが、私が念頭に置いているのはそういうことである。「過去は制作されるか」ではなく、「過去の制作の方法はいかなるものか」を詰めて考えるならば、記述に真理値を与えないという解答は不十分であると考える。

続く3章・4章は同様に、「社会は制作されるのか」ではなく、「社会はいかにして制作されるのか」を考えるべきであり、人びとによる制作の実践においては、制作されるとされるものの実在性は前提として論理的に組み込まれている、という議論である。3章では、言語行為論で有名なジョン・サールの『社会的現実の構築』を紹介するという形で、「社会的現実」を語るさいの不可避的な前提の一つ――彼はバックグラウンドと呼ぶ――について検討する。しかしサールのバックグランド概念は必ずしも生物学的決定論を帰結するものではない。サールの議論に垣間見える生物学（基底）主義に対して、とくに社会学者やジェンダー研究者が過剰反応しなくともなんら問題はないことを補論として掲載した。生物学基盤主義というものは、たいていの場合、「社会制作の方法」の意味をとり損ねているというのが私の見立てである。

続く4章では、因果関係（出来事と出来事の因果的連関）について、検討する。構築主義の基本的な発想は因果的説明と相いれないものであるようにみえるし、実際、そのような理解がなされたりするのだが、出来事の因果関係、あるいは出来事記述どうしの因果的な関連づけもまた、構築主義にとって「前提」となっているものであり、けっして対立関係にあるものではない、というのが本章の趣旨である。この点については序で紹介した中河が周到に指摘しているように、因果関係をめぐる人びとの理解可能性を経験的に記述するという課題は、構築主義と対立するものではなく、むしろ、因果帰属をより精緻化していくうえで有益であると考えられる。

1、2章が「過去の制作」という前提を扱うとすれば、3章は「志向性の制作」、4章は「因果関係の制作」という前提を摘出しているといえるだろうか。むろん、問題はその先、「いかにして制作しているのか」をいかにして記述するのか、という点にあるわけだが、第I部では、構築主義を腑分けし、その論理的前提を確認したうえで、その前提を否定することなく実行可能な構築主義のあり方を探索する準備作業をしていくこととしたい。

第1章　存在忘却?——二つの構築主義をめぐって

(1)　はじめに

社会の実態が、因果的経路をたどってその実態を記述する言説を生み出すのではなく、むしろ実態について語る言説こそが、社会的なるものの地平を作り出していく——一九八〇年代来、日本の社会学、文化研究の領域を賑わせている社会構築主義と呼ばれる思考方法を、強引にまとめるならこのようになるだろうか。歴史学のフィールドでいえば、ヘイドン・ホワイトやジョアン・スコットなどを嚆矢とする「言語論的転回」以降のポストモダン歴史学などが、広い意味での構築主義の潮流に含まれるだろう。「実証主義、実証史学に挑戦する」と宣伝されるこの構築主義の思想的・学説史的背景については、簡単に序章で触れたし、すでに優れた概説書・紹介論文が多数あるので、ここではふれない。以下では、主として90年代以降の日本社会学における二つの構築主義の分断状況に照準しつつ、構築主義という思考スタイルに向かい合うさいに留意すべき事柄、つまり歴史的な構築主義の記述が——論理的・文法的に——前提・条件とせざるをえない過去の出来事の実在性について概観していくこととしたい。

(2) 二つの構築主義

どんな理論的潮流（ism）についてもいえることだと思うが、構築主義という理論＝方法が一つであった試しはない。仮想敵として設定される何らかの先行理論と対峙することによって、自らの位置どりを確証していく新しい理論は、必ずといっていいほど、先行理論との関係——あるいは、何を先行理論として指定するか——において、外部の者には無意味と思われるほどに内的な紛争を巻き起こす。

日本の構築主義の場合、内紛と呼べるほどの論争が起こっているとは言いがたいが、それでも奇妙な確執の構図はたしかに存在しているように思われる。非常に雑駁な印象論になってしまうかもしれないけれども、ここではとりあえず、日本の社会学界にある二つの構築主義として、上野千鶴子を代表とする政治的構築主義（political constructionism）と、中河伸俊を代表とする方法論的構築主義（methodological constructionism）を挙げておくこととしよう。

この二つの構築主義を分かつ規準は、ごく表層的には、上野が監修した『構築主義とは何か』（2001）と、中河他が監修した『社会構築主義のスペクトラム』（2001）とが、それぞれが醸し出す「雰囲気」の違いから読みとることができる。参考までに、特徴的と思える編者の言葉を引用しておこう。

本書のすべての論者に共通するのは、構築主義が変革を求める実践とふかく関わっているということである。……構築主義は言説をめぐるあれこれの「差異のたわむれ」やさまざまの「解釈の相対主義」などではない。だれが、どの場から発話するのか――構築主義は、発話のエイジェンシーをその文脈に組み込むことによって、発話者の超越性を許さない。」（上野 2001：300）

社会学が亜流の哲学ではなく経験的研究の学だとするなら、構築主義の定着とは当然、その発想に基づく独自の経験的パズル（探究課題）群があり、それらをめぐって活発に調査研究が行われているという状態を指すだろう。本書は、そうした方向を目指して、この国での構築主義的な経験的探究の「当初の一撃」の水準を示す成果を集めるとともに……方法論についての議論（いわゆる構築主義論争）のステップ・アップに寄与すると思われる……新しい論点を紹介する（中河編 2001：3-4）

後者が、伝統的な社会問題の社会学の土壌において培われてきた構築主義の成果を、実証的なモノグラフの列示によって禁欲的に指し示すのに対して、前者においては、ジュディス・バトラーやジョアン・スコットといったポスト構造主義にコミットする論者が多く引用され、社会学という枠から離れて応用可能な（政治的）理論として構築主義が捉えられている。『スペクトラム』が社会学方法論としての構築主義像を前面化しているのだとすれば、『何か』は反本質主義というロジックがもたらしうる政治的効用を重視したつくりになっているといえよう。

もちろんこれは日本社会学独自の対立軸ではない。構築主義の生まれ故郷であるアメリカでもだいたい事情は似たようなもので、既述の「存在論的ごまかし（ontological gerrymandering; OG）」という理論的パズルをめぐって、ポストモダニズムの成果を積極的にとり入れ、政治的な文脈を重視する論者と、方法論的な純粋性を重んじる論者とのあいだで、激しい議論のやりとりがなされている（中河 1999; 平・中河編 2000）。

しかし、どうだろう。この一見、絶望的とも思われる両極の立場のあいだの溝は、それほど深いものなのだろうか。「学問的保守主義 vs 新しもの好き」「実証主義 vs 理論主義」「手続き主義 vs 政治的帰結主義」というあまりに分かりやすい対立軸をいったん括弧入れしてみると、両者が共有している論理の地平が見えてくるのではなかろうか。まずは、ある程度認識論的に乾いたまなざしでもって、両者の対立軸を相対化してみる必要がある。とりわけ、歴史記述というイシューに焦点を定めた場合は、対極にあるかのようにうつる両陣営が、ねじれた形で共犯関係を築いてしまっているのではないか、というのが私の見立てだ。

さまざまな対立点を孕みつつも、「二つの構築主義」が共有している基本的な前提は、分析者＝社会学者が、分析対象となる出来事の実態や事象の本質を外在的に措定してしまう「認識の暴力」を回避すべし、という方法論的かつ倫理的な要請である。「女性」「同性愛」といった属性カテゴリーや、「引きこもり（の増加）」「少年犯罪（の凶悪化）」といった出来事カテゴリーを、非歴史的に定義されうる所与として議論を進めるかぎり、分析者はつねに特定のカテゴリーの再生産に関与してしまうこととなる。この悪循環から徹底して身を引きはがし、カテゴリーが社会構成員（当事者レベル）で構成されていくプロセスを見ていこう、というのが構築主義の基本綱領である。この内在主義的ともいえる立場を、二つの構築主義が共有していることはまず間違いがないだろう。

しかし、このラディカルな内在主義をうたう基本綱領からして実は、「二つの構築主義」へと分化していく、ある種の軋みを内包していることに注意しなくてはならない。つまり、認識の暴力の回避を命じるこの綱領は、

① カテゴリーの定義権を徹底して当事者に譲り渡すべしという内在主義と［**カテゴリーにかんする内在主義**］、

② 第三者（分析者）的な立場からのカテゴリー定義に関与してはならないという外在主義［**分析者の立場にかんする外在主義**］、

という二つの ism を含みこんでいる。

もちろん、①と②とは論理的に矛盾するものではない。だが、経験的分析を駆動させる方法論的な次元では「社会に内在するということにおいて、外在せよ」という実に困難な格率を課してくるものとはいえる。この方法論的な困難さこそが、おそらくは「二つの構築主義」の分化・対立を生み出している。この点を、歴史学者、歴史哲学者にはよく知られたアーサー・ダントーの理想的クロニクルの議論にそくして、説明してみたい。

(3) 理想的クロニクルと構築主義の要請

分析的歴史理論の記念碑的作品である『歴史の分析哲学』（Danto 1965＝1989）のなかで、ダントーは、次のような奇妙な想定を元手に、独特の物語的歴史論を展開している。

ここで私の構図に、理想的な編年史家を取り入れてみたい。彼はたとえ他人の心のなかであれ起こったことすべてを、起こった瞬間に察知する。彼はまた瞬間的な筆写の能力も備えている。「過去」の最前線で起こることすべてが、それが起こったときに、起こったように、彼によって書き留められるのである。その結果生ずる生起しつつある叙述を、私は「理想的編年史」（Ideal Chronicle）と名付けることにしよう。(Danto 1965＝1989：181)

ダントーによると、この理想的クロニクルは、ある出来事を記述しようとする歴史家に対し、「その出来事について彼が知りたがっているすべてのことを語ってはくれない」。なぜなら、「いかなる出来事についても、そこでのその出来事が目撃されているのではないような一連の記述があるのであり、こうした記述は必然的に、しかも原則的に理想的編年史から除外されているからである」（ibid：184）。少々抽象的ではあるが、いわれていることはむしろ単純ですらある。たとえば、

（1）夏目金之介は、一九〇〇年にロンドンに旅立った。

という歴史文と、（1）中の固有名「夏目金之介」を、外延的に同一の指示対象を持つ確定記述「『草枕』の著者」に置き換えた文、

（2）『草枕』の著者は、一九〇〇年にロンドンに旅立った。

とが、件の理想的クロニクルのなかでどのように扱われうるかを考えてみればよい。フレーゲの用語を用いていうなら、（1）と（2）とは、意義（Sinn）は異なっているものの、意味（Bedeutung）を同じくする文、つまり同一の出来事に言及する文であると考えられる。意味を同じくしている以上、両者は、全知ともいえる実証史学の神や、状態理想的編年史家の手によるクロニクルのなかに漏れなく書き込まれるはずだ。

しかし、ちょっと考えてみれば分かるように、理想的編年史家は、過去の出来事を「起こったときに、起こったように」書き留める（にすぎない）のだから、クロニクルにおいて、漱石が『草枕』を発表する一九〇六年以前に生起した「ロンドン行き」という出来事は、夏目金之介の洋行としてしか記載されるはずがない。形而上学的実証史学の夢である理想的クロニクルは、（2）のようなごく単純な物語文──「少なくともふたつの時間的に離れた出来事を指示し、そのうちの初期の出来事を記述する

(Danto 1965=1989:194)」もの——をすら扱うことができないのである。単純な物語文をも記載できないクロニクル——ダントーは、そうしたもの（の物理的な存在不可能性ではなく）の論理的・文法的な無意味さを突き、歴史記述の根源的な物語性、事後遡及的な構築性を精緻にあぶり出していく。

こうした理想的クロニクル（の不可能性）をめぐる議論は、先にあげた構築主義の二つの要請、つまり①カテゴリーにかんする内在主義、②分析者の立場にかんする外在主義が——歴史記述にかんするかぎり——ともに貫徹されえないことを示している点に注意を促しておきたい。

まずカテゴリーにかんする内在主義について。いかに歴史的出来事の実態を問わない構築主義の立場をとったとしても、歴史的な系譜を描く作業を遂行する以上、物語的な叙述法を採択しないわけにはいかない。たとえば、歴史的な構築主義研究の基本的な様式として、「○○が通歴史的で本質的なものとして認識されるようになったのは、近代以降のことであり、それ以前には○○は当事者カテゴリーとして存在してはいなかった（○○は近代以降構築された）」というものがある（○○には「純真無垢な子ども」「女性のヒステリー」「国民国家」などいろいろなものが挿入されうる）。

この語り口は、たしかに○○を分析者が無時間的に定義してしまう危険性を回避するものではあるが、いまだ○○とカテゴリー化されていない何かXと、近代以降○○と呼ばれるようになったものとが、何らかの意味で同一であることを含意するものとなっている。つまり、こうした様式をとる分析者は、実態は問わないと口言いながら、○○と名指される以前のXの実在（および、Xと、○○の指示対象との外延的文脈における同一性）を非常に「外在的な」位置から前提としてしまっているのだ。

この問題は、構築主義内部において「存在論的ごまかし（OG）」という奇妙な標語によって、広く知られているものだ。ダントーの議論の文脈に引きつけていえば、（1）時間的に離れた二つ以上の出来事（「○○という力テゴリーを与えられていないXが存在する」という出来事と、「Xに○○というカテゴリーが与えられた」という出来事）の関係を記述する歴史文に不可避的につきまとう物語的性格と、（2）カテゴリー定義を徹底して当事者に委ねる内在主義との論理的齟齬と考えることができるだろう。

カテゴリーについての内在主義を徹底するなら、「それが起こったときに、起こったように」記述する超内在的な当事者＝理想的な編年史家の視点こそが理想とされなくてはならないはずだが（1）、すでに確認したように、それは経年的変化を記述する歴史叙述の物語性と相いれない（2）。少なくとも、歴史的な変化をとり扱う構築主義的研究にとって、カテゴリーについての内在主義の要請は非常に厄介な桎梏として立ち現れてこざるをえない。

また構築主義の第二の要請、分析者の立場にかんする外在主義についても、ダントー的物語論は異議を突きつけてくる。

物語文をめぐる議論の要諦は、文中において先行するとされる出来事Etにかんする記述が、出来事が生起した後に（分析者に）与えられた情報によって、多様に変化しうる（せざるをえない）ということであった。漱石が『草枕』を執筆していない一八九五年においては、（1）は有意味に真偽を問える文として受け止められるが、（2）は無意味とまではいえないけれども少なくとも真偽を問いうるような歴史文としては理解されることはない（それは時制を誤った奇妙な予言である）。出来事Et_1が生起した後に生じた、当該出来事と関連性を持つ出来事Et_2次第で、歴史的な言明はさまざまに変化しうる。ということは、歴史記述というものは、つねに記述者が立ち会っている時点における情報（あるいは記述者が収集しうる情報）によって左右されるということになる。

当たり前といえば当たり前の話だが、このことは、分析者の外在性という構築主義の要請を揺るがすに十分な問題といえる。過去に目をやる分析者は、避け難く手持ちの情報群にもとづいてカテゴリーを構築し、いわば歴史の色眼鏡をかけて過去を再構築せざるをえない（イデオロギー被拘束性が云々といった大袈裟な話ではないことに注意してほしい）。ダントーの議論は、カテゴリーについての内在主義とともに、分析者の立場の外在主義という構築主義の基本要請をも切り崩してしまうのである。

少々不可思議な話ではある。ホワイトのメタヒストリー論とならんで構築主義の歴史学バージョンと一般に考えられている物語論ではあるが、ことダントーの議論にかぎってみると、それは構築主義の骨子ともいえる主張をことごとく裏切ってしまってしまう。これは、ダントーの議論が思慮不足であることを意味しているのだろうか。それとも、構築主義の主張そのものが、歴史的構築主義（物語論）に内在する何らかの問題を看過していることを意味するのであろうか。

(4) 立場性と対症療法

ダントー的な物語論を受け入れたとたん、（歴史的）構築主義はその基本理念とする「①カテゴリーについての内在主義」「②分析者の立場についての外在主義」を手放さなくてはならなくなる――この問題に対して、政治的構築主義者、方法論的構築主義者はそれぞれどのように応答するだろうか。

まず、政治的構築主義者の方は、物語論の基本理念を受け入れ、①②を放棄するという方策をとるように思われる。つまり、「歴史（物語）記述が事後遡及的に構成される」という物語論の文脈における「（過去の）構築」に重点を置き、「外在することによって認識の暴力を回避せよ」という構築主義の基本理念の方を修正するのだ。

歴史記述が分析者が立ち会う現在の情報によって規定・構築される以上、カテゴリー構成にかんする当事者の優先権や分析者の外在性なるものは、原理的に確保されえない。したがって、分析者は自らが置かれている理由空間の歴史的局所性を踏まえつつ（②の断念）、自らが産出する歴史記述がもたらす認識の限界に対して十分な自覚を持たなくてはならない（①の断念）。政治的構築主義は、「当事者による構築」というよりは「分析者による構築」により多くの注意を払い、歴史記述という行為や歴史家の立場性（positionality）を鋭く問題の俎上にのせるだろう（この点を前面化したのが対話的構築主義と呼ばれる思潮である）。政治的構築主義にとって回避されるべき最悪の認識の暴力とは、「分析者は外在しうる」という外在主義と「当事者のカテゴリー構成を観察しうる」という楽観的な内在主義が相俟った超越的な学問的態度なのだ。当然のことながら、認識の暴力の回避という構築主義の基本綱領は手放されていない。しかし、それは①②とはまったく逆転した形でもって遂行される。

次に方法論的構築主義の方だが、こちらはそうそう簡単に①②を手放すわけにはいかない。特定の歴史記述が置かれた情報空間や分析者の立ち位置などに配慮する、と言えば聞こえはいいが、それはつまり記述の外部・背後にある社会状態を想定することにほかならず、状況・実態を括弧入れするという構築主義の屋台骨を切り崩しかねないのだから。

①②を保持しつつ、理想的クロニクルの議論が突きつけてくるような問題に対応すること――そのも

っとも有効なやり方は、件の問題を疑似問題として退ける、というものである。たとえば、中河伸俊は、「研究者自身は行わないとしていた「問題」とされる「状態」の存在論上の地位についての想定をその考察に密輸入」するというOG1と、「社会学的な説明というものは（あるいは記述という行い一般が）こうした暗黙の線引き作業を免れることはできない」という意味でのOG2とを区別したうえで、OG2の不可避性を認めつつ、OG1については技術的な対処が可能であるとし、両者を混同するところからOG問題という「擬似問題」が生じるとしている（中河 1999：276）。

物語論の文脈でいえば、先行する出来事の実在を想定すること――形而上学レベルでの実在論――の避け難さを認めつつ、構築主義という経験的研究のプロジェクトでは①と②は近似値的に確保されうる、とするものだ。たとえば、OG1については、「研究者が同じ「状態」についてのクレイムだと判定するのではなく、問題活動の参与者がそう判定するのであり、研究者はそれを踏襲するだけだ」とか「同じ「状態」を想定しなくても一般的な意味のレベルでの包含関係や類縁性……に注目することによって、研究者による同定は可能だ」といった具合に（ibid：319）、方法論的な対症療法を施すことができる。経験的研究のプロジェクトとしての構築主義（①・②）にとっては、そうした対症療法の洗練こそが課題なのであって、形而上学的に展開されるOG2にかかずらう必要はない、というわけである。

このように、認識の暴力を回避せよと命じる構築主義の基本格率は異なった形で解釈されながら、政治的（あるいは再帰的）構築主義と方法論的構築主義という、ほとんど似ても似つかない二つの構築主義を生み出していく。政治的構築主義の立場からいえば、学問的記述の政治的文脈を軽視する方法論的構築主義のあり方は、実証主義的心性を引きずった反構築主義的なものとして映るだろうし、また方法論的構築主義者にしてみれば、政治的構築主義なるものは、素朴な経験的調査よりも、ヒロイックな「学的語り」「分析者の特権性」への反省を特権化する逆立ちした認識論的エリーティズム——国民的歴史学運動の再来？——のようなものと映るかもしれない。この一見対極を描く二つの構築主義が（出自は異なるとしても）ともに構築主義の基本綱領のなかから立ち上がってきた、というのはある意味皮肉なことである。

(5) 認識論主義と帰結主義

ここまで述べてきたような理論的な対立は、実際のところはたいしたことのない問題なのかもしれない。各々の構築主義が各々の得意分野においてそれなりの成果を出しているのなら、何も答えを一つに絞り込む必要はない。多元的な構築主義が多元的な方法でもって世界を分節化していけばいいだけのことだ。しかしながら、こと歴史にかんするイシューについては、いずれの構築主義も見逃しがたい問題性を抱えこんでいるように思われる。最後にこの点を確認しておくこととしよう。

実は、歴史にかんする構築主義的研究が、他の構築主義的研究には見られない独特の問題性を持っていることを鋭く察知していたのは、方法論的構築主義の立場に立つ中河の方であった。中河はOG1を克服する対症療法を提示した後に、次のような注目すべき提議をしている。

研究が歴史社会学（「問題」の言説史）の領域に入ったときに、こうした対応だけで十分かどうか

確信はないが、それについては今後の議論に待ちたい。（中河 1999：319）

ここで中河が歴史社会学の固有性をどのように捉えているかは明確ではないが、文脈から判断すると、「対症療法的にOG問題を扱うためには、当事者レベルでの出来事の同定作業を分析者が観察できなくてはならない。しかし、長期的なスパンを持つ歴史的研究において、この観察はきわめて困難なものとなる」といった内容と考えられる。近代以降、幼児虐待と名指されるようになった行為と、近代以前の幼児虐待「的」な行為との同一性を判定する当事者とは誰だろうか？ そもそもそんなことは可能なのか？ 歴史を素材とした場合、現在進行形的な社会問題とは異なる対処法が必要となるように思われる。

この問題にかんして、私は次のように考える。すなわち――**一般的な構築主義は、あくまで対象の属性の社会的構築を論じる（反本質主義的な把握をする）ものであり、その属性が帰属される対象の構築性を云々するものではない、したがって、対象にかんする実在論と齟齬をきたすものではない（件の対症療法が有効である）。ところが、過去の出来事を分析の対象とする歴史的構築が扱う属性記述・述語は、「……が存在した」という存在述語であるため、属性にかんする反本質主義的・構築主義的理解は即座に反実在論を含意してしまう。ようするに、形而上学的な実在論を許容しつつ、対症療法によって構築主義を延命させるという方法論的構築主義の戦略は、少なくとも歴史的構築主義については、不可避的に失敗せざるをえない**――。

もちろん、政治的な立場性を前面化した構築主義の陣営にしても（ほうこそ）、こうした歴史的構築主義に固有の問題から逃れ出ることはできない。

上野千鶴子は、歴史‐学という営みの政治的・社会的位置を鋭く問い返すために、(1) 文書史料中心主義、(2) 学問の「客観性、中立性」神話を批判しつつ、(3) オーラル・ヒストリーの方法論的挑戦を真摯に受け止めるジェンダー・ヒストリーの可能性について論じているが、こうした歴史論の背後には、「過去の出来事が存在したかどうかは問わない（実在論／反実在論の対立にはかかわらない）。過去の出来事を後世の人びとがどう構成したのかを問う」という基本姿勢が見受けられる。分析者の立場への反省意識［**理論**］が、「（出来事生起時の）当事者による構築」というよりは「（現在の）分析者による構築」に注意を払うべしという作業倫理［**実践**］を呼び込んでいるわけだ。「過去の真実をめぐる闘争」ではなく、「現在において構築される過去をめぐる、現在の闘争」への戦略的限定――そうした戦略が意義あるものであることは否定しないが、それしか歴史的構築主義の行く途がないとするならば、政治的構築主義者自ら「「過去の出来事の（現在の）表象」ならぬ「過去の出来事」をとり扱う構築主義的研究は不可能である」と認めているようなものである。政治的構築主義を貫徹するなら――方法論的構築主義とはまた別の理由で――歴史的構築主義は不可能であるということになってしまう。

このように、歴史という素材を対象にしたとたん、方法論的構築主義と政治的構築主義はともに隘路に迷い込んでしまう（前者はしかし、方法論である以上その認識論的・存在論的な限定を置くことができる）。両者がまったく異なる経路から同じように迷いこんでしまった道――ここではそれを認識論主義と呼んでおくこととしよう。

ここでいう認識論主義とは、認識する主体／認識される客体という二極を立てたうえで両者のありうべき・可能なる関係を問う思考様式のことであり、リチャード・ローティが近代哲学を特徴づけるメルクマール（表象主義）として剔出したものである。実態（客体の如何）を問わないという構築主義の綱領は、裏を返していえば「実態の如何を問わずに記述する方法論を模索する」ということであり、素朴実在論を反転させた極めつきの認識論主義であるとすらいえる（たしかに、構築主義は素朴観念論と異なり、言語の特異な認識論的特性を踏まえているといえるかもしれない。しかし言語論転回を経た分析哲学は、出来事とその記述＝言語の関係をめぐって延々と論争を繰り広げてきたのであり、言語の力（force）を特権化してきたわけではないことに注意しなくてはならない。しかも、近年では言語論的転回すらもが――ポストモダンにおける受容と反比例するかのように――相対化されつつある）。

認識論主義の極北としての構築主義は、「……がある」「……である」という存在述語をめぐる問いの空間、つまり存在論を徹底して抑圧する。その必然的帰結が、存在述語を扱わざるをえない歴史に対する無力なのではなかろうか。

こうしたことは、存在の如何が鋭く問われる歴史的対象、たとえばホロコーストは構築主義の言語空間において、留保され続けなくてはならない（ホロコーストの表象史が語られるだけである。この点は、方法論的相対化も、政治的自己反省も、存在の位相を消去する点において、まったく同様である。しかし設定した準拠問題にそくして誠実なのは前者であるように思う）。ダントーの物語論が、ある意味で素朴ともいえる出来事の実在論（特定の時空領域を占める外延的対象として出来事を定義するクワイン－デイヴィッドソン流の物理主義）をとっていたことの意味を、私たちはもっと真剣に考えてみる必要がある。文書史料を漁れば、そこに書かれている出来事の如何を知ることができる、などという素朴にすぎる実証主義――しかし、そんな歴史学が存在したことがあったのだろう――はたしかにどうしようもないとして、その対案が存在の位相を無化する認識論主義しかないというわけではない。

典型的な近代主義としての認識論主義――ホロコースト以降の歴史家は、それを乗り越えることをいわば定言的に命じられている。その具体的な道筋がどこにあるのかは分からない（たとえばダントーを採用する上村忠男（2002）の重い問題提起を見よ）。しかし、方法論的に洗練された歴史的構築主義を喧伝することが、詩をうたう以上に野蛮であるような時代に私たちが生きていること、そのことだけははっきりしている。

補論　ジェンダーと構築主義

(1)「セックスはジェンダーに規定される」

『構築主義とは何か』の編者が上野千鶴子であることからも分かるように、ジェンダー論やフェミニズムの文脈において参照されることが多いのは、広義の構築主義、つまり政治的構築主義のほうである。もちろん、方法論的な構築主義から出発したジェンダー研究も少なからず存在するが、バトラーやニコルソン、あるいはフーコーといった論者の名を挙げる構築主義的なジェンダー研究は基本的に、ポストモダニズム系の認識論の影響を受けていると言ってよい。フェミニズムがたんなる社会学方法論ではなく、明確な政治的企図をもった思想実践である以上、方法論に還元されない構築主義の援用を目指すのは当然のことといえる。

ジェンダー論という問題の立て方にとって、構築主義的な発想はそもそも相性のよいものだったということができる。ジェンダーという概念は、もともと文法的な性差（男性名詞、女性名詞など）を指し示す用語であるが、歴史的・文化的・社会的に構成された性差、「「セックス sex」（性、性器、性行為、性別などさまざまに訳し分けうる含意をもつ）や「性 sexes」といったことばではうまく分離できない要素」（田崎 2000：78）のあり方を指す言葉として、主として英語圏のフェミニストによって広められたものである。

この言葉が市民権を得る以前にも、たとえばボーヴォワールの「人は女に生まれてくるのではない、女になるのだ」という言葉が指し示すように、性別を非生来的な、文化的な産物とみなす考え方は存在していた。性別をめぐる言説を、構築主義的認識を契機として、生物学的な決定論、二元論的な宿命論から解放し、多様かつ他様な「性」のあり方を分節化する理論装置、それがジェンダーである。ジェンダー論とは、生物学的な差異と異なり、文化的な可塑性、ようするに構築的な要素を持つ性差を問題化する知の総体であるということができるだろう。

しかし、以上のようなジェンダー理解は、ラディカルな構築主義の視点からみたときには、ある意味で不徹底なものであるといえる。というのも、ジェンダー／セックス、文化的性差／生物学的性差という二項を対立させて議論を進めているかぎり、「文化や社会によっては構築されえない生物学的性差」なる概念を温存してしまうことになるからである。性差の文化的・歴史的構築性をいうために導入されたジェンダーという概念装置が、逆説的にも「構築されえない文化の外部／本質／実態」としての「生物学的性差」の実体化を招来してしまうのだ。たとえば、フェミニスト歴史学者ジョアン・スコットは、「ジェンダーとは、肉体的差異に意味を付与する知」であるとしているが（Scott 1988=1992:16）、この定義自体が「意味を付与される対象」としての「肉体的差異」の実在を含意することとなる（実際はスコットの議論はもっと繊細なものであり、「肉体的差異」なるものを実体視しているとは言い難いのだが…)。これは、「本質」や「実態」を措定しないという構築主義の方法論からすれば、問題なしとはいえない事態である。

そこで、生物学的差異＝sexすらもがジェンダーによって構築されているとし、性をめぐる反本質主義、構築主義を徹底していこうとするラディカルな見解が提示されることとなる。その急先鋒がジュディス・バトラーである。

バトラーは次のように言っている。

もしセックスの普遍の性質に対して異議をはさみこむことができるとすれば、おそらくこの「セックス」と呼ばれる構築物も、ジェンダーと同じように文化的に構築されていることになろう。実際のところ、おそらくそれはこれまでも常にジェンダーだったのであり、したがってセックスとジェンダーの区別はなんら区別ではないということになる。(Butler 1990)

上野千鶴子は、こうしたバトラーの認識論を、「「解剖学的宿命」への反発から始まった「ジェンダー」の概念を、その言説の極北において転倒する試み」、「生物学的決定論」に対する「言説決定論」と規定している(上野 1995:20)。こうしたバトラーの議論は、たしかにセックス／ジェンダーをめぐる議論空間を転倒させるものであったといえる。そもそもジェンダーというのは、「「セックス」sexや「性」sexesといったことばではうまく分離できない要素」を指し示す概念として誕生したわけだが、そのジェンダーが、今度はセックスを規定／構築する（というか、セックスはジェンダーである）というのである。ようするに、セックスとは、「文化的性差といったことばではうまく分離できない要素」として文化的に構築される対象である、ということだ。「文化的性差」や「ジェンダー」には還元されない言説の外部として、言説的に構築される対象、それが「セックス」であり「身体」なのである。まさしく、言説や概念の作用に照準した方法論だといえる。

こうしたバトラーのラディカルな構築主義を、非合理な唯名論と理解してはならない。つまり、それは、物質的世界もまた言葉や文化によって作り出されたものにすぎない、とする存在論的な主張ではない。いわれているのは、私たちの社会において、身体やセックスが、文化の外部にあるもの——あらゆる言説に先立つもの——として語られ／話され／了解されていくことによって、「ジェンダーの彼岸」が再生産され続けていく構造の権力性を見据えよ、ということだ。日常生活のなかで私たちは、自らの性別役割観を正当化するために身体的差異や生物学的差異を持ち出したりするし、ときとしてそうした正当化に医学的・生物学的知識が援用されることもある。

セックスは、たんに生物学的、解剖学的な性差として理解されているだけではなく、文化的な性差を超える「何か」、特定の性別役割規範を正当化する根拠の語彙としても機能している。日常的なコミュニケーションから医学の現場にいたるまで浸潤しているそうした「(文化の) 外部としてのセックス」というレトリックのあり方——実践としての作用——を批判的に捉え返していく、というのがバトラー的構築主義、ポストモダン・フェミニズムの方法論といえるだろう（小宮 2011)。それは素朴な「反科学（生物学）主義」ではない。「ポストモダン・フェミニズムの主張は、生物学、医学という権威のもとに疑われることのない生物学的性別をも聖域化せず、それらの言説の制度にも潜みうる」権力関係（男性優位主義、異性愛主義など）を抉り出していこうとする方法的態度（坂本 2005:308）」なのである。

この点については、近年「フェミニズムはジェンダーという概念によって、生物学的な差異の抹消を図っている」とするフェミニズム批判が散見されるので、注意が必要だ。たとえば、スティーヴン・ピンカーは、エクイティ・フェミニズムとジェンダー・フェミニズムという区別——困惑するほどにフェミニズムの理論史を無視した「オリジナリティ溢れる」二分法である——を設けたうえで、後者に対して辛辣な批判を展開している。

エクイティ・フェミニズムとは、男女の「平等な処遇についての道徳上の主義であり、心理学や生物学の経験的な問題にはかかわらない」。一方のジェンダー・フェミニズムは、(1)「男女の差異は生物学的要素とは無関係で、すべて社会的に構築されたものである」、(2)「人間の社会的動機はただ一つ、権力であり、社会生活がどのように行使されているかという観点からのみ理解できる」、(3)「人間の相互関係は…ほかの集団に対処する集団——ジェンダーとしての女性を支配するジェンダーとしての男性——の動機から生じる」、という三つの「人間の本性」をめぐる主張をもつ経験的な主義なのだという（Pinker 2003=2004:116-117）。

自由主義フェミニズム／ラディカル・フェミニズムの区分を思わせるこうした見取り図にもとづき、ピンカーは、エクイティ・フェミニズムの主張、男女平等の理念の重要性の主張へのコミットメントを表明したうえで、あたかもタブラ・ラサのように、性別が書き換え可能であるかのように主張するジェンダー・フェミニストの非合理、非科学的態度を批判していく。はたして彼のいう「ジェンダー・フェミニスト」なるもの、キャロル・ギリガンを偶像視し、性差はすべて社会的な構築物であるとし、フィフティ・フィフティのアフェーマティヴ・アクションを支持し、かつ、レイプはセックスと関係がないと強弁するフェミニストなるものがいったいどれほど実在するのかは疑問であるが、今はそうしたことは措いておくこととしよう。

気になるのは、こうしたピンカー的な論法――男女平等に賛成の意を示しつつ、フェミニズム、社会構築主義の反科学主義の非合理を批判する――を、さらに脱色したような言説が日本でもわりとポピュラリティを獲得しており、構築主義的ジェンダー論そのものの正当性が問われている、ということである。

ピンカーのいう「ジェンダー・フェミニズム」と、バトラー的な構築主義は同じではないが、「構築主義は、生物学的差異を抹消しようとする非合理主義である」という主張に対してどう応答すべきか、ごく簡単に考えておくこととしよう。

(2) 社会的語彙としての「セックス」

一つには、「構築主義は、脳科学的な言説の価値拘束性、政治的レトリックとしての機能を指摘するにすぎず、生物学的性差が実在するかどうかという次元の話には踏み込むものではない」という応答が考えられる。構築主義は、文化に還元不可能な（とされる）外部＝セックスの社会的構築のプロセスをトレースする研究のプログラムであり、外部の実態の如何には興味を示さない――方法論的な構築主義の王道的な使用法であるといえるだろう。

机、ベガサスという対象や、特定の時空間を占める出来事や行為、行動、現象については、整合的でありながら互いに独立した複数の真なる記述が成り立ちうる。「喫煙」という行為、現象は、医学的な言語によって記述される（喫煙行為の健康に与える悪影響）こともあるし、社会学的な言語によって記述される（喫煙行為をめぐる社会的言説の変化）ことも可能だろう。「喫煙行為が真に健康に悪影響を与えるか否か」という医学的判断にコミットしなければ、社会学的な「喫煙」論を展開することはできない、ということはない。

同様に、性差にかんする医学的、自然科学的な判断にコミットしなくとも、「文化には換言しえない外部として、性が意味づけられていくこと（性という概念をめぐる実践の規則）」にかんする社会学的分析を進めることはできる。重要なのは、分析者が採用しているカテゴリーの論理レベルの差をしっかりと認識しておくことだ。

「(a)セックスはジェンダーによって構成されている」

というのと、

「(b)「セックスはジェンダーによっては構成されえない外部である」という信念がいかにして社会的に構成されるのかを分析する」

というのでは、論理の位相が異なっている。

(a)の字義通りの意味を誠実に信じているのなら、その人は生物学的決定論と逆の主張を、生物学的決定論と同じレベルで展開している（言説決定論）のだから、

(c)セックスはジェンダーには還元されえない

という主張に対して応答責任があるといえる（上野や千田有紀らの解釈はこうした理論負荷性の高い解釈であると思われる）。しかし、(b)のような研究プロジェクトを掲げる人は、生物学的決定論に（同一のレベルで）反論しているのではなく、「生物学的決定論の語られ方」を、人びとの言語行為・行為・実践問題そくして考察しているのだから、(c)に反論する必要はまったくない。(b)を掲げる人が「生物学的性差は存在する」と信じていたとしても何の非合理もないだろう。

「構築主義は、生物学的差異を抹消しようとする非合理主義である」という批判に対しては、以上のように応えておけばよいように思う。おそらくバトラーの構築主義も、素朴に、つまり生物学的決定論と同一の地平で(a)のような主張をしているのではない。もしそうした主張をしているのなら、主張者は(c)に対する応答責任を負うだろうし、また、もしそうした主張をしていない（b）とするならば、それは見かけほどラディカルな形而上学的主張ではない、ということになる。私自身は、バトラー的な構築主義は、非合理であるというよりは、実はそれほど哲学的に過剰な負荷をもっているわけではない健全な理論であるとみている。ラディカルでないことはけっして学問的、政治的に責められるべきことではなく、経験的な分析課題を遂行していくでは有益である。

(3)　自然主義的誤謬

「ジェンダー・フェミニズム」批判に対する応答としてもう一つ考えられるのは、もっと単純なもの、

〝and so what?　生物学的性差があったからといって、それが何だというのか〟と問い返す、というものである（実はピンカーも、〝and so what〟論者の一人である）。

このとき鍵となるのが、存在（sein; である）と当為（sollen; べし）の次元と、価値（value）と事実（fact）の次元との差異である（北田 2003）。

構築主義者のなかには、構築主義とは、基本的に事実（とされているもの）の価値拘束性をいうものであるから、「である」と「べし」の区別を自身がしてはならない、と考える人もいる。だが、両者は異なる。「「女性は…という特質を持つ」という事実言明は、他の信念と合わさって、価値の表明となる」ということを認めることと、「女性はPという特質を事実持つ。しかし、だからといって、Pが実現しやすい制度Xを設計すべき、ということにはならない」ということを認めることとは、両立する。六歳時の知能検査、運動能力測定で、「数学的能力に優れている」とされた子供に数学の特別教育プログラムを施し、「運動も、学力も不良、しかし手先は器用」と出た子供に職人修行させる、といった具合に、「適性に適ったプログラム」を用意すれば、もしかすると――おそろしいことに――効率的な社会運営が可能なのかもしれない。しかし、私たちはふつうそのように考えない。ようするに、存在（である）を当為（べし）に一意的に結び付けようとはしない。

ところが、奇妙なことに、（確率論的分布を十分に考慮しなくてはならないにもかかわらず）こと性差にかんしては、《存在→当為》の推論を喜んで受け入れることが少なくない（この事実こそが社会学的に分析されるべき事態であろう）。実際に、基本的な自由の平等を担保するために《存在→当為》の推論を受け入れる場合もある。たとえば、目下、妊娠する可能性を持つのは女性の身体だけなので、そうした存在レベルでの認識にそくして社会制度を調整する、身体障害者に都市空間を移動する自由を保証するために「バリアフリー」な都市計画を施す、というように。

しかし同時に、《存在→当為》の推論は、私たちの直観に馴染まないさまざまな「べし」を正当化してしまうこともある。自分が行っている《存在→当為》の推論が、はたして妥当性、説得力を持つものなのか、という点については十分自覚的でなければならないだろう。

たとえ男女の間に――何らかの経験的手続きを経て、ある時点で知識として正当化されうる――生物学的な差異があったとしても、その差異の事実的認識から当為は容易には導き出されない（「男女に差異はあるか」という問い（存在）は、「性差があるなら、違った処遇がなされてしかるべきだ」（当為）を前提を随伴する必然性はない（赤川 2006））。当然のことながら、逆に生物学的な本質的差異がないとしても、その事実からただちに何らかの当為が導き出されるわけでもない。赤川（2005:130）の言葉を用いて言えば、「差異はある。ゆえに異なる扱いをすべきである」という本質主義者も、「性差は社会的につくられたものであり、変えられるとする」ラディカルな構築主義者のいずれも、存在から当為を導くという自然主義的誤謬を犯しているのである。

構築主義的ジェンダー論者は、基本的に、存在と当為の次元とは異なる、価値と事実の次元において両者の差異の相対性を示すという作業に取り組んでいる、と考えることができる（もちろん、なかには存在と当為の次元に踏み込むラディカリストもいるだろうが）。存在の次元で生物学的性差を認めたとしても、事実の分節化を図る構築主義のプロジェクトは継続可能だし（「女性は…である」という事実言明の持つ価値拘束性を分析する）、「社会的にも異なった処遇がなされるべき」という当為言明に同意する必要はない。

構築主義的ジェンダー論者は、生物学的差異を認めたとしても、実はたいしたものは失わないのである。

第2章 「構築されざるもの」の権利？――歴史的構築主義と実在論

(1) はじめに――殺人の制作

本章で扱うのは、過去の出来事を構築すること、ではなく、過去の出来事を構築する実践において論理的に前提とされなくてはならない要件である。構築主義は出来事の反実在論を含意しない。それどころか、そのプログラムの遂行にあたってある種の実在論を前提とする。重要なのは、出来事の記述が指示する世界状態が「存在した」か「構築された」かではない。実在性がどのように構築主義（括弧入れ）において使用され、条件が整えば括弧を外しうるような記述の精度をもっていなくてはならない、ということである。このことは過去の出来事をめぐってもっとも先鋭的に立ち現れる問題系であり、実践的な含意も小さくない。抽象度をあげた論理的・文法的な考察が以下で展開される。

4つの悲劇の描き方

日曜日午後の多摩川べり、たまの休暇を使って行われていた草野球で起こった悲劇。打者Bの頭部に向けて「危険球」が投じられ、ベンチにいたAが突然「よけろ!」と大声で叫んだ。その声に驚いたCが心臓発作で倒れ病院に担ぎ込まれたが、必死の治療もむなしく一時間後に死亡してしまった。後日、その場に居合わせた野球仲間が、

「(1)Aは音声を発しただけだ」
「(2)AはBに警告を与えたのだ」
「(3)AはCに心臓発作を起こさせたのだ」
「(4)AはCを殺したのだ」

と証言したとしよう。(3)や(4)は多少オーバーに響くかもしれないが、仮に件の投球がさして危険なものでもなく、Cの心臓疾患をAが知っており、さらに普段から両人の仲が険悪であったことなどが事実であったとするならば、あながち大袈裟なものともいえない。ここで問題——果たしてAはCを殺したのだろうか?

この問題に対して「行為を行為者の主観的意味にそくして理解しつつ解明する」理解社会学者[1](ウェーバー)なら、「Cを殺そう」という意図IをAが持っていたか否かに関心を集中させ、(4)の真偽を判断するだろう。端的にAがBに警告することしか意図していなかったのだとすれば、Cの死亡という出

来事はAの行為ではなく、Aの行為の意図せざる結果だということになる。

一方、過去の出来事に関する表象＝記述に、事実との対応如何によって真理値を与える歴史家の営みに懐疑的な構築主義者は、記述の真偽から記述の適切性へと関心をシフトさせ、(1)〜(4)の証言の受容可能性――現在入手可能な証拠との現時点での整合性――から先の問題に取り組む。だから、たとえAに「Cを殺そう」という意図がなく、たんに善意からBに警告するつもりであったと推察される場合でも、(4)はけっして候補から外されることはない。(2)と(4)は真偽の次元で対立するものではなく、適切性の度合い――常識的な実践的知識・信念に照らして有意味といえるか否か――において相対的に異なるだけなのだ。

この二つの解答の対立は、この悲劇が証人も被告人も死に絶えた過去の出来事であった場合、より先鋭的なものとなる。Aが死んでしまえば、Aに意図Iがあったのかどうか問いただすことは当然できないし、何らかの不備でAの証言記録が紛失してしまった場合、もはや素朴な理解社会学は「AはCを殺したのか？」という問いに取り組むことすらできなくなってしまう。かくしてある種の構築主義者はいう――結局、歴史記述を事実との対応に照らして真偽で判定することは最初から無理があったのではないか。記述者は、非常に限定された現在の知識・信念に依拠しつつ記述をするのだから、過去そのものなど問い得ず、たかだか現在における記述の説得／受容可能性を問題にしうるだけだ。さらに現在時点でいかなる証拠が入手可能かということも、事件後の社会が何を証拠として認定するかという社会的信念・知識に依っているのだから、それを過去そのものへの通路として利用することはナイーブに過ぎまいか。結局、「AはCを殺したのか？」という問題設定自体が錯誤をはらんでいるのであって、正しくは「現在において「AはCを殺した」という記述は適切か」と問うべきであった――と。

歴史記述を真偽の審級から引き離し、適切性（説得／受容可能性）の領野へと連れ出すこと。こうした指向を持つ議論を総じて「歴史的構築主義（ＨＣ）」と呼んでおくならば、ＨＣは様々な内的な差異――記述の説得可能性に照準するレトリック分析や物語論、歴史叙述が想像の共同体を担保する政治性を告発する記憶論やメタ・ヒストリー論――を孕みつつも現在きわめて強力な知の空間を醸し出している。本章では、分析の焦点を〈殺人＝出来事の有無〉から〈「殺人」記述＝表象の現在性〉へと移行させるこのＨＣの理論的前提について、多少抽象的に検討していく。

過去を構築するとはいったいいかなる事柄を指し示しているのか、また批判対象に設定された実証史家に対しＨＣは果たしてどれほどの理論的優位性を持っているといえるのか――限定付きでＨＣの視座に共鳴する者の一人としてこうした問いにとり組んでいくこととしたい。

(2) 反実在論と構築主義

まずここでは、ＨＣの立場をなるべくトリヴィアルでないもの、つまり過去の出来事に関する反実在論（anti-realism）を含意するものと解釈しよう。実際、「非行」のような逸脱カテゴリーの実体化・自然化を回避すべく構想されたキツセ＝スペクターの社会問題研究や、生物学的な性差＝セックスすらも文化的・社会的なジェンダー規範に基づいて構成されると論じるポストモダン・フェミニズムなどの議論は、「文化的には…だけど、本当は…」という暴露的啓蒙の姿勢に断固としてＮｏを突き付けるものであったはずだ。分析素材を徹底して構築物として扱う。それが構築主義の根本テーゼであるとするならば、歴史学が扱う素材は「過去の出来事」なのだから、ＨＣの主張は、

（C_1）あらゆる過去の出来事＝現実ｅは、記述がなされる時点ｔにおける記述者の信念・知識（の表象）によって構成される。

といった具合にまとめられるだろう。この過去の出来事についての妥協なしのラディカルな構築主義は、当然出来事ｅの実在を許容しない反実在論を含意する。ここで、「いや過去そのものが構築されるといっているのではない。歴史記述が構築されるのであって、本当は…」などとこぼしては、折角のラディカルさが骨抜きになってしまうので注意が必要だ。ベッカーのラベリング論が屈服してしまったこの陥穽、日常的直観にやさしいこの誘惑から決別することから、トリヴィアルでない社会構築主義は議論を駆動させたのではなかっただろうか。

セクシュアリティ研究や社会問題研究を勇気づけてくれた当の論理が、「地球五分前誕生説」を可能にしてしまい、私たちを当惑させる。「セクシュアリティ」「美しさ」「逸脱性」といったものに関してその歴史的・社会的な構築性を難なく認めることのできる人ですら、「過去が構築される」と強弁されるとどうにも拭いえない抵抗感を覚え、ついつい「でも本当は…」と口にしてしまう。このラディカルなＨＣに対する抵抗感——大森荘蔵の卓抜な表現によれば「未練」——にはどの程度根拠があるのだろうか。ここで、（C_1）が伴立（entail）してしまう反実在論と、「美しさ」などの属性は物理的に決定され

るものではなく、社会的な表象行為によって構成される」という社会学的な「反本質主義 anti-essentialism」との種差を押さえておく必要がある。

まず、一般的な構築主義は、あくまで属性の社会的構築を論じるものであり、その属性が帰属される対象の構築性を云々するものではない、したがって、対象に関する実在論と齟齬をきたすものではないという点に注意しよう。たとえば、「美しい」なる述語について、その本質主義的な定義（特定の記述が一意的にその対象と結びつくという理論）を拒絶しつつ、「美しいとは…という状態である」という記述の束（cluster）として捉える立場をとったとしても、「…は美しい」と述定がなされる対象oが存在しないと言う必要はない（同様に本質主義も実在論を採る必要はない）。もちろんoを時空領域を占める物質のようなものとして同定することはできないけれども、さしあたりoという対象が存在するということ自体を否定しなくとも、属性の構築性は十分有意味に語りうる。とすれば、構築主義をめぐる論争史上（悪）名高い「存在論的ごまかし（OG）」――実態を問わないとする構築主義が、実態の存在を前提にしているのではないかという疑義――の議論も、**本質主義／反本質主義の軸**（**属性記述が特定化可能か／不可能か**）**と実在論／反実在論の軸**（**述定される対象が存在するか／しないか**）**とを混同したがゆえの疑似問題**として解消可能なものとなるだろう。属性の反本質主義は、属性を表現する述語が適用される対象についての反実在論を含意しないのである。(2)

ところが、分析の対象を「過去の出来事」に設定するHCの場合は事情がまったく異なる。HCの扱う属性記述／述語は、「…は存在した」という存在述語にほかならない。したがって、「存在する」ことに関する反本質主義（存在するとは「存在するとは…である」という記述の束であるという理論）は避け難く、過去の出来事に関する反実在論を呼び込んでしまう。たとえば、〈「対象oの美しさ」は構築されたものだが、対象oは存在する〉はさして奇妙ではないが、〈「対象oの存在」は構築されたものだが、対象oは存在する〉という言明が自己論駁的に映ることを想起してみればよい。ようするに、存在に関する反本質主義と実在論はどうにも折り合いが悪いのだ。

カントが看取していたように、「存在する」という述語は他の属性述語――もっとも先鋭的には否定述語すらも――を使用するさい前提とせざるをえないメタ述語、その構築性がいかなるものなのかを私たちが到底理解しえないような述語なのである。サールの言い回しを借りるなら（詳細は3章参照）、〈表象から独立した剝き出しの事実が存在する〉という「外部実在論（external realism）」の主張は、「経験的テーゼではなく、むしろ理解可能性の条件（Searle 1995：182）」なのであって、HCに対する私たちの直観的な違和は、それがこうした理解可能性の条件＝超越論的前提に抵触してしまうことに由来しているとも考えられる。

このようなHCにつきまとう独特の負荷（反本質主義と反実在論を分別できない）ゆえに、多くのHC論者は実に穏当なことに（C_1）を投擲する。構築されるのは、歴史学という言説行為が生み出す表象（言明・文・命題・像）なのであって過去そのものではない――つまり、外部実在論を容認（あるいは括弧入れ）しつつ、記述の一意的な限定可能性＝反本質主義を拒絶するのである。かくてHCの主張は、

（C_2）(a)過去の出来事eについての記述D_1、D_2…D_nは、記述がなされる時点tにおける記述者の信念・知識（の表象）によって構成される。(b)eが存在する／しないの判断については留保する

程度に弱めるられることとなる。(C_1)があくまで過去の出来事を扱った歴史的構築主義であったのに対して、(C_2)が照準するのは過去の出来事の記述であり、「過去は存在しない」というグロテスクな主張を伴う危険性もない。私の見た限りでは、HCを標榜する論者の多くはこの穏当な理論を採用しているように思われる(上野 1998; 赤川 1999; White 1975)。HCは、歴史学=歴史記述の本質主義に抗うのであって、「歴史の廃棄や破壊を目指すのではない(阿部 1999: 74)」のである。

さて、このように弱められたHCは、日常に生きる私たちの直観にはだいぶ近しくなってはくるのだが、当然その代償を支払わねばならなくなる。(C_2)型の弱いHCが次のような実証史家のつぶやきにどう応答しうるかを考えてみればよい。

いっさいが言説を通過せざるをえないということは分かりました。しかし、これをこえたところに、あるいはこれ以前のところに、これには還元しえないなにものか、よかれあしかれ、わたしがなおも現実と呼びつづけたいものがあるのでした。この現実がなくては、どのようにしてフィクションと歴史の区別はつけられるのでしょうか(Ginzburg 1992=1994:98)」。

歴史修正主義に果敢と抗戦したこの実証史家ヴィダル=ナケのつぶやきを、《(*)現時点で持ちうる証拠に照らして受容可能な記述Dが、にもかかわらず偽でありうるのではないか》とパラフレーズしておくこととしよう(3)(これにはおそらく裁判に携わる法律家も賛同してくれるだろう)。

この(＊)に対して、反実在論の立場をとる(C$_1$)型の強いHCならば、〈記述Dが真か偽のいずれかである〉という二値原理を退け、「問いの設定そのものが間違っている」と哲学的治療を施すことができる。一方、(C$_2$)の留保条項(b)は「eそのものは知り得ない」という認識論的主張は含んでいるもののeの実在そのものは許容するので、(C$_2$)をとる弱いHCは、個々の記述D$_1$…D$_n$に関して「…は真(偽)である」と述語づけする行為を留保することはできるが、〈記述Dは真か偽のいずれかである〉という二値原理そのものに待ったをかけることは許されない(特定の記述Dが真か偽かは神ならぬ人間には知りえないが、「Dが真か偽であること」は人間は知っている・ということ)[(4)]。つまり、弱められたHCは(＊)の訴えを正当なものとして認めなくてはならない。真偽の問題を適切性の問いへと還元するのを断念した以上、先に引用した呟きを理論的にナイーブな実証主義者のボヤきとして回収することはできないだろう。

実際、反実在論を本気で唱える構築主義者がいないように、自らが提示する記述を永久不滅の真なるものと考える実証史家——脱コンテクスト的な真理の対応説擁護者——もいないのではなかろうか。かれらは二値原理を前提しつつ、現在収集可能な証拠から適切な歴史記述を構成し、一応(prima facie)真な記述を提示する。歴史の裁判官は、状況証拠からだけでは犯行を認定できず、過去の出来事と因果的につながりのある物証を必要とするし、判決を下した後にもなお冤罪でありえることを否定しない(実在論を手放したとき、私たちはもはや冤罪という概念を有意味に理解することすらできなくなってしまう)。実在論を認めてしまったHCは実はこの裁判官と同じ位置にあり、そしてメタヒストリーなるものも裁判官を裁く法廷に与えられた名前なのだとは考えられないだろうか。もちろん、メタ法廷の階梯上昇を止めることができるのはケルゼン流の絶対規範しかない。

(3) 存在の金切り声

(＊)のように、記述の真偽にこだわりつつその「イデオロギー被拘束性」を認める歴史学が可能であるとするならば、HCの実証史学批判は実のところ〈実証史学の理論的・哲学的素朴さ〉にではなく、〈実証史学の方法論的素朴さ〉に対して向けられているのかもしれない(赤川 1999)。すなわち、〈研究者がアクセスできるのは表象しかないのだから、過去そのものの実在を想定することは否定しないけれども、冗長である〉といった具合に、経験的研究を進めていくうえでの方法論的難点を突くのが構築主義による実証主義批判なのだ、と(こうした立場は「厳格派」と呼ばれる人達が好む傾向がある)。

この議論は一見穏やかに映るが、けっして無垢とはいえない形而上学的負荷——認識論主義とでも呼ぶべきもの——を抱え込んでいるようにも思われる。はたして歴史記述の場面において、過去の実在をめぐる問い(存在論)から独立した純粋な認識論(いかに知りうるか)というものを、有意味に語ることができるのだろうか。

まず、「過去そのもの」の余剰説から検討していくこととしよう。ここで冒頭に掲げた多摩川の悲劇を思い起こしていただきたい。そこでは、解剖学者の証言(1)から何やらこじつけ気味の証言(4)に至るまで四つの歴史記述が提出されていたわけだが、これらはいったい何について記述したものなのだろうか。(C_1)型のラディカルな構築主義者(余剰説論者はここに含まれない)であれば「四つの出来事」と、妥協を許さない外延主義者であれば「特定の時空的位置を占める一つの出来事」と答えるかもしれない。いずれの説もそれなりに直観に訴えるものなのだが、哲学者が現在もなお係争中であることからも分かるように、決定的といえるものは見当たらない。(5)

たとえば、前者については「では私が右手を上げてタクシーを止めたとき、私は〈右手を上げる〉と〈タクシーを止める〉という二つの異なった行為を行ったのか？」という反論が、後者については「(2)と(4)が同一の出来事の記述だとするならば、Cが死ぬ一時間前に、AによるCの殺人があったことになるのでは？」という強力な反例が想定される。こうした出来事の同定をめぐる混乱は、余剰説を勇気づけるように思われる。つまり――記述の指示対象なるものを考えているからこんな混乱が起こってしまう。指示対象なしでも記述そのものは観察しうるのだから、私たちは記述にのみ照準すべきなのだ、と。

しかし本当にそうなのだろうか。仮に出来事の存在論をめぐる哲学者たちの論争が水掛け論であり、出来事の同一性について一意的な規準を手に入れることができないのだとしても、たとえば私たちは「(5)Aは盗塁を決めた」とか「(6)Aはサインを見逃した」といった野球の試合中でのAの行為に関する記述が――〝Aの行為である〟という意味連関を持っていても――件の悲劇と無関連なものだということを理解することができる。これは、(4)がいかにこじつけにみえようともとりあえず(1)〜(3)と併置されるべき複数の可能な記述の一つと見なすことができるのと対照的だ。

どうやら私たちは(1)〜(4)を何らかの形で比較対照可能な記述群として(5)や(6)と区別してしまっているのである。もちろんこの区別の規準を一意的に示すことは不可能なのかもしれないが、〈(1)〜(4)と記述されうるような出来事eが存在する〉という実在論を立てるならば、とりあえずそうした区別が存在することの説明を与えることができるだろう。「現実が絶対的であるということを否定するからといって、現実を否定することにはならない（Lynch 1998:156）」のである。

ウィトゲンシュタインが教えてくれるように、ある図絵を「兎として」見た後に「アヒルとして」見るためには、［1］見え方の変化を観察するとともに、［2］その知覚対象が同一であるという知覚を持たなくてはならない。［2］の要件を欠いた観察者は、「兎として見えたものが、次にアヒルに見える」のではなく、単に「兎を見た後にアヒルを見た」のである（野矢 1995、石黒 1998）。同じように、歴史家が［2］の要件を満たさないのならば、「ある視点からは(2)と記述されるものが、別の観点からは(4)として記述される」とはいえなくなるので、(1)〜(4)と(5)(6)との間に境界線を引くことができなくなり、当然(1)〜(4)内の歴史記述の受容可能性をめぐる論争も起こりえなくなってしまう。実在論余剰説は、(C_2）型のHCの屋台骨たる受容可能性という概念装置を切り崩しかねないのだ。

明白な反実在論を掲げる［**存在論の認識論への還元**］のではないにしても、(C_2）(b)のように実在性への問いを留保したり、余剰なものとして切り離してしまうこと［**存在論の解消**］。こうしたHCの議論の方向性は、「語り得ぬものは存在しない」ではないが、「語り得ぬものについては語り得ない」というきわめて近代的な認識論主義——認識するもの／されるものの関係をめぐる技術的処理への関心、人間の意味構成＝志向性の外部を認めない人間主義的教理。「裏返しの実証主義」——を体現してしまっているとはいえないだろうか。おそらく、ホロコーストという認識が頓挫する極限が私たちに突きつけてくるのは、HCが暗黙のうちに前提とする認識論による存在論の抑圧に対する実在の抵抗、存在の金切り声とでも呼ぶべきものの頑強さなのであり、歴史家（構築主義者であれ実証主義者であれ）はそれに応答する責任を持つ。この歴史家の責任＝応答可能性について、ふたたび冒頭の悲劇にそくして考えてみよう。

先に述べたように、たとえAがCに対する殺意を持っておらず、したがって「AによるCの殺害」という意図的行為Hが存在していなかったとしても、私たちの実在論――アスペクトの複数性を有意味な形で語ることを可能にする実在論――によれば、⑺「AによるCの殺害」と記述されうるような出来事＝行為が存在した〉は真たりうるのだった。ようするに、「AによるCの殺害」という意図的行為の不在は、必ずしも「AによるCの殺害」という記述と何らかの出来事eとの因果的なつながりを断ち切るものではない（証言⑷はCが死んだ時点ではじめて言うことが可能になるが、Aの何らかの行為＝出来事eはそれに先立ってなされているのだから、eは記述に先立ち、さらに記述行為の原因となっていると考えられる。⑸⑹が除外されるのはeと因果関係にないからである）。(6)

証言⑷は、たとえ現時点での意味連関／受容可能性の次元では阻却されるにしても、過去の出来事と因果関係を持ちうるものとして残る。だから、意図的行為「AによるCの殺害」の不在が、多くの証拠によって担保され大多数の人々によって承認されており、たった一人しか「AはCを殺した」と証言する人がいなかったとしても（just one witness!）、筋の通った実在論的歴史家であればその声に耳を傾けなくてはならない。公文書中心主義（documentalism）の実証史学は不徹底な実在論に過ぎない。もちろん、その証言がeと直接的／間接的な因果関係を持っていない場合＝虚偽もありうる。しかしそれこそ神のみぞ知ることではなかろうか。神ならぬ私たちは、当該証言が過去のある出来事と因果関係にあり「一応」真であることを前提としつつ、他の真と判定された言明（歴史記述や日常心理学的言明）との整合性を測っていくしかない。

　一方、(7)のような実在論、出来事と記述の因果連鎖の想定を余剰なものとするHCは、いかにして「たった一人の証人」を分析上「意義ある」ものとして救い出すことができるのだろうか。ありうべき対処としては、①歴史のある時点で登場した言説形態の一つとして類型表の中に登記する［厳格派］、②現時点での証人による「ライフ・ヒストリー」を構成するものと捉える［アイデンティティ・ポリティクス］、などが考えられるだろう（ちなみに「抑圧された記憶が回帰した」という論法は実在論の方に含まれる）。

　すでに論じたように、①の「厳格派」は、(4)が登記されうるのに(5)(6)が登記されない理由を「出来事の実在」に依拠せずに説明できなくてはならない。〈(5)(6)を無関連なものとするのは因果の存否ではなく、ある文脈における知識・信念の体系Sであって、Sが変われば(5)(6)も関連ありと判断されうる〉という理論は相当に説得的だが、なぜ一定の枠内に記述の幅が収まるのかという疑問に対しては、実在論／因果説ほど明快な回答を与えられるとは思えない。また②の議論は、よくよく指摘されるように、当の証言をその証言と相反する言説とを等しく扱うため、たとえば「従軍慰安婦問題」に関して「金目当ての示威行為にすぎない」と宣う修正主義者たちの言説＝かれらのアイデンティティ・ポリティクスをも排斥することができなくなってしまう。

　もしここで分析者が権力という実在論に負けず劣らず問題含みの概念装置を挿入し、「証言の真偽は別として、マイノリティのアイデンティティ・ポリティクスを尊重する」と言ってしまうなら、もっとも傷つけられるのは生き残り＝証人が発する存在の金切り声なのではなかろうか。ギンズブルグによるホワイト批判が、頑強な実証主義者の素朴な抵抗などではなく、たった一人の証人の存在の金切り声を——意識するとしないとにかかわらず——抑圧しかねないHCの認識論中心主義に対する、責任ある実在論的歴史家の倫理的かつ論理的な態度表明であったと物語ることは許されないだろうか。(7)

(4) 構築されざるものの権利？

私たちは、HCが力説するように、歴史記述を過去の出来事を映し出す鏡としてまなざしを向けるような歴史学に満足するわけにはいかない。だが同時に、「たった一人の証人」の声を耳にしてなお、過去そのものへの問いを宙づりにしておく構築主義、あるいは歴史学の歴史性・政治性を解剖していくメタヒストリーに留まり続けることもできない。歴史の観察者は、自らの立場を「…主義」「…派」と囲み込んでしまう前に、表象の透明性なるものに懐疑を抱きつつも、それでも存在の金切り声を抑圧することのない、そんな文体を模索し続けなくてはならない。

リオタールによってホロコーストを突きつけられて以来、すでにHCの主導者たちはそうした困難な文体の探究——ホワイトの「中動態」、ラカプラの「過去との対話論」——に立ち向かっている。あるいは、「〈私たちの現在〉の自明性」という「歴史の原‐暴力」に抗いつつ、語り得ぬものに「記憶の非場所」を与えなくてはならないという高橋哲哉の提言（高橋 1995）などもそこに含めていいのかもしれない。

「安楽椅子の歴史学 arm chiar history」がありえないのと同様、経験的研究の分析枠組みとして「使える」ような「出来合いの構築主義ready made constructionism」もまた存在しない。構築主義／実証史学という対立図式が捩れをみせ、最終的に失効せざるをえない地点——そこにこそ〈構築されざるもの〉の権利、そして歴史を書くことの賭金はあるのだから。

註

（1）Hacking（1999:1）は、素材別に実に二四種類もの社会構築主義を列挙している。思うに、「構築主義は様々に使用されうる道具なのである（Best 1995:340）」と言ってしまう前に、それぞれの素材の固有性が検討されねばならないのではないか。

（2）パトナムの内部実在論や、その影響の下展開されたリンチの形而上学的多元主義（実在論と親和的な概念枠相対主義）などは（＊）の問いに正面切って答えようとする試みといえる（概念枠／内容の二元論への対処において両者には看過しえない差異があるのだが）。パラダイム論的な概念枠相対主義、それに対するデイヴィッドソンの批判以降、改めて（＊）の問いに取り組もうとする両者が揃ってカントへの共感を表明していることは十分注目されてよい（Putnam 1981, 1988）。

（3）換言すれば、「文の真理条件は、その真理条件が成立しているか否かを語る私たちの能力を越えうる（菅1998:179）」ということである。ダメットがいうように、二値原理の論理的表現である排中律と実在論とは密接な繋がりがある（Dummett 1978=1986:111）。

（4）とはいえ、私が基本的に外延主義者の解答の方に共感を抱いていることは否定しない。ちなみに、ホワイト自身が暗黙のうちにこの外延主義的解答を採用しており、その点をジェイに突かれたというイロニーは留意しておいてよい（Jay 1992）。

（5）この種の批判については、すでに中河（1999: 318-9）が打開策（①対象同定作業を当事者に委ねる②一般的な意味連関から同定作業を行う）を提示している。私もまったく同意するが、中河も認めるように、ＨＣにおけるこの提案の有効性（というか実行可能性）については懐疑的ならざるをえない。

（6）この因果説は外部実在論（ＥＲ）を発生論的論理によって説明するものであり、ＥＲを思考の超越論的前提として捉えるという前節での議論から直接帰結するものではない。だから当然、ＥＲを認めたとしても因果説をとらねばならないということにはならない。

（7）自らの紡ぎ出す言説の社会的‐倫理的効果に敏感であると同時に、《存在の金切り声》への応‐答＝責任をも引き受けなくてはならない――歴史以外で、このことが先鋭化されるのは科学の分野であろう。この意味でアラン・ソーカルは愚直なまでに倫理的であったと私は考える。意外なほど穏当な「悪ふざけ」以降のソーカルの論稿については、www.math.tohoku.ac.jp/~kuroki/index-j.htmlが詳しい。また構築主義的な「認知的善意epistemic charity」が内包する政治性については、Nanda（1998, 1998）が思考を喚起してくれる。

第3章　構築主義と実在論の不可思議な結婚――J・サール『社会的現実の構成』を読む

(1)　はじめに

社会学という学問が近代に生を受けた時期とはだいぶ異なり、現在の社会学者の多くは「実在論」「真理の対応説」「客観性」「因果関係」等々といった言葉を忌避する傾向にある。関連誌を見開けば、「物語」「言説による現実構成」「真理とは権力である」「客観的事実は存在しない」といった言辞が踊り、「元従軍慰安婦」たちの証言から果ては物理学理論までもが、言語論的転回の掛け声のもと、物語の領野へと回収される。フーコー、ウィトゲンシュタイン、ラカプラ、ホワイトなどの引用が立ち並ぶなか、「客観的事実」「真理」について語ろうとするのは勇気を要する。

もし、あなたが「しかし、エベレスト山の頂上付近には雪があるという事実は、『エベレスト山の頂上付近には雪がある』という言語的表象なしでも、成り立ってるんじゃないか？」といった素朴実在論的な、しかし実に健全な疑問を持つような方であれば、サール『社会的現実の構成 *The Construction of Social Reality*』——バーガー＝ルックマンの *The Social Construction of Reality* を想起させる表題でありがら、微妙ならざる差異がほのめかされている——は、きっと思考していくうえでの一助となってくれるはずだ。

著者ジョン・サールについては、二大主著ともいってよい『言語行為（*Speech Acts*）』（坂本百大・土屋俊訳、勁草書房、一九八六年）、『志向性（*Intentionality*）』（坂本百大監訳、誠信書房、一九九七年）のほか、ＡＩ論争で物議を醸した『心・脳・科学（*Minds, Brains and Science*）』（土屋俊訳、岩波書店、一九九三年）などもすでに訳出されており、手際よいレヴューも数多くあるので、改めて紹介する必要はあるまい。フランス現代哲学に親しまれている読者には、オースティンの代理を買って出てデリダとの論争で撃沈した道化師的な西海岸人として記憶されているかもしれない（9章で見るように、私はこの見解にはくみしないが）。ともあれ彼が社会学者にも馴染みのある言語行為論および、心の哲学の大御所であることには間違いはないのだが、本書の紹介に入る前に、彼の理論の特徴に関して二点ほど注意点を書き留めておくこととしたい。

第一に、言語行為論が「真理条件による意味理論」を投擲し、言明の有意味性の規準を「真／偽」でなく「適切／不適切」へと視点を移行させたというしばしば目にする解釈は、言語行為（精確には発語内目的）を体系化するさい、「世界」と「言葉」の適合の方向性（direction of fitness）という発想に重要な役割が与えられている（つまり真理条件的な意味理論が、発語内行為の理論のなかに組み込まれている）ことを鑑みるに、少なくともサールの理論においては、けっして鵜呑みにできるものではない。(1)

そして第二に、現象学を想起させる志向性（intentionality）という用語を用いているからといって、サールの理論は知覚や意図的行為に関する因果的説明を排除するものではなく、それどころか「心的状態は脳の作用を原因とする（caused by）とともに、脳の構造（および他の中枢神経システム）において実現している（realized in）（『志向性』邦訳、一七二頁）」といった具合に、内包性（intensionality）と深い関わりを持つとされる志向性を、外延的な出来事と因果的な関係にあるものとして捉えるというアクロバッティクな試みあること、この点にも注意しなくてはならない。

このように、『言語行為』『志向性』を貫く①対応説的な真理理論への傾倒、②因果概念の重視といった方針は『社会的現実の構成』においても堅持されており、その意味で本書は社会構築主義への哲学者による援護射撃を期待する（真理の合意説／反因果論を好む）読者を裏切ることとなろう。構築主義的な社会（運動）理論のみならず、カルチュラル・スタディーズやポストコロニアル批評などの文献を覗いてみると、しばしば対応説的な真理理論の否定／反実在論／反因果論を展開するさいに言語行為論が援用されている(2)のを見かけるが、やや違和感を禁じ得ない。真理や実在といった哲学的概念は、「『…は真である』という言明は遂行的（performative）な言語行為である」として回収仕切れないものであること(3)――このことへの痛烈な自覚が、サールの思考の底流にあるということを私たちは十分に心に留めておく必要がある。

(2) 社会的現実を構成するとはいかなることか

計9章からなる『社会的現実の構成』（Searle 1995）は、Introduction で述べられているように内容的にはだいたい3つのパートに分けられる。すなわち、(1)「社会的事実と社会的制度の存在論に関する一般理論を展開する(:xii)」1章から5章までの部分、(2)「人間[世界における]制度の構成的ルールの説明力に照準」し、「バックグラウンド」概念を提示する6章、(3)「実在論」と「真理に関する対応説」を擁護する7~9章、の3つである。著者によると、(3)のパートは草稿段階では(1)(2)の前置きの一つの章として設定されたものであったが、扱っている問題の大きさゆえに「それ自身の生命」を持ち始めてしまい、結局3つの章にしたうえで、(1)(2)の後に配置することになったらしい。通読してみると、たしかにそうした事情があったのだな、とうかがわせるような全体としてのバランスの悪さが感じられなくもない。以下、「社会的現実」「外部実在論」「バックグラウンド」といったキーワードに沿って、本書の概要を紹介することとしよう。

① 社会的現実 (social reality)

著者自身が告白しているように、(1)の5つの章は議論の繰り返しが多く、冗長ですらある。しかし、述べられている事柄はいたって簡明であり、また廣松渉の物象化論やルーマンのシステム論(ようするに反照規定を軸とした理論構成)に親しんでいる読者であれば「何をいまさら…」と言いたくもなるような議論ではある。すなわち、煎じ詰めていえば、

(*) 貨幣や結婚、権力といった社会的制度は、〈Cにおいては、XをYとみなす(X counts as Y in C)〉(ただし、Xは何らかの物質的対象もしくは出来事、“to Y”はXに付与される機能、Cはコンテク

スト）というように表現される構成的ルールが、集合的意図（collective intentionality）に基づいて設定され、実践的（≠意識的に）に反復して遵守されることによって成り立つ

というのが1～5章の骨格であり、（＊）に現れる様々な用語（「機能」「制度」「集合的意図」「反復」…）が各章で手を変え品を変え論じられる。

ここで注意すべきは、構成的ルールを記述する文の文脈が内包的であり、したがって、指示的に不透明だということだ（Searle 1995 : 28-9）。たとえば《Bills issued by the Bureau of Engraving and Printing(X) count as money(Y) in the US(C)》（米国財務省印刷局によって発行されている紙幣はアメリカではお金と認められています）という言明と、《Money is the root of all evil》（お金は諸悪の根源だ）という言明がともに真であったとしても、《Bill issued by the Bureau of Engraving and Printing count as the root of all evil in the US》（米国財務省印刷局によって発行されている紙幣はアメリカでは諸悪の根源だとみなされている）は真だとはいえない。このように、信念の報告文などに見られる指示の不透明性が制度の構成的ルールの言語的表象にも確認されるという事実は、「[ここで]表象されている現象が志向的（intentional-with-an-s）」であること――それが「心的な」要素を持っていること――を示唆する。つまり、社会的制度やその制度内における社会的事実は、物理的事実に還元されない志向的（ただしそれはあくまで共同主観的／集合的）な対象なのだ。

と、ここまではシュッツやバーガー＝ルックマン、エスノメソドロジー、社会構築主義などの議論を知る私たちにとって別段目新しい内容を含んでいるわけではない。構築主義的社会学者にとって理解が

難しくなるのは、サールが構成的ルール中の「X」を「剝き出しの事実（brute fact）」と呼び、そうした事実が社会的（制度的）事実に「論理的に先行する」と断言し、さらには「あらゆる事実は制度的事実である」「剝き出しの事実は存在しない」といった主張を持つ反実在論へのあからさまな敵意を表明するくだり辺りからである（Searle: 1995）[4]。この論点に関する詳しい検討は7章・8章にまで持ち越されているのだが、ここではサールの議論の全体像をつかみやすくするために、6章「バックグラウンド」を後回しにして、先に「外部実在論」の内容を見ておくこととしよう。

② 外部実在論（external realism）

外部実在論という名称が、転向後のヒラリー・パトナムによって言及された「外部実在論／内部実在論」という対立軸を念頭に置いて付けられたものであることは間違いないが、サールのそれは、パトナムがいう意味での「外部実在論」とも「内部実在論」とも（そしてもちろん、実在論を拒絶するあらゆる存在論的相対主義とも）毛色を違えたものである。つまり、「理論（認識枠組）と独立に名辞の指示対象が存在するか／しないか」という、通常の対立軸とは異なった地点——超越論的な次元——において問題となってくる実在性の探究こそがサールの眼目である[5]。

サールによれば、「表象から独立した現実が存在する」といった内容を持つ「外部実在論」とは、「経験的テーゼではなく、むしろ理解可能性（intelligibility）の条件（ibid: 182）」なのだという。これはいったいどういうことなのだろうか。

たとえば、私たちは通常、《[1]〜(∃x)(money x & in my wallet x)》から《[2](∃x)(money x)》

を推論したりはしない。つまり、［1］が真であったとしても《お金であるようなxが存在する》とは推論できないはずだ。ところが、［1］のような論理形式を持つ《私のサイフには金がない》という言明を発話する人は、《お金であるようなxが自分のサイフの中にある》といった存在言明を否定していながらも、同時に［2］のような一般的な存在言明を否定することはない。というよりも、そもそも［2］（お金なるものが存在する）を否定しながら［1］を主張することは不可能であろう。すなわち、論理的推論としては［1］から［2］は導出されないにもかかわらず、［1］の言明をなすには［2］のような存在言明を前提しなくてはならないのだ。

このように私たちは、何らかの発話によってコミュニケーションにおける理解を試みるさいに、表象／記述から独立した形で事物が存在していること――外部実在論――を前提しなくてはならない。［1］が真か偽であるかは、世界が［1］の真理条件を満たしているかどうかに依存する経験的な事柄であるのに対して、《お金であるようなxが存在する》という実在論は、［1］が経験的に真であれ偽であれ、そもそも真理条件が特定されるうえでつねに前提されなくてはならないという点で、「純粋に形式的な制約（ibid：188）」である。

外部実在論の超越論的（非経験的）性格は、次のような一見自己矛盾的と見える文を作るテストを行ってみると分かりやすいかもしれない（ibid：189、ただし例文は改めた）。

［3］エベレスト山の頂上付近には雪と氷がある。しかし、エベレスト山には雪はない。
［4］エベレスト山の頂上付近には雪と氷がある。しかし、雪であるようなある個体xは存在しない。(6)

［3］の場合は、第一文が第二文の否定を伴立しているので自己矛盾的（self- contradictory）であるといえるが、［4］の場合は第二文が、通常第一文を理解するうえで自明視されている条件を否定してしまっているから、自己矛盾的云々という以前に、そもそもどうやって理解したらいいのかも分からない。つまり、外部実在論の否定というものを、私たちは経験上有意味に理解することができないのである。このことは、**外部実在論というものが経験的には真でも偽でもなく、むしろある言明を真か偽であると判断するための非経験的な条件なのだということを示しているといえるだろう。**外部実在論を拒絶するのであれば、こうした理解の前提を捨て去るという代価を払わねばならないはずなのだが、反実在論的な思考は「代償なしで外部実在論を捨て去ろうと欲している（ibid：189）」、――と、サールの診断は手厳しい。

さて私たちは先に、社会的事実なるものは志向性によって構成される、すなわち表象依存的に成り立つということを見てきたのであった。そうした社会的事実は、外部実在論とどのような関係にあるのだろうか。この問題に対するサールの回答は意外なほどそっけない。すなわち、「社会的に構成された現実は、あらゆる社会的構成物から独立した現実を前提とする」。なぜなら「構成するためには、構成のもととなるような何ものかが存在していなくてはならないから」（ibid：190）――といった具合である。

「構成のもととなるような何ものか」――これこそが、サールのいう「剝き出しの事実（brute fact）」であり、表象独立的に存在する現実に他ならない。ようするに、社会的事実の存在は表象依存的（存在論的に主観的）であるが、それが成り立つためには表象独立的（存在論的に客観的）な事実を前提としなくてはならない、というわけだ。社会構築主義者（に限らず、私も含めた社会学的思考に慣れた者）であれば「独断的ではないか。では、『剝き出しの事実』と『社会的事実』をどうやって区別するのか」と言いたくもなるのだが、著者は、二種の事実の記述命題／その否定／その反事実的命題を検討しつつ、それなりに説得的にその差異を説明している（ibid：191-4）。その手捌きはなかなかのものであり、読者各自当たられることをお薦めする。(7)

③ バックグラウンド（background）

社会制度や社会的事実を成り立たせる構成的ルールが、志向的な対象であることは①で見たとおりであるが、私たちが社会生活を営むときそうしたルールの構成や遵守を「意識して」いる訳ではない――ウィトゲンシュタイン流にいえば「解釈しているわけではない」――のも厳然たる事実であろう。志向的な作用によって存立する対象に、敢えて志向的な態度をとることなく、それどころかルールに対する因果的反応のようにしてコミットできるのはなぜだろうか。それを可能にするものが「機能に関する志向的状態を可能ならしめる、非志向的もしくは前志向的な能力の集合（ibid：129）」と定義されるバックグラウンドである。

この概念については、『志向性』の第5章でも説明されており、詳しく解説する必要はないように思う。『志向性』ではM・ポラニーの暗黙知が、『社会的現実の構成』ではP・ブルデューの「ハビトゥス」が類似概念として言及されていると言えば、社会学研究者にはおおよそのイメージがつかめるのではなかろうか。その意味で、二〇一〇年代も半ばを迎えている時点ではいささか面白味に欠ける概念だとはいえる。

ところがサールによれば、社会的制度を生き抜いていくさいに、志向的対象に対しいちいち志向的に立ち向かう（表象する）複雑性を縮減してくれるバックグラウンド命題のなかに、「表象独立的な対象が存在する」という外部実在論が含まれる、しかも「それは広汎的であると同時に本質的であるという点において、他のバックグラウンド命題と異なっている（ibid: 185）」という。「それ［外部実在論］は非常に大きい発話の集合に対して適用されるという意味で広汎的であり、またそれを欠いてはそうした発話に間する通常の理解を保つことができないという意味で本質的なのである（ibid: 185）」。

ここに至ってようやく、『社会的現実の構成』と題された書物のなかでなぜ外部実在論なるものが執拗に論じられねばならないのか、その理由がみえてくるのではないか。

社会的現実を構成し、それを生き抜いていくために不可欠の能力であるバックグラウンド。そのなかでも、その「普遍性」「本質性」において特異な身分を持つ——超越論的バックグラウンド[8]とでも呼ぶべき——バックグラウンドこそが外部実在論なのであり、それはいわば社会を構成し／生きていくもっとも根底的な条件といえるものなのである（カント的にいうなら、外部実在論を受け入れていることは人間にとっての理性の事実なのだ）。その意味で、外部実在論とは単なる形而上学的理論や経験的仮説のようなものではなく、きわめて社会性を帯びた「人間の条件」[9]を指し示すものだといわねばならない。すなわち、社会的現実の構成の前提としての外部実在論である。

(3) 社会学的構築主義への示唆

以上が『社会的現実の構成』が提示する論点の概要である。以下では、本書が社会学的議論に対して持ちうる可能性と、私自身が感じた疑問点を簡単に述べておくこととしたい。

(1)(歴史的)構築主義は貫徹されうるか

サールの超越論的議論にそれなりに納得した人であっても、次のような疑問を抱くかもしれない。『外部実在論』が理解の条件であることは認めよう。しかし、社会的現実に限っていえば、やはりそれは言語行為を中心とした表象によって構成されるのではないか。『外部実在論』は社会学にとってはトリヴィアルな主張だ」と。たしかにこの反論は正論ではある。ただし、この「反論」を目にした瞬間、《[5]過去そのものなど存在せず、過去は現在の知識・信念から(言説的に)構成される》というように主張すること[歴史的構築主義]は禁じられるということに注意しよう。

サール流に考えるなら、ある歴史的な言明Sを提示する場合には、Sが真であれ偽であれ、Sにおいて言及されているある物理的出来事Eの存在が前提とされていなくてはならない。ところで、「Eが存在する(した)」という外部実在論は表象(記述)Sから独立なのだから、Sを提示しながら同時に《Eは存在しない》とはいえない(前出[4]の例文を参照)。したがって、外部実在論を認めるなら《過去は存在しない》と述べること(同の前半部)は意味をなさなくなる。存在論的含意を持つ[5]は、存在論的には中立な《[6]過去についての表象（記述）は、現在の知識・信念から（言説的に）構成される》という認識論的主張に弱められなくてはならない。当たり前のことだが、[6]からは「過去は存在しない」とはいえない(10)。

このように考えるなら、様々な証拠（信念を正当化するもの）を収集しつつ歴史言明Sを生産する「実証史家」も、「構築主義的な言説分析」に勤しむ社会学者も、理論的には完全に同等な場所にあるといえるだろう。後者は前者よりも優位な存在論を展開しているわけではなく、端的に存在述語の意味をめぐる理論（存在論）を捨象しているのであり、また認識論的にも優位にある訳ではない（むしろ分析の対象を言説に限定し認識の方法を制限するなら、認識論的には後退しているともいえる）。上野千鶴子による吉見義明・鈴木裕子などへの批判が、果たして理論的な優越性をもつものであったのかどうか、私たちはじっくり考えてみる必要があるのかもしれない(11)。

ちなみに、日本において「反実在論」的な含みを持つ構築主義的歴史論が席巻している（いた）状況は、「物語論」の受容の偏りを示していると私は考える。すなわち、ホワイト、ラ・カプラといったフランス哲学に傾倒した人びとの議論が専ら言及され、邦訳があるにもかかわらずダントーのような分析哲学者による物語論はほとんど看過されているという状況は、日本の歴史学・社会学といわゆる分析哲学との関係の不健全さを証示しているとはいえないだろうか。第1章で見たように、「出来事とその記述の関係」「行為記述の幅と行為」「行為は出来事か」といった論点に関して、緻密でそれなりに周到な議論を展開してきている現代英米哲学の土壌から生まれたダントーの物語論は、けっして「過去は現在から構成されている」「テクストの外部はない」といったメタファーを無自覚に濫用するようなことはない[12]。

「現実は社会的に構成される」という主張を説明不要の公理とするのではなく、その意味するところを冷静に反省してみること、過度の社会学主義へと陥っていないかを絶えず問いかけ続けること——『社会的現実の構成』は、こうした作業課題を私たち社会学者に突きつけてくるだろう。哲学者サールの問いに対して、社会学者はどう対応していけばいい（対応しうる）のだろうか。それは私自身とり組むべき課題であるには違いないが、構築主義やエスノメソドロジーに専門的に携わる研究者が本書をどのように評価するのかということにも興味をそそられる。

(2) 文化／社会的制度と「生物学」：「社会」は脳のなかにある？

先にも簡単に触れたが、サールの志向性理論は、多くの現象学者とはまったく異なった（というよりもまるで正反対の）指向に裏づけられている。土屋俊がいうように、「志向性を強調するだけならば、現象学者程度でもできることである。現象学者がしばしばその強調のみに終わるのに対して、サールはあえて、その志向性が人間の生物学的特徴に由来することを強く主張する」（『心・脳・科学』の訳者解説:161）のである。こうしたサールの信念は『社会的現実の構成』においても変わらない。

私の考えでは、私たちが生物学と文化の間に措定してしまいがちな伝統的対立は、身体と精神をめぐる伝統的二元論と同じく、道を誤らせるものである。心的状態が、私たちのニューロン・システムのより高次の様態（higher-level features）であるように、結局のところ心的なものと物理的なものとの間には対立など存在しないのである。…したがって、文化と生物学の間に対立など存在しない。文化とは生物学が採択する形態なのである（culture is the form that biology takes）。

ある種の読者は、この引用文の前半に述べられている内容に、一九八〇年代半ば以降認知科学で展開されてきたコネクショニズムの匂いを嗅ぎつけるかもしれない。実際、「バックグラウンド」の説明に当てられた章では、サール自身そのことを明言している（ibid：141）。「規則を基本とする精巧な計算装置が必要とされてきたさまざまな認知上の課題を、規則の明示的表象をまったく設計することなしに行うことができる（Dennett 1987＝1996：236）」コネクショニズムのネットワークは、前記号的な情報処理という問題に照準する点で、まさしく、サールのいうバックグラウンド概念を経験性の領野で援護射撃してくれるものといえるだろう。

しかし、サールの〝コネクショニズム〟は、認知活動に留まることなく、人間の象徴的活動の領域たる文化にまで敷延される。脳の設計、すなわち人間の生物学的特性こそが人間の認知活動（志向性の作用）を説明し、その志向性が社会的制度を説明する――したがって、「文化とは生物学が採択する形態である」ことになるわけだ。

もちろん、こうした（最近すっかり影を潜めた人間学的な）議論が、ごく一部の例外を除いた多くの社会学者に拒否反応を引き起こすであろうことは明らかであるし、私自身相当な疑念を抱いていることも否定しない。けれども、「社会学は意味の共同主観的構成を問題とするのだ（から脳は関係ない）」といった正論は、そう言ってみせるだけでは、サール流の生物学主義に対する反論にはなりえないことに注意しよう。何しろサールにあっては、当の意味自体が、バックグラウンドという生物学的基盤を持ったメカニズムによって可能となる（心的内容は脳のなかにある）とされているのだから、正論が有意味な反論たりうるためには、サールとは異なる「意味」の理論を提示できるのでなくてはならない（ここには心的内容の決定要因をめぐる「内在説／外在説」といった認知哲学上の対立や、「指示と意味の関係」といった古典的な言語哲学上の難問が控えており、到底一筋縄でいくものではない）。

社会制度は脳のなかにある――あまりにも奇嬌な主張を社会学者が真面目にとりあげる必要は、あるいはないのかもしれない。しかし、ブルデューの「ハビトゥス」概念などではほとんど論じられる余地のなかった認知科学と社会科学の接点を探る試みとしてバックグラウンドなる概念を捉えるならば、(13) 賛成するにせよ反対するにせよ、それは理論社会学的思考にとって一つの試金石となるといえるのではないか。

はたして社会学は、脳科学と無縁でいられるのか？――私の好みとしては「無縁である」と言ってしまいたいところだが、その論拠づけはけっして容易いものではなかろう（「無縁である」という言語行為によって、無縁になるようなものではあるまい）。〈意味システム（心的システム／社会システム）とニューロン・システムの構造的カップリング〉という形でN・ルーマンが立てている（残念ながら「立てていた」と言わねばならなくなってしまったけれども）問題設定は、そうした困難な問いを引き受けようとする一つの試みとして評価することができる。

(3) 本書の構成について

最後に、本書の構成に関して疑問な点について。この書評でみてきた限りでも分かるように、サールの最大の関心は「社会的現実の構成」の理論化にある訳ではなく、むしろ、その前提としての外部実在論の方にこそある。そしてその外部実在論がなぜ社会的現実という問題圏と関係するのかということは、〈バックグラウンド〉の概念を理解しなくては分からない。とにかく、読者にとって見通しが立てにくいのだ。『社会的現実の構成』というタイトルを掲げる以上、外部実在論が結論になだれ込むような構成よりも、やはりサール自身の最初のプラン通りに外部実在論に関する論を最初に据えるべきだったのではなかろうか。あくまで私の提案であるが、まったくサール自身の議論を読んだことのない読者は、『志向性』の5章および本書の6章を読んだうえで、本書7・8章に進み、1～5章に立ち戻るとサールの意図するところを汲み取りやすいだろう（間違っても1～5章だけを読んで終わりにしてはならない）。

(4) それでもサールではなく…

実をいえば、私自身の好みとしては、サールはあまり好きなタイプの哲学者ではない。『志向性』でも『言語行為』でもそうなのだが、とにかく分類好きのようで、しかもその分類の規準自体にはあまり突っ込んだ説明をしない――オースティンの粘着性と対照的な――タイプの論者である。そのけっして褒められたものではない性癖は、やはり本書でも随所に垣間見られる（Searle 1995: 121 の事実の分類表など)。また、「私が本書で提示する問題は、社会科学において満足な解答を与えられてきていない(ibid：xii)」という自負は、「集合的意図」や「権力」についての彼の所論を見る限り、到底社会学者を納得させるようなものとはいえまい。

それでも、本書が社会学という学問領域にとってけっして小さくない意義を持ちうるということは、たしかなことと思う。少なくとも、社会構築主義は反実在論を含意するという信念を持っている社会学者に対しては、本書はきわめて強力な反論を突き付けてくるはずである。「外部実在論」「生物学的能力としてのバックグラウンド」といったいささか反動的とも映る議論を展開する現代哲学の俊英——哲学者のみならず社会学者が、そのラディカルな考察に対峙することで「社会的現実」に関する議論の地平が拡がっていくことが期待される。

註

(1) この点はきわめて重要だ。というのも、ともすれば《真理の対応説→整合説→合意説へ》といったような進化図式が信憑性を得てしまうからである。社会学の土壌でいえば、その代表例はハーバーマスである。彼はこうした図式を全面的に信頼したうえで、サールの対応説的な真理概念に対して批判を与えているが、タルスキ真理理論の恩恵を被る「対応説」を投擲するリスクというものに対し、ハーバーマスはいささか無頓着であるように思われる(この「恩恵」に関しては、私にとって賛成しがたい論述を含んではいるが、さしあたりポパー[Popper 1943=1980] 10章2節が参考になるだろう)。

(2) たとえばPotter(1996:11)は、「How to Do Things with Words」におけるオースティンの言語行為の哲学と、バーガー=ルックマンのThe Social Construction of Reality」における知識の社会学の展開」を、社会構築主義の重要な先行研究として併置しているし、Inglis（1993）なども言語行為論とカルチュラル・スタディーズの思考の類縁性について言及している。また、フーコーの言説分析・権力論や精神分析の知見などと言語行為論を結びつける類の議論はそれこそ枚挙に暇がない（ジュディス・バトラーやホミ・バーバ、酒井直樹などの論者もここに含まれる）。

（3）「言明Sは真である」と述べることは、話し手がSを受け入れ確認することであり、遂行的な発話に他ならないという「真理の遂行説」を唱えたのは、オースティンでもサールでもなく、ストローソンである。それに対して、オースティンがあくまで「真理の対応説」に拘泥し、「言語行為論」のストローソン的転用に異議を呈し、両者の間に論争が展開された（この論争に関しては山岡（1996）3章に詳しい）という歴史的アイロニーは周知のことであろう。本章で詳しく言及することのできなかった第9章「真理と対応」ではストローソンの理論の功罪が論じられている。

（4）廣松渉であれば、「X」を「剝き出しの事実」などと呼ぶことなく、「X」も他の関心＝アスペクトからみるなら「理論負荷的」なものである、と論じるところであろう。何しろ、「X」が「机」であったとして、それは「木材」から「分子」「粒子」に至るまで関心に併せて記述を細分化できるのだから、「机」が理論（関心）負荷的であるということは否定し難い事実であるといえる。おそらく、サールもその点は同意するはずだ。しかしたとえば、《（C）A宗派においては、机（X）を神の住処（Y）として見なす》という構成的ルールが特定のコンテクスト（A）において共有されているときには、「机（X）」を外延的に等価な対象（「分子構造y」）に置き換えた場合——本文中でも触れたように、（C）は内包的な文脈を構成するので——、（C）の真理値は維持されなくなってしまうであろう。つまり、「剝き出しの事実」Xというものは、ある構成的ルールCの記述において、それ以上細分化した記述を施した場合に、Cの真理値が変わってしまう・という意味において「究極的」な事実だといえる——それがサールの趣意であろう。

（5）サールの存在論に関する探究は、分析哲学において常道ともいえる途、すなわちクワインの「存在論的コミットメント（ontological commitment）」と対峙するところからスタートしている。そこでは、「言語行為としてのコミットメント」と「事物や実体といった概念と結びつけられる存在論」とが峻別され、両者を混同するものとしてクワインの議論が厳しく批判される（『言語行為』および、Searle 1991）。クワイン批判の成否は措くとしても（van Inwagen 1991）、このコミットメント／存在論を差異化する発想が、表象依存的／独立的現実を区別する議論と相通ずる指向に貫かれたものであることは明らかだといえよう。

（6）［4］の原文は次の通り。《Mt. Everest has snow and ice near the summit, and external reality has never existed》

（7）簡単に説明しておく。いま、《［1］エベレスト山の頂上近くには雪と氷がある》とその否定《［2］エベレスト山の頂上近くには雪と氷があるわけではない》、《［3］君は僕に5ドル借りている》とその否定《［4］君は僕に5ドル借りているわけではない》という言明に対してそれぞれ、《表象が存在しないということを除いては、私たちの現実世界と近似した世界において》という反事実的な条件節を付してみる（それぞれ［1′］〜［4′］とする）。すると、［1′］［2′］は前件（反事実的な条件節）の存在が言明全体の理解に対して影響を及ぼさないのに対して、［3′］は「自己反駁的（self-defeating）」であり、［4′］はトリヴィアルに真であるといえる（表象がない世界においては、「借金」はできないし、そうした世界では「借金していない」ことはトリヴィアルに真である）。すなわち、「剝き出しの事実」に関する言明は、「表象のある／なし」に関わらないのである。

（8）こうした超越前的なバックグラウンドのなかには、おそらく「因果関係」も含まれる。この点に関しては、『志向性』第4章、邦訳一八五頁を参照。

（9）この点は、構築主義全般に関し浅野智彦（1997）が加えている批判と重なり合う。浅野は「［構成主義が］あらゆる現実が選択的に構成されているというラディカルな前提をとるからこそ、〈構成されている／構成されていない〉という対（この否定的相関項との関係においてこそ「構成される」という事態は説明可能になる）が、構成された事象の集合のうちに反転して参入してきてしまう」として、構築主義がその分析の遂行（＝行為）にさいし、〈構成されざるもの〉を「先取り的に前提しなくてはなら」くなるというパラドクスを説得的に証示している。浅野によれば、このパラドクスを否認するのが「構成（構築）主義」であり、そのパラドクス（とその処理）を理論のなかへと積極的に組み入れる理論が「物語論」なのだという（浅野のいう「物語論」は私たちの用語法と異なるので注意）。サールのいう「実在／表象に依存しない事物のあり方そのもの」とは、（認識）行為の超越論的前提であるという点で、浅野が「構成されざるもの／リアルなもの（ラカン）」と呼ぶものと等置することが許されるであろう。――カントを介したサールとラカンの出会い（損ない）がここに見てとれる。

(10)［6］は「過去の出来事E_{t-1}についての現時点tにおける言明S_tは、tにおける信念および知識のシステムに拘束される」と言い換えられようが、これは《現在によって現在は構成される》以上の意味はもたない。第2章で述べたように、数ある社会構築主義のなかでも、「歴史的構築主義」は、存在論の認識論への還元を含意するという点でもっとも強い主張を持つ思考であるといえる。それは、「現時点で得られる知識（出来事についての記述）以外には、すべての出来事は存在しない」という主張をするものであり、サール（あるいはローティ）が「認識論主義」として批判したような、近代的なイデオロギーの一形態に他ならない。それは精確には、「現時点で得られる出来事の記述以外には、現時点で出来事に関する記述は存在しない」という、「記述」の存在（＝当該記述という出来事の存在）についてのトートロジー言明として表現されるべきであろう。一方、『美しさ』は、文化的な知識・信念によって構成される」という言明は、「『美しさ』についての知識や信念は、文化的な知識・信念によって構成される」と言い換えることができ、そこには「…は存在する」のような存在論的述語がないので、歴史的社会構築主義が陥ったような問題はない（さしあたって存在論的には中立であるように思われる）。以上は、サールというよりも私自身の診断に過ぎないが、もしカントに従い「…は存在する」という述語は、他の属性述語とは階梯を異とするメタ述語であると考えるなら、「存在言明に対しても構築主義的観点が貫徹されうるのか」という問題は真剣に検討されるに値する論題であるといえるのではないか。

(11)たとえば上野千鶴子は、「事実」や「真実」に拘泥する歴史実証主義を批判したうえで、次のように自らの立場を位置づけている。《…わたしは「事実とは観念の構築物にすぎない」というカント主義を採用しているわけではない。「事実」を「事実」として定位するもの、ある「事実」に他の「事実」以上の重要性を与えるもの、ある「事実」の背後にあってそれと対抗する「もうひとつの現実」を発掘するものは、それを構成する視点にほかならない、と言いたいだけである（上野 1998：13）》。「事実とは観念の構築物にすぎない」といった主張がいったいいかなる意味で「カント主義」と呼ばれうるのか理解が難しいという点はひとまず措くとして、上野が、「ある出来事の存在（事実）は、知識や信念（観念）の構築物である」［存在論の認識論への還元］といった強い意味での構築主義を「カント主義」と呼び、自らの立場がそこに含まれないと論じていることは注目されてよい。上野の趣意に沿うならば、引用部の後半において頻出する「事実」という言葉は精確には「事実についての記述」と記されるべきであろう。となれば、上野の構築主義は《（＊）記述者の関心（視点）によって、記述間に重要性の序列が生じる》程度に弱められる。ところで、（＊）を主張するならばやはり《（ER）記述の対象となる出来事が存在する》という外部実在論は前提されなくてはならないのではなかろうか（「（＊）」と「（ER）」の否定」の連言の奇妙さを考えてみればよい）。すなわち、上野的な構築主義においては、外部実在論は前提されているのであって、その点でいわゆる「歴史実証主義」と同じ存在論的前提に立脚している。

ちなみに大急ぎで付け加えておくと、私は「上野の議論は間違っている」とか「歴史的実証主義を擁護する」などと論じているわけではない。上野の透徹した分析は、彼女に向けられてきた「上野には国家の視点が欠けている」という批判に対する見事な回答となっていると思うし、「実証史学的な水掛け論を脱構築すべし」という指向にもまったくもって同意する。しかしそのうえで、実証的な研究の持ちうる政治的可能性――いわば凡庸に留まることのラディカルさ――を、「理論」の名のもとに抑圧しかねない上野の文体に危惧の念を抱かざるをえない。実証史学がけっして理論的に素朴なものとはいえないこと、それが構築主義的思考と完全に併存可能であること（つまり構築主義的な歴史記述はメタレベルに立つものではなく、〈歴史言明を記述する（した）〉という出来事の実在を前提とした、一つの歴史記述の視座に過ぎないということ）――これ（だけ）がこの長々とした注で述べようとしてきたことである。

(12) 歴史的構築主義は、おそらく広い意味での「歴史相対主義」に含まれるであろうが、これに対するダントーの批判は手厳しい。邦訳『物語としての歴史』第6章を参照。

(13) 認知科学と社会理論との節合を図る取り組みについては、波多野・三宅（1996）などを参照。

第4章　歴史的因果の構築――ウェーバーとポパーの歴史方法論を中心に

(1)　はじめに

「過去（歴史）は記述者が内在する〈現在〉の観点から構築されている」という歴史的構築主義の綱領は、公文書の検討を通じて歴史命題の真偽を探究し続けてきた実証史学に、少なからぬインパクトを与えた。「オーラル・ヒストリーをどう位置づけるか」「過去の記憶をめぐる言説はことごとく政治的なものなのではないか」「記述者の位置取り（positioning）が記述内容に及ぼす影響はどのようなものか」といった、カルチュラル・スタディーズやポストコロニアリズム、フェミニズム等で焦点化されている問題系は、構築主義的な歴史観と密接なかかわりを持っている。もはや構築主義的パースペクティヴなくして歴史を描き出すことは不可能といえるだろう。

しかしだからといって、私たちは「理論的に素朴な実証史学が、より洗練された言語哲学・認識論を持つ構築主義的歴史学にとってかわられた」と考えてはならない。社会学／社会哲学の領域において、構築主義が登場するはるか以前に、きわめて高度な歴史方法論が提示されていたことを想起すべきである。以下では、マックス・ウェーバーとカール・ポパーという二人の知の巨人の議論（プレ構築主義）に照準しつつ、「因果性」「合理性」といった構築主義的な歴史論のなかであまりとり上げられることのない――しかしきわめて重要な――概念のアクチュアリティを再確認し、「構築主義以降」の歴史社会学の課題を指し示していくこととしたい。

(2)「ポスト構築主義」としてのウェーバー／ポパー

筆者は社会構築主義と呼ばれる理論‐実践一般を論評できる立場にはない。歴史社会学に携わる者の一人として、歴史方法論と構築主義の関係について、構築主義に批判的な立場からいくつか論稿を提示してきたにすぎない。だが、構築主義的と形容される研究の多くが、言説・クレイムの時間的推移をトレースするというスタイルを採用していること、反本質主義的な立場を明確にするために本質をめぐる言説の歴史的変位を扱っていることなどを考えると、歴史と構築主義とは「対象と分析枠組み」という以上に内在的な関係にあるのではないか、とも思えてくる。歴史についての問いは、構築主義にとってきわめて重要な、欠かすことのできないものかもしれないのだ。

社会記述論としての構築主義と歴史方法論との内在的な関係性――そうしたものを浮かび上がらせるために、第1章から第3章では、構築主義が抱える認識論的・存在論的な問題系を精査した。しかし、そこで展開した「歴史的構築主義が前提とする反実在論は歴史分析においては貫徹されえないのではないか」「反本質主義と反実在論とは異なる水準に位置する主張なのではないか」といった議論は、構築主義の欠点をとり沙汰するいわば消極的・否定的なものだったといえる。他なる歴史記述の可能性の模索、構築主義への積極的提言などは、宿題のまま残されていた。

本章では、残されたままの宿題にとりかかるための準備作業をしておきたいと思う。照準するのは、構築主義や物語論的歴史学が登場するはるか以前、歴史記述をめぐって詳細な理論的検討を行ったウェーバーとポパーのテクストである。不思議なことに歴史認識論をめぐる昨今の論争のなかでほとんど言及されることのない二人の巨人の歴史方法論は、構築主義的歴史論が忌避する「因果分析」「理解」といった問題系に深く切り込んでおり、ポスト構築主義の歴史・社会記述方法論を模索していくうえで、少なからぬ示唆を与えてくれるものといえる。多少迂遠な戦術になるが、ウェーバーとポパーの論理を現代の哲学的知見を参照しつつ再構成しつつ(1)、歴史方法論と社会記述論との内在的な連関を明らかにし、構築主義的歴史論が「消去」してしまった「歴史(社会学)的想像力」「理解社会学のポテンシャル」の奪還を試みていくこととしたい。

(3) 反事実的条件法をめぐって　ポパーの回避

構築主義的な傾向を持つ歴史論のなかで、「過去(の記述)は、現在の観点から構築・物語化されている」という物語論的パースペクティヴはきわめて重要な役割を担わされている。しかし、筆者の見たところ、ポスト構造主義の影響を受けた歴史物語論においては、物語論が本来とり組むべき重大な問題、すなわち因果帰属をめぐる考察が抜け落ちてしまっている。歴史記述の物語性を緻密に分析したダントー――彼は構築主義とは直接的な関係をもたないが――が明らかにしたように、物語論的パースペクティヴは本来「抽出された過去の出来事（の記述）」と「その出来事と関連する現在の出来事（の記述）」との因果的な関係性を焦点化するアプローチであったはずだ。歴史を物語として捉える論理のなかから「因果帰属」の問題が抜け落ちてしまうことに問題はないのだろうか。以下では、ダントーに先駆け歴史記述における因果の問題を詳細に検討した二人の「知の巨人」、ウェーバーとポパーの所論を取り上げ、「構築主義の落し物」の重要性を再確認していくこととしたい。

よく知られるように、時代と文脈を違えつつ、同じく歴史学の科学性を巡る論争に携わったウェーバーとポパーという巨人の方法論的議論については、因果概念、および行為者の合理性想定の立論に関してしばしばその相同性が指摘されてきた。[2] たとえば浜井（1982: 202）はウェーバーの因果帰属における客観的可能性判断の議論とポパーの被覆法則モデルに基づく因果的説明の議論をとりあげ「ポパーの歴史的説明の分析がウェーバーの議論に類似していることは明らかだと思われる」としているし、市井（1963: 84-98）も客観的可能性をめぐる議論を後に述べる「反事実的条件法」の問題として理解したうえで、ポパー的スタンスからその展開を図っている。本章ではこのようなウェーバー－ポパーの因果概念に関する類似の指摘が、因果性をめぐる現代的な論理的道具立てによる検討に耐えうるのかどうかを検討し、「ポスト構築主義」の時代における「プレ構築主義」のアクチュアリティを確認していくこととしよう。

浜井や市井がウェーバーとポパーとを結ぶ補助線として求めたのは、両者が、出来事E_tとそれに後続する出来事E_{t+1}について語る歴史的言明は、基本的にE_tとE_{t+1}の因果関係を含意している因果的説明（causal explanation）である

と主張しているという点であった。たしかに、この点についてはウェーバーとポパーは「似ている」。しかし、問題となるべきは、単なる説明様式の類同性それ自体ではなく、因果的説明のなかで取り扱われる因果性概念の内実、その相違である。以下ではこの点を確認していく。

一般に因果性もしくは法則性といったものは、単なる数的な規則性とは区別される。たとえば（以下の例文は飯田（1995）による）、《（1）水は摂氏百度で沸騰する》といった法則的言明と、《（2）この部屋にいる人は全員一万本以上の頭髪を持っている》とは直観的に異なったものである。（2）は（それが真であるなら）この言明が述べられるまでの偶然的な規則性を述べているのに対して、（1）は「水」という物質について成り立つ偶然的でない特質（property）を示しているように思われる。ポパーは（1）のような言明を「厳密な普遍性」を示す命題、（2）のような言明を「数的な普遍性」を示す命題として区別している。しかしながら、この命題を一階の述語論理の範疇で形式化しようとすると、次のように、形式的には全称命題としてその差異がなくなってしまう。

（3）∀x（xは水である→∀t（xはtで百度に熱せられる→xはtで沸騰する））
（4）∀x（xはひとである→∀t（xはtでこの部屋にいる→xはtで一万本以上の頭髪を持つ））

ようするに、標準的な外延的論理では、法則的事実とたまたま成り立つだけの規則性を区別することができないのである。さらには、（3）のように法則的言明を全称命題として捉えるなら、かなり直観に反した推論が許容されてしまう。つまり、「↓」は条件を示す真理関数であり、一般に前件が偽であるなら文全体が真となる推論が許されているものだから、「水」でない名辞（たとえば「山」）をxに代入した場合、前件が偽となり『山』はtで百度で熱せられる↓『山』はtで沸騰する」が真となってしまう。

このように標準的論理においては、「百度で沸騰する」といった「水」の性向（disposition）を示すような文を上手く取り扱うことができない。こうした不都合を克服すべく、性向を示すような文の意味論的処理を可能にするような、前件が偽であっても文全体が真とも偽ともなりうる「反事実的条件法」を設定する議論がグッドマン（Goodman 1979）などによって提示されている。反事実的条件法とは、「もし…ならば…であろう」というような推論を示すものであって、グッドマンの標記では「A∨B」と記される。このアイディアによって不都合はだいぶ解消されるように思える。（1）のような法則文は、「∀x（xは水である→∀t（xは百度に熱せられる∨xはtで沸騰する））」というように標記され、条件法の前件（百度に熱される）が偽であっても文全体は真でも偽でもありうるのに対して、（2）はそもそも反事実的条件法になじまない。ようするに「法則的事実とたまたま成り立つだけの一般化は、前者がそれに対応する反事実的条件法を支持するのに対して、後者はそうではないという点で区別されるのである」（飯田 1995:191）。

後に述べるように、ウェーバーの因果帰属の議論は基本的に反事実的条件法の概念を積極的に援用したものといえるのだが、ポパーの場合はこの問題を非常に独特なやり方で解決しようとしているといえる。ここで、水溶性のような性向語についての彼の議論を見てみることとしよう。ポパーの性向語についての見解は、直接反事実的条件法について述べられたものではなく、カルナップ（Carnap 1936, 1937）による「解決」への疑義として提示されているので、まず簡単にカルナップの見解を見ておく必要がある。

先程述べたように、「(5) xは水溶性である」といった文は、真理関数的条件法「xを水に入れればxは融解する」では、前件が偽の場合全文が真となってしまうため、定義できない。そこでカルナップは、検証可能性を残しつつ性向語を扱えるように（5）を工夫して、「(6) xが水溶性であるのは、もしxが水に浸けられるならば、xが溶けるという反応を示した場合、その場合に限る」という還元文によって定義することを提案する。この工夫によって直接的には検証不可能な「水溶性である」という潜勢的述語についても検証可能性が適用されることとなるわけだ。しかしポパーによればこのカルナップの議論は完全な循環論法であるという。つまり、「水溶性である」という述語について（6）のような還元が成立したとしても「私たちはなお『水』および『溶ける』を還元しなくてはならない（CR: 521）」のだが、「水」の性向を還元しようとすると今度は「もし水溶性である何かをxを投じた場合、もしxが水であるならそれは溶ける」というように、「水溶性である」を未還元述語として用いなくてはならない。かくて彼は次のように述べる。

還元または導入の有限な回数を定めることによってこの循環が断ち切れないことには、十分な理由があるのだ。それはこうである。すなわち、われわれの実際のテストはけっして完全で決定的なものでなく、常に暫定的なものである、ということがそれである。われわれはテストを何らかの特定点において——たとえば原始的述語に達したとき——停止することを命じる決定に決して賛同するべきでない。すべての述語は、科学者にとって等しく性向的である、つまり疑問とテストの余地を残している。(CR:522)

ようするに、ポパーにとって性向語に対し何らかの形で論理的表現を与えることはあまり意味のある作業ではないのである。すべての叙述的言明は、カルナップ的なやり方では還元不可能な普遍名辞(質量、場といった理論言語から水のような名辞に至るまで)を用いているのであり、そうである以上、その個々の言明はけっして検証可能ではない(CR:25節)。ありうる途は、避け難く普遍名辞を含んでしまう言明を反証のテストにかけて、その反証に耐えうる「真理の強度」を確率論的に考察することであって、性向語を還元して、言明から排除することではないのである。こうしたポパーの性向語に対する議論からするならば、因果法則の論理的表現については何も反事実的条件法などで定義することなく、普遍名辞を含む「厳密な普遍命題」をそのまま反証テストという論理外的な方法にかければよい。このようなポパーの見解は、因果法則の論理的表現をめぐる困難に対する《方法論による解決》とでも呼ばれるべきものであろうが[3]、これは後に見るように、因果帰属を反事実的条件法に基づいて分析するウェーバーと大きく異なっている。

既述のように、(1)のような性向を指し示す言明は「水は時点tにおいて百度に熱されるならば、沸騰する」というような因果法則言明として理解できる。そしてその法則言明は、外延論理の範疇では「(3) ∀x(xは水である→∀t(xはtにおいて百度に熱される→xは沸騰する))」のような表現を与えられたのであった。ポパーの反証主義のプログラムによれば、(3)の否定言明「〜(3)」を真とさせるような純粋な存在言明「(7) ∃x(xは水である∧〜(xは百度に熱せられる→xは沸騰する))」が真であるならば、(3)は反証されたことになる(当然、反証テストにおいては、結果を示す(7)が、「一気圧である」といった初期条件と仮説としての法則(3)の連言から演繹される)。

ポパーにとっては、この反証のテストに耐えられるという事実こそが(厳密な)普遍言明の真理性を支えるものなのであり、その論理形式は差し当たって(3)のようなもので構わない。科学的言明のなかには、当然非外延的な普遍名辞が入ってくるのだが、それをカルナップのように外延的に処理可能な述語に置き換えてやる必要はない。むしろその非外延的名辞を科学者集団の「慣用によって」どうにか意味を定めつつ、その慣用が反証のテストに耐えうる限り用いていけばよい。いわばポパーは、科学者の反証テストという実践の正当性から、反事実的条件法の抱える問題性を回避しているのである。それを裏付けるかのようにポパーは反事実的条件命題の問題について、「わたくしは大いに努力したにもかかわらずこの問題をまったく理解できなかった。あるいは、もっと正確にいうと、本質主義か現象主義か意味分析かのいずれかに賛成しない場合には、この問題に何が残るのか、ぜんぜん理解できなかった(CR:758)」といささかアイロニカルに述べている。

その鋭い対立にもかかわらず、ポパーが(ある時期までの)カルナップと共有している価値観がこのいかにも高踏的な言からうかがわれる。反事実的条件法についての分析は、「必然性」「可能性」といった様相的文脈を喚起するものであり、ある意味形而上学的な「本質主義」にコミットする部分もある。この形而上学を呼び起こすような概念が、今さら科学に必要なのか――こうした苛立ちが反証主義者ポパーを捉えているのだ。

しかし、ポパーに先立つこと半世紀、ウェーバーはすでに（歴史）科学的言明における反事実的条件法の有用性を精緻に論じている。次の節ではこの事情を見ていくこととしよう。

(4) 反事実的条件法と客観的可能性判断――ウェーバーの形而上学

因果関係に表現を与える因果法則についての議論では反事実的条件法の概念が本質的な役割を果たすということは、ポパー派とは異なる分析哲学の土壌では、ほぼ共通見解となりつつあるように思われる。因果言明「出来事Cは出来事Eの原因である」は、「Cがなかったなら出来事Eは起こらなかったであろう」や「Cと異なる出来事C′が起こったならば、Eは起こらなかったであろう」といった内容を含意する。しかしながら、基本的に現実に存在する対象とその関数的表現（述語）のみで世界を記述する外延論理においては、現実に起こっていない出来事や事象に言及することには困難が待ち受けていることは火を見るより明らかである。実際、反事実的条件法の本格的な意味論的整備をなしたグッドマン自身が、その困難を既に明確に見て取っていたのである（Goodman 1979: 16）。

これに対して、現実世界以外での言語と対象の関係について語ることを許容する可能世界意味論を用いるなら状況は変わってくる、少なくともその可能性はある――というのが、この問題をめぐる哲学界での共通認識であるといえる。こうした可能世界意味論の枠組みを用いた反事実的条件法をめぐる議論のうちとりわけ「現実主義 actualism」と呼ばれる立場に、ウェーバーの客観的可能性判断の議論が極めて近い位置にあるという刺激的な指摘を、野本和幸（1997）が提示している。野本の示唆を私たちなりにパラフレーズしつつ、その理論社会学的含意を掘り下げていくこととしよう。

ウェーバーが客観的可能性判断の議論を提示したのは、歴史的言明における因果帰属の問題、とりわけ結果とされる出来事の原因の措定可能性をめぐる文脈においてであった。「一つの具体的〝結果〟を一個の〝原因〟に帰属させることが一般にいかにして原理的に可能であり、また実行できるのか、ということ、つまり実際常に無数の原因となる要素が個々の〝出来事〟の成立を制約しており、しかも結果がその具体的形態において成立するためには、あの原因となる要素すべてがことごとくなくてはならぬものであったという事実に相対する時、その因果的帰属がいかにして原理的に可能となり実行できるか (KS: 184)」。これがウェーバーの問いである。

これに対する解答は、①「〝現実〟の構成要素の中の一つもしくはそれ以上の要素を度外視することによって、また一つもしくは二、三の〝条件〟に関して実際と違った一つの過程を思惟的に構成 (ibid: 190)」し、②構成されたそれぞれの過程の実現可能性を、（1）歴史的状況に関する「存在論的知識」と、（2）出来事生起について私たちが持つ諸規則である「法則論的知識」を用いて解明する、というものである。①の部分で《ある種の諸条件が除外されたりもしくは変化を加えられた場合、何が生じた〝であろう〟か》という反事実的な想定に重要な位置づけを与えられていることは明らかであろう。

こうしたウェーバーの議論を多少、図式的に見ていくこととしよう。まず、「現実に」起こった出来事（結果）をEとすると、原因Cは複数ありえるのだから、歴史的因果関係は《（10）C_1かつC_2かつC_3かつ…C_nが、Eを惹起した》というように記される。ここでC_1〜C_nは基本的には、現実世界で起こった出来事である。ウェーバーはこのように「『無限の原因となる要素が個々の〝出来事〟の成立を制約（KS:184）」していることを認めつつも、それを列挙することこそ歴史学の役割だとする見解を批判し、

（11）C_tがなく、かつC_tを除く$\{C_1 \ldots C_n\}$が成立していたとしたら、Eは生じたであろうか（ただし$1 \leq t \leq n$）［（11′）オーストリア皇太子が射殺されなければ、第一次大戦は起こったのであろうか］

（12）C_tがC_{ft}であり、かつC_tを除く$\{C_1 \ldots C_n\}$が成立していたとしたら、Eは生じただろうか（ただし、C_{fn}は実際には起こらなかった出来事）［（12′）クレオパトラの鼻が低ければ、エジプトは栄えたであろうか］

といった「想像心像の作成」を経て、存在論的・法則的知識を用いつつ、出来事EにとってのC_tの重要性を勘案し、C_tとEの関係が偶然的か適合的かを見ていくこと——因果に沿った物語の事後的構築——を歴史科学の任務としたといえる（（11）は「ある種の条件が除外された」場合、（12）は「変化を加えられた場合」）。（11）（12）が、基本的に反事実的条件措定の形をとっていることはいうまでもないが、

ここで重要なのは、ウェーバーの議論において想定されている条件法が無条件にありえた状況の措定を許容するものではないということである。それは可能世界意味論の中では現実主義と呼ばれる立場に近いものといえる。

先にも引用したように、ウェーバーによれば、反事実的条件法の前件「もし…ならば」の部分は「現実に起こったこと」との関連において措定される。除外・変形されるのは、Eの原因である出来事の集合｛C_1…C_n｝の内の一部であり、それ以外の出来事は現実の経過と変わらないのである。(11′)の場合、「オーストリア皇太子の射殺」以外の出来事や事象――当時の世界情勢や政治的やり取りなどはそのままにしておくのだ。このことは一見ささいなことと思われるかもしれないが、存外と重要な意味を持っている。

たとえば、「(13) オーストリア皇太子が射殺されたから、一次大戦が起こった」といった因果言明を反事実的条件法に書き換えてみると、「(14) オーストリア皇太子が射殺されなければ、一次大戦は起こらなかったであろう（A∨B）」となるが、この(14)を「(15) すべての可能世界において、『オーストリア皇太子が射殺されるなら、一次大戦が起こる』は真である」、つまり、《(16)『オーストリア皇太子が暗殺されるなら、一次大戦が起こる』は必然的である［□（A→B）（ただし、□は必然性を示す様相オペレーター）］》と考えるならば、非常に困った事態を招いてしまう。なぜなら、ちょっと考えてみれば分かるように「オーストリア皇太子が存在しない可能世界」や「オーストリアが月にある可能世界」というものも「すべての可能世界」のなかに含まれてしまうからである。そういった可能世界を考慮しつつ(16)を擁護するのは、かなりの無理があるだろう。そこで、反事実的条件法(14)を(15)のよう

に解釈しないで、

（17）　現実世界Wgから到達可能（accessable）なすべての可能世界Wkにおいて、『オーストリア皇太子が射殺されるなら、一次大戦は起こる』は真である

と読み替えてみる。現実世界で真である（14）の前件Aが真であり、かつその他の事柄について現実世界との相違が最小であるような可能世界においてBが真であるなら、「A∨B」は真である——このように考えるなら、現実世界から到達可能でない可能世界について思いをめぐらす必要は、もはやない。到達可能性という概念をどのように意味づけるかについては、様々な議論があるので立ち入らないが、(4)ルイス（Lewis 1973）は以上のような可能世界に関する位置付けを施し、ウェーバー同様、因果言明「CはEの原因である」を「CがなかったらEはなかったであろう」という反事実的条件法に読み替えたうえで、因果性（causation）を次のように定式化している。

①　現実世界において、CとEはともに生起しており、
②　現実世界Wgから到達可能な世界の集合のうち少なくとも一つの世界W_1においてCが生起せず、
③　かつ現実世界Wgから到達可能なすべての世界において、Cが生起しなければEも生起しない

ふたたびウェーバーに戻るならば、（11）（12）のような「想像心像作成」による適合的因果連関の措

定のあり方は、このようなルイス的な因果性の定式化と相同的なものだといえる。①現実の歴史的経過「CとEの生起」を認め、②Cが生起しないこと以外は現実世界と同じ状況（可能世界）を想定し、③そのうえで「Cが生起しなければEも生起しない」という関係がすべての可能的な状況において見いだせるとき、CとEとの関係は適合的因果連関にあるとされる。「なぜ」という問いに対する回答を与えること、すなわち因果的説明が「科学的説明」の要件であるとするならば、まさしく「歴史が科学であろうとすれば、〝歴史〟は常に可能性というものを知っている」（KS：189）のである。(5)

もちろん、フレーゲ以降の現代記号論理学の展開に対して徹底した無視を決め込んでいたウェーバーであるから、反事実的条件法がフレーゲ流の述語論理に対して持つ問題性を理解していたとは到底思えないし、ましてや、一九七〇年代にルイス等によって切り開かれた因果性と可能世界意味論の関係についての議論がウェーバーのそれと「同じ」などといえないことは重々承知している。しかし、重要なことは、ウェーバーが、「CゆえにE」という歴史的因果言明の記述のさいに、「…でありうる」という様相的文脈についての議論が避け難くつきまとってしまうことを見てとっていたこと、そしてそういった様相的文脈についての勘案こそが歴史記述を「科学的」たらしめると考えていたという点である。

構築主義的歴史論者が「科学とは異なる歴史記述の特徴」とする当のものに、ウェーバーは歴史の科学性の根拠を見出そうとする〈自然科学＝因果的／人文科学＝非因果的〉という図式をウェーバーは「脱構築」する）。かかるウェーバーの「因果性と様相」に対する態度は、同じく《CゆえにE》という因果的説明を科学の要件としたポパーと著しい対照を描いており、その差異は歴史学的‐社会学的記述における「理解」や「合理性」についての両者の見解の相違にまで影響を及ぼしている。次節では、その点について考察していくこととしよう。

(5) 因果的説明と「合理性の想定」

反事実的条件法にそくしてここまで見てきたポパーとウェーバーの議論の相違を、単称因果言明《(18) CはEの原因である（CはEを引き起こした）》を導出するロジックの差異として復習しておこう。[6] まずポパーの場合であれば、(18)は(19)のような演繹的推論（被覆法則モデルと呼ばれる）の省略として理解される。

(19)　C_1、C_2、C_3……C_n
　　　H_1、H_2、H_3……H_n
　　　――――――――――
　　　E_1、E_2、E_3……E_n

$\{C_1……C_n\}$ は初期条件（原因）
$\{H_1……H_n\}$ は法則（仮説）説明項
$\{E_1……E_n\}$ は予測（結果）被説明項

初期条件の連言と普遍法則の連言から演繹的にEを導くことができるとき、CとEは因果的関係にあると（とりあえず）考えられる。[7] この場合反証とは、《$(H \wedge C) \rightarrow E,\ C \wedge \sim E,\ \therefore \sim H$》を示すことであり、この反証テストに耐えられた場合暫定的にHは、真であるとされる。ここで注意すべき点は、原因の側に配されるCは「現実世界」の個体・出来事であるということだ。ある特定の因果関係には、当然複数の原因が作用しており完全な列挙は実際上不可能なのであるが、その原因は現実の世界の存在者なのであって、「オーストリア皇太子が射殺されないこと」などといった可能世界における出来事や個体は含まれていない。かくして、「CゆえにE」という因果的説明を与えるさいにポパーにとって問題なのは、現実世界における事象の集合（原因・結果を含む）と、その現実的事象を全称量化する普遍命題を、反証という実践的な手続きにおいて関係づけていく実践そのものなのだといえるだろう。ここには、「ありえたかもしれない状況」についての想定はまったく入り込む余地も必要もないのである。ポパーにとっては反事実的条件法の意味論を与えるなどということは「知的破滅への道」をたどることにほかならず、「本気になってとりあげなければならないのは、事実の問題であり、事実についてのさまざまな主張、それらが解決する問題およびそれらが提起する問題（UQ: 21）」であった。

一方のウェーバーの議論においては前節で見てきたように、(18) のような因果言明を導くためには、(11) や (12) のような反事実的状況についての想定が不可欠なのであった。「第一次大戦の勃発」という出来事に因果的説明を与える場合でも、現実世界において生起した原因の候補＝初期条件を列示するのみならず、現実的歴史経過の一部に変更を加えた状況を勘案しなくては、その原因が「必然的に」その結果をもたらしたかどうかの判断はできない。こういった可能的状況についての「想像心像の作成」――客観的可能性判断――は、もちろん、反証テストという方法の実践において解決されるようなものではない。歴史的因果言明は、その論理形式からして「ありえたかもしれない状況」の想定を不可避に必要とし、その想定をそれこそ〝本気で〟採りあげることこそが、記述の《客観性》を担保する。ポパーにとって「アリストテレス的本質主義」へのコミットであるとして科学の外部に放逐された反事実的条件法の存在が、逆にウェーバーにとっては科学の科学たる根拠を提示するものとして規定されるという著しい対照がここには見いだされる。

こうした因果言明の導出をめぐるポパーとウェーバーの差異は、①〝因果法則と因果関係〟の関係、②行為者合理性の想定の位置づけ、という論点に関しても両者の微妙ならざるズレを生み出していくこととなる。この点を順に概観していくこととしよう。

まず第一に、〝因果関係の帰属〟において機能する〝因果法則〟の役割について両者は異なる立場にある。ポパーが次のようにウェーバーを批判していることは興味深い。

マイヤーと同様、ウェーバーはいつでも、歴史は普遍的法則にではなく、個別的出来事に関心を持つのであり、そして同時に、因果的説明に関心を持つ、と正当に強調している。しかしながら、不幸なことに、こうした正しい見解を持っていたにもかかわらず、彼は繰り返し因果性は普遍的法則に束縛されるという見解を拒否したのである（OE:385）

ここでのポパーの主張のポイントは二つある。すなわち、（1）第一に、ウェーバーと自分は個別的出来事C、Eについて「CはEを惹起した」という因果的説明を与えることが「歴史科学」の責務であると考える点で一致していること、そして（2）第二に、にもかかわらず、ウェーバーは「普遍的因果法則なき因果的説明」を論じるという「間違い」を犯しているということ、この二つの点である。第一の点については、私たちが既に見てきたように妥当であると思われるが、第二の点に関しては疑念を抱かざるをえない。というのも、もし「因果法則なき因果関係」というカテゴリーが意味をなすのであれば、ウェーバーの見解を一概に「間違い」とは断定できないからである。ここで両者の因果的説明における法則の位置価の違いを思い出してみよう。

まずポパーの場合因果法則とは、(19) を見て分かるように、初期条件たる原因Cと結果Eを論理的に包含する全称普遍命題であり、いってみれば別個の出来事「C」と「E」に「…は…の原因である」という関係を与える橋渡しの役目を担うものだといえる(被覆法則モデル)。法則という橋を欠いたところではCとEには因果関係は存在しないのであり、この点こそが彼が、因果性を出来事の経験的規則性に解消したヒュームの議論に対する自らの優位性を任じた所以なのであった(OE:383)。つまりポパーにとっては、因果関係のあるところには因果法則は必ず存在していなくてはならない訳で、両者の関係はきわめて緊密で「内的(intrinsic)」なものなのである。

一方のウェーバーでは多少事情が異なっている。彼が反事実的条件法の分析に基づいて「CとEの因果連関」の蓋然性を見据えていくというさいには、①「存在論的知識」にもとづいて所与の事実をいくつかの構成要素に分離する作業と②その分離された諸要素を「法則論的知識」を参照しつつ、その経験的規則からに従えばどのような結果が「期待」されたであろうかを確かめていく一般化の作業、が可能性判断の中に含まれていた。すなわち、ここではCとEの因果関係を帰属するために、たとえば動機と行為の関係についての経験的規則のようなものが用いられているのであり、**いわば法則は因果関係措定のための一つの資料以上のものではないのである。**実際、ウェーバーが「法則的知識」「経験的規則の知識」といった用語法を混在させているように、因果帰属のために援用されるものは経験的な蓋然性を持つ一般化であって構わないわけで、ポパーの因果法則のように全称普遍命題である必要はない。さらに、このような経験的規則は分離された諸要素の反事実的な再編、つまり可能的状況に対して思考実験的に適用されるものであり、現実世界の出来事であるCとEを被覆するようなものではない。このように考えるならウェーバーの因果関係概念にとって、因果的法則が内的でないとはいわないが、少なくとも付随的なものであるといえるだろう。

ウェーバーが因果性は普遍的法則に束縛されるという見解を拒否した、というポパーの非難は、因果概念をポパーヘンペル的モデルで考えた場合にのみ有意味となる。しかし私たちの見てきたところによれば、そもそもウェーバーとポパーとでは因果関係そのものの捉え方、および「因果関係と因果法則の関係」についての見解が異なっているのである。

次に、因果的説明における「行為者の合理性の想定」の位置価の相違を簡単に見ておくこととしよう。ここでも表面的な（字面上の）両者の一致から「内容的繋がり」を即座に読み取ることは危険である。行為を理解するさいに「私たちはなにか或る独特な認識手段の助けをかりて『人格』の『心理学的』分析をおこなうのではなく、むしろ、私たちの法則論的な知識の助けをかりて、『客観的に』あたえられた状況の分析をおこなうのである」（KS:129）というウェーバーによる「状況の分析」の提案を、「欲求、動機、記憶、連想などのはじめは心理的なものと思われた要素が、状況の要素に変わってしまうほどに状況が徹底的に分析される。…これこれの欲求をもった人間が、これこれの客観的な目標を追求する状況に置かれた人間となるのです。」（AS:137）というポパーの「状況の論理（situational logic）」と重ね合わせるのは、ある意味自然な連想であるが、その内実は相当に異なっていると言わねばならない。

第一に、多少逆説めくが、伝統的な行為理論の区分からするならば、ポパーの「合理性の原則」にしたがった「状況の論理」は、彼の論敵たるドレイやウィンチなどが主唱した目的論（合理的説明）に近く、ウェーバーの「状況の分析」は因果論の系譜に連なるものだといえる。まず、ミュンスターベルク批判の文脈でのウェーバーによれば「歴史は何としてもけっしてかの『内面』の領域のみを取扱うのではなく、『外界』の全歴史的状況を、一方において歴史的行為のにない手の『内的事象』の動機として、他方においてその結果として『把握』する」（RK：158）ものであり、いわば、観察可能な特定の時空領域を占める（外界の）出来事としての行為を「結果」とし、そこから遡及される動機を「原因」として認識することこそが歴史的説明の契機をなすのである。

一方のポパー的視座からするなら、そもそも「動機」は社会科学的説明における原因とはなりえないこととなろう。というのも――ポパーは明確に述べていないけれども――「動機」あるいは「理由」を仮に欲求D「pという状況が好ましい」信念B「pの実現のためにはqすればよい（と信じている）」の組として考え、動機について記述M（「D」かつ「B」）を与えるとしたなら、Mは反証不可能な命題となり、被覆法則モデルの初期条件に挿入されうる基礎命題の資格を有していないこととなってしまう。つまり、Mは原因でありえないわけだ。かくてポパーは、行為の理論としての状況の論理には因果関係のカテゴリーを持ち込まずに議論を進めている。

ウェーバーにとっては《Mゆえに行為H》という因果関係を与えることが「状況の分析」となるのに対して、「状況の論理」においては信念・欲求・行為などに因果的な作用関係は存在しない。こうした差異は些細なことに思われるかもしれないが、《理由（動機）は行為の原因であるか》という論点に関して、一九五〇年代以降の哲学・社会科学方法論が熾烈な論争を繰り広げてきた経緯を考えるなら、理解社会学の祖ウェーバーが行為の因果説をとり、ドレイ流の「理解論者」を攻撃した「因果論者」ポパーが行為の非因果的な議論を提示しているという捩れには十分な注意が向けられてよい。

次に、第二の点として、因果的説明に対する「合理性の想定」の位置価が両者で異なっていることに注意を促したい。まず周知のようにポパーにおいては、「合理性の想定」「状況の論理」は、厳密に被覆法則モデルに従った場合、社会科学的法則が非常に瑣末なものとなってしまうことを避けるために導入された「補助手段」であった（OP:246）。一七七二年の第一次ポーランド分割（結果）を、当時のポーランド軍をとりまく諸々の情勢（原因）から説明する「もしほぼ同等に装備されている二つの軍隊のうち一方が圧倒的兵員を擁しているならば、他方はけっして勝利しうることはない」というような法則はたしかに、反証可能で、かつ初期条件と被説明項を包摂してはいるが、いかにも瑣末である。(8)

こうした瑣末さを避けるべく、社会（歴史）科学の仮説（法則）定立の場合に、既述の「状況の論理」と呼ばれるそれ自身は反証不可能な《理論》が要請されたのである。しかし、ポパー自身が認めるように、「状況の論理」によって構成された仮説は反証可能であっても、「状況の論理」そのものは反証可能性を欠く普遍法則であり、またそれを支える人間行為の合理性についての想定も（彼の科学観の枠内では）空虚な概念規定と言わざるをえない。彼の議論の自家膠着についてはひとまず措くとして（Watkins1970; 橋本 1994）など参照）、私たちにとって重要なのは、ポパー流の因果的説明においては、行為者の合理性の想定は情報量の多い仮説を提示するための「索出的（heuristic）契機」に他ならず、反証主義のプログラムにとってはいわば付随的なものである、ということである。

一方のウェーバーにとって、合理性の想定は因果的説明にとって付随的なものではありえない。客観的可能性判断にさいしての、「もし…であったならば、…だったろう」という反事実的条件法の真偽判断で用いられる知識は、主として、「人間が与えられた諸状況に対して如何に反応するのを常とするか」(動機と行為の理にかなった reason-able 連関)についての「法則論的知識」であった。だとすれば、**私たちはまずは行為(者)の合理性というものを想定しなくては、因果帰属の一歩も踏み出せないこととなる**。つまり、ウェーバーの議論機制においては、①「原因＝動機／結果＝行為」に関する「法則論的知識」を用いた、行為のありえた経過についての目的論的解明(合理的説明)が、反事実的条件法の真偽判断(客観的可能性判断)を可能たらしめ、②そのことによって出来事CとEの間の「因果帰属」がなされる、という因果論的行為論、目的論的行為論、出来事間の因果帰属の入り組んだ関係が見受けられるのであり、目的論的解明(合理的説明)は「CとEの因果関係」を帰属させていくうえで本質的な契機なのである。

こうした相違はなぜ生じるのであろうか。これもまた、(2)・(3)節で見てきたような可能的状況の扱いに関する両者の違いに由来すると思われる。ウェーバーがいうように、合理的解明は『実在的な行為』をではなくて、『客観的に可能な』諸連関」(RK:264)を扱うものなのであり、つまり因果帰属にとっては「可能な世界(状況)」の想定はその客観性を担保するためにも必要なものなのであった。ようするに、「合理性の想定」こそが因果帰属の客観性を保証／棄却するのである。それに対して、ポパーはまさしく「実在的な行為」、すなわち現実世界において生起した(する)出来事が因果的説明の扱うべき存在者であって、「アリストテレス的本質主義」にコミットしかねない可能的状況の想定は、客観性を担保する方法論――反証主義を反故しかねないものなのである。

つまり、因果帰属の客観性は反証可能な基礎命題に対してなされる反証テストという方法の実践なのであり、合理性の想定は、「法則が瑣末にならないように」というきわめて消極的かつ実用論的な理由から導入された特例措置に他ならない。「状況の論理」と「状況の分析」の間に横たわる懸隔は、思いのほか根が深いといわねばならないのである。

(6) おわりに

本章では、「可能的状況についての推論」と因果関係の措定をめぐるポパーとウェーバーの理論的態度の相違を概観し、その相違が《因果法則と因果関係・の関係》や《合理性の想定と因果概念の関係》に関する、ほとんど「対立」ともいいうる対照を描いていることをみてきた。重要なのは、両者の議論に異同がある、という事実の確認ではない。「歴史の科学性」という、現在では一笑に付されかねない論題をめぐって、二人の巨人が展開した繊細な議論を追体験することにより、「構築主義」以降の私たちが陥ってしまっている思考停止を解除することこそが本章の企図するところであった。

「因果」「理解」といった「古臭く」はあるが、しかし、いまなお歴史記述にとって決定的な重要性を持ち続ける概念をめぐるウェーバーとポパーの格闘は、「構築主義」「ポストモダン歴史学」が見失ってしまったようにも見える「歴史(社会学)的想像力」――「合理的行為」の理解への意志――のアクチュアリティを私たちに教えてくれる。合理的という語の通俗的理解や「言語が現実を構成する」といった素朴な言語哲学的知見を元手に、ウェーバーらの歴史方法論や言語観に失効を宣告してはならない。本章で確認してきたように、かれらの「因果」「理解」論は、現代的な哲学の知見に照らしても十分に評価しうる内実を持っている。見咎められるべきはむしろ、様相の問題などをまったく考慮に入れていない「ポストモダン的」な言語論を無批判に受容する態度の古臭さのほうである。「ポスト構築主義」の歴史・社会理論のポテンシャルは、「プレ構築主義」に存在しているかもしれないのだ。

註

（1）ポパーとウェーバーの文献挙示に関しては、文献表中の略号を用いた。

（2）「合理性の想定」についての類似性の指摘は、Mises（1949:54-55）関（1990:162）、そして何よりポパー自身（OS:95）に見受けられる。

（3）こうした主張は、Putnam（1983=1992: 10章）などにも見られる。

（4）到達可能性関係とは、可能世界の間に設けられる関係（反射性・対称性・推移性など）であり、これをどう設定するかによって、異なる様相についての原理によって定義づけられていた様相論理の諸体系の相違が「説明」されることとなる。ウェーバーの議論は「到達可能性」のような理念を内包していたというだけであり、当然のことながら「どういった到達可能性を採用していたか」については詮索しても無為である。ちなみに、合理的選択理論の文脈では、反事実的条件法と因果関係、その確率論的表現が様々に議論されており、この到達可能性を勘案した理論がGibbard=William（1985）によって提示されている。

（5）《「なぜ」という問いと相対的な「同定される要因」の重要性》と《可能的状況の類似性》に密接なつながりがあるという指摘をPutnam（1983=1992:339）はしている。

（6）Hempel（1994:48）は、法則が言及されていない歴史的言明を「説明のスケッチ」と呼び、本来言及されるべき法則を省略した不完全な説明であるとした。そうした考え方は、ポパーはもちろん、社会学者のHomans（1967=1981：50-51）にも共有されている。

（7）一九三四年のLS（59）では被覆法則モデルの初期条件と予測記述の関係を因果関係と呼ぶことを留保しているが、OE（244）での自己引用では留保は解除されている。

（8）こうしたポパーの見解に対し、Scriven（1959）は、《歴史的説明で用いられるのは法則ではなく当該言明を正当化する〝自明の理truism〟である》と、またDray（1957）は《歴史的言明で法則が明示されないのは、瑣末・自明なため省略されているのではなく、そもそも法則は用いられていないからだ》というように応戦している。

第Ⅱ部　倫理の制作

第Ⅰ部で私たちが見てきたのは、出来事や事実、事象の記述（社会の構築、社会の制作）にあたって、過去の出来事（1、2章）、生物学的——実はこれは「生物学的」である必要はないのだが——バックグラウンド（3章、1章補論）、因果関係（4章）といった、「構築されざれるもの」と一般に思われる事柄が、構築主義のプログラムにおいて前提として機能しているということ、そしてそうした前提を採っていること自体が構築主義にとって理論的に致命なものというわけではなく、「ひとびとがそうした前提を持っている」ということを精査することにより、より深度の高い構築主義、社会制作の方法を見いだすことができるのではないかということ、このことであった。

構築されるもの／されないものという区別は、構築主義の視座を徹底するのであれば、それ自体、分析者が理論的な水準で判定しうるものではない。学的記述を含めて、人びとがいかなる意味において、いかにしてそうした「実在性前提」を採っているのかを、考察していく道筋に至るはずである。

構築主義に対して、子どもの喧嘩のセリフのように投げかけられる「構築されないものの実在性を否定するのか」「あらゆる出来事が構築されているというのならビルから飛び降りてみろ」。そうした批判は、なにが構築されるもので、なにが構築されないものであるかを分析者が判断しうるという点で、構築主義のプロジェクトに対するきわめて粗雑な批判というほかない（その区別が成り立つということの成功条件を明示されないと反論として機能しえない）。多くのひとびとは、心や自我、感情といったものが「実在している」ことを前提にコミュニケーションを営んでいる。構築主義のプログラムは、そうした人びとの「実在性前提がある」ことを前提として駆動し、その前提のもとで人びとによりなに（what）がいかにして（how）構築されるかを書き留めようとするのであり、その人びとの前提が真であったり、偽であったりすることを否定するものではない。**ある出来事や状態の記述の真偽値のあてがいが可能であるとする以上、構築主義は本来的に非実在論でも実在論でもない。**

たしかに非実在論を必要件と自己認識をしている構築主義者もいるが、それは自らのプロジェクトを見誤っている（過剰な理論的負荷を与えている）。複数の歴史記述について、歴史的事実についての沈黙を推奨し、物語論的な象徴闘争へと議論をまとめあげる上野千鶴子の政治的構築主義は、二値原理を適用しえないという意味での非実在論へのコミットをしてしまっており、構築主義を不徹底に捉えた議論であると考える。構築主義を突き詰めたとき、構築されるもの／実在するものという対立軸は本来的に浮上しえないはずのものなのだ。おそらくは多くの政治的構築主義者が好まないであろう心理学における行動主義——心的要素の存在を前提とせず、刺激・反応の記述において操作的に心的な事柄を記述する——は、実は政治的構築主義の非実在論とよく似ている。スキナーのような徹底した操作主義を採用する覚悟が政治的構築主義にあるのであればともかく、そうではないとすれば、過度な理論的負荷を引き受けるべきではない。非実在論は安価な人文学的商品ではない。

そうした第I部の議論を承けて、第II部では、わたしたちの日常生活において「存在する」と強く信憑されている倫理的事柄、「責任」「自由」といった概念を構築主義的な思考がどのように受け止めることができるか、を考察する。あらかじめ単純化していっておくなら、第5章では「行為act」あるいは「責任reaponsibility」、第6章では「自由freedom」、第7章では「人間本性human nature」といった社会を成り立たしめるうえで不可欠とされる事象・状態をとり扱っていく。いずれも、人口に膾炙するポストモダン思想において「近代的」な虚構として告発を受けてきた事柄である（フーコーの『言葉と物』の最終部をそのように読む人は、根本的に『言葉と物』を読めていないと思うのだが）。第I部が、出来事や世界の状態についての制作・構築を扱っていたとするならば、第II部で扱うのは、しばしば倫理的と呼ばれるような事柄である。

私の見立てでは、構築主義は、「責任」や「自由」、「人間本性」といった事柄を、「近代の産物にすぎない」と暴露啓蒙する研究プログラムではない。そういう近代の構築物・虚構／本質といった区別がないに（what）において盲点化されている事柄を前景化し、いかにして（how）そうした概念が人びとに使用・実践されているかを記述・分析するのが構築主義の本領である。暴露啓蒙を構築主義の内的な性格であると考える向きが少なくないのは事実であるが、それはやはりプログラムを誤認しているものと私は考える。構築主義は倫理的概念の本質主義に抗うポストモダンであり、モダンな概念の実体化にはくみしない、という自己規定・他者規定を理論的な水準で解除し、そうした疑似問題とは異なる水準で可能となる構築主義の課題を指し示していくことが第II部の課題である。

構築主義vs本質主義、構築主義vs実在論という対立構図は、いずれの側に立つにしても、あまりに不毛な構図である。「反本質主義としての構築主義」という政治的構築主義、の自己規定も、「敵」もまた持つこうした対立構図に乗っかってしまっている。脱構築などという格好いい言葉は使わないが、その構図そのものから退却し、経験的な記述の課題を遂行していくことこそが、社会学的構築主義の「本義」であろう。

まず第5章では、繰り返し日常的に使用されているにもかかわらず、哲学者による精査について対立議論が絶えることない倫理的概念、行為の責任を扱う。

私たちは、法廷や形而上学の討議の場以外でも、きわめて日常的に行為の責任という概念を使用しており、かつまたその適切な使用の方法について、明確な定義はなくとも理解している。約束の時間に約束の場所に訪れなかったというごくごく日常的な責任から、貧困の責任、将来世代への責任にいたるまで、さまざまなグラデーションを持ちつつも、私たちは責任という概念をもって自己や他者の行為、あるいは集合的行為を理解し、それをもとに社会的な生活をある程度円滑にやり過ごしている。つまり、哲学者や法学者がどのように厳密に規定しようとも、心的語彙にかんする行動主義者のそれと同様に、人びとは責任や理由、動機、目的といった概念を理解し、そのことによって生活世界を秩序だったものとしている。厳密な定義がないからといって責任概念の素人的使用を法や学問で禁止するわけにもいかない（不可能である）。第5章ではアルフレッド・シュッツの議論を辿りつつ、このような日常的な概念としての責任の使用がいかにして達成可能となっているか、について、考察していく。それ自体経験的な研究ではないものの、行為の責任や目的、動機といった概念を「近代の虚構」と安易に想定することなく、それらの概念がいかにして用いられ、いかなる機能を持っているのかを概観していく、というのが第5章である。

　続く第6章では、責任とも密接に連関する自由という概念について考察する。これまた法学者や哲学者によって多彩な議論がなされているトピックであるが、第6章では、人格（Persönlichkeit）という概念にそくして、カントの人格・自由論の流れを汲みつつ、人格・自由の概念を、超越論的な水準から経験的な水準へと移行させたウェーバーの議論に着目する。自由を超越論的な水準において「不可欠の前提」として捉えたカントの議論を、ウェーバーは「「不可欠の前提」として人びとに受け止められるもの」へと読み替え、自由・責任概念の経験主義的な理解可能性を模索した。それは「自由意志・責任はあるか／否か」という構図を、哲学や法学の議論のあり方から、経験科学への水準へと読み替えていく試みの嚆矢であったといえる。人びとの用いる自由・責任に定位するという構築主義のプログラムにとって重要な方向性を指し示したウェーバーの議論は、因果関係のケースと同じく、いまだ示唆に富む。学説史的・人物史的な議論の枠組みを解除したうえで、この点について論じていくこととしたい。

　続く第7章では、構築主義の対照項を非実在論（のみ）ではなく、反本質主義（anti-essentialism）とする、ポストモダン的な議論が、どのような理論的・実践的問題を内包しているのか、をアメリカにおけるポストモダニズム思想のけん引者であると同時に、分析哲学者でもあるリチャード・ローティの議論を内在的に検討していく。すでに第2章で確認したことであるが、構築主義の対照項として、「実在論」「本質主義」という二つの異なった概念が据え置かれ、いずれが妥当であるかというジャッジがなされる場合が少なくない。社会学者である上野と異なり、哲学者であるローティがこの点を曖昧なままに、自論を展開していたことは、構築主義という概念をめぐる混乱を不要に拡散したという点においても、相応に「罪深い」ことであると私は考える。ハーバーマスのハイデガー批判に倣ったというわけではないが、「ローティとともに（mit）、ローティに抗う（gegen）」ための理論的な準備作業をこの章では行っている。

構築主義を自称する論者のなかに概念の規定に無自覚で、哲学的な水準での存在論的コミットメントに疎い論者がいたことは事実である。しかし、それは構築主義の無効化を意味しない。そうした構築主義者と同じ土俵で論じている「実在論者」「本質主義者」もまた、その論点と遠い距離にあるわけではない。イアン・ハッキングの用語で言えば、「相互作用種」にあたるような事象・概念を、安直に実在／非実在論、本質主義／反本質主義という土俵に載せること自体が理論的に誠実な態度であるとは思えない。第Ⅲ部では、倫理的なものをめぐって展開されるこうした問題系を主題化していくこととしたい。

第5章　行為の責任を創り上げる――シュッツ動機論からルーマンの道徳理論への展開

(1)　はじめに

私たちはごく日常的なコミュニケーションの場面において、他者の行為を記述することによりその行為をその行為者へと帰属させ、「責任」の所在を指し示しているが、そうしたなかで、行為者の意図（目的）とは齟齬をきたすような行為記述がしばしば「適切」であるとされることも少なくない。行為者自身が自らの行為の記述に関する権威でありえない状況のなかで、私たちはいかにして行為記述の適切性を見定め、また行為の責任を帰属させているのであろうか。

本章では、こうした行為の同定（identification）や帰責（attribution）のメカニズムをめぐる問題に照準しつつ、A・シュッツの提示した理由動機／目的動機の概念的区別を導きの糸として、「行為を解釈すること」と「行為（者）の責任を問うこと」がどのような関係にあるのかをまず2、3節で分析し、行為者責任（行為と行為者の関係）と行為の責任（行為とその結果の関係）との相違を明らかにする。そして次に、ルーマンの道徳についての知見を参照しながら、道徳コミュニケーションにおいて問われる責任が、行為者責任／行為の責任のいずれとも異なる位相にあることを示し、そのようにして捉えられた道徳が現代社会において孕んでいる両義的な性格を4節において論じていく。責任や道徳の社会学（コミュニケーション論）的な位置づけを与えることが、本章全体を通しての目的である。

(2) 問題の所在——行為の同定と動機理解

日常的な場面で共在する他者の行為をことさらに「記述（describe）」するのはどんな場合であろうか。「君は飽きてるんだね」「あなたは楽しんでいる」……といった発話は、コミュニケーションの最中にあって行為の意味を再帰的に確認する認知的 cognitive な振舞いといえるだろうが、同時に、相手の行為をあえて何らかの形で記述することにより行為の「所有者」たる行為者の当該行為に対する責任を問うという極めて倫理的な言語行為であるともいえる（小林 1983:115）。すなわち、リチャード・テイラーも言うように「ある種の人間の振舞いを誰かの行為であると主張するとき、おそらく私たちは、何事かを記述しているのでは全然なく、むしろ何事かを、すなわち、当該行動に対する責任をその人物に対して帰して（impute）いる（Taylor 1966:100）」ように思われるのだ。こうした行為の（コミュニケーションにおける）記述と責任帰属の関係性をめぐる問題は、行為の同定や理解といった論題を扱ってきた理論社会学の地平においてどのように捉えられうるだろうか[1]。本章では、行為の目的動機／理由動機の区別を意味解釈における重大な論点として提示したアルフレッド・シュッツの議論を導きの糸とし、現代における社会学的・哲学的行為論などの知見を参照しながら、帰責及び道徳のコミュニケーションについて検討していくこととしたい。[2]

*

古くはウェーバーが、「木樵《きこり》」の例において鮮やかに示したように、ある身体的振舞いは「指を動かす」「スイッチを押す」「電灯をつける」「空巣に警告を与える」などといったように、観察可能な同一の証拠に基づきながら、（文脈に応じて）適切な記述を複数持ちうる。後に「アコーディオン効果（Feinberg 1970）」とも呼ばれるに至ったこの行為記述の振幅をめぐる知見は、行為の同定とコミュニケーションにおける帰責メカニズムの連関を考察しようとする私たちの議論の出発点として二つの点で重要な意味を持っている。

すなわち、行為記述の場面においては、（1）外的な身体的挙動が同一であっても、解釈者が行為者に帰属する理由（信念や欲求のシステム）の相違によって多様な記述が許容可能であること、さらに基底的なこととして（2）世界の出来事のうち〝どこからどこまでが同一の行為か〟という行為の抽出に関しても解釈者が一意的に定めることはできないということ、この二点を「アコーディオン効果」の議論は示唆してくれる。[3]

こうした行為記述の振幅をめぐる問題についてシュッツは遂行的行為（Handeln）の単位とは、意図して徐々に実行される遂行的行為によって実現されるはずの達成的行為（Handlung）が企図されることによって構成される。遂行的行為の単位は企図の「幅」の関数である、と論じ、《行為の単位性（（2））は行為者自身による投企（（1））によって画定される》という、いわば、（1）（2）の不確定性についての行為当事者による解決を提示している。たしかに行為者が電灯をつけようという意図（投企）を持っていたのであれば、その人はあくまで「電灯をつけた」のであって、「空巣に警告した」わけではあるまい。その意味で「行為者その人のみが、自らが何をなぜ行うのか、いつどこで行為が始まって行為が終わるのかを知っている（Schutz 1964:243）」といえるのである。

　こうしたシュッツの議論は行為の単位性を分析者が先験的に定義してしまうタイプの行為理論への有意味な批判と十分なりえているが（盛山 1995:204）、ある素朴な疑問を投げかけることもできる。つまり、素朴に考えて、日常における行為の記述は、行為者自身によってではなく行為解釈者によってなされる場合が多く、また当該記述が適切かどうかを定める審級も行為者というより行為解釈者の側にあることも少なくないのではないか、という疑問である（この問題はもちろんシュッツ自身もとりあげている）。たしかに、後ろの席に座る悪友が授業に熱中するAに大声をあげるよう脅したのであれば、Aは「教師を侮辱する」という意図を持っていなかったわけだから、《［1］Aは教師を侮辱した》という意図的行為の記述は端的に偽であろう。しかしその場合、《君は僕を侮辱した》という教師によるAの行為記述が真ではないにしても、少なくとも不適切ではないと判断することもまた私たちの直観に親しいものといえないだろうか。つまり、行為は基本的に行為者の意図・投企によって単位化されるにもかかわらず、その意図画定の適切性を判断するに際しては行為者が特権的な位置にあるわけではないのである。

　こうした問題を考えていくためには、［1］のような行為記述だけではなく、その記述に（陰に陽に）

随伴している行為の理由や原因（＝動機）を考慮に入れなくてはならない。そこで、まずは行為者／解釈者を問わずコミットしているであろう行為記述の文法構造を動機との絡みにおいて分析していくこととしたい。このさいにも、シュッツの「動機 Motiv」についての議論が私たちの羅針盤となる。(4)

先程の《Aは教師を侮辱した》という行為記述について考えてみよう。この記述は、端的な身体的振舞い《奇声を発する》を、「侮辱する」という目的を持った行為として解釈したものであり、行為者の持つ意図や理由（信念・欲求）を含んだ形で記すならば、《［2］Aは教師を侮辱するために（for）、奇声を発した》というものになるだろう。一方で「奇声を発する」を、Aの真意により忠実に、悪友の脅しの「結果」として見るならば《［3］悪友Bに脅されたので（because of）Aは奇声を発した》という記述が［1］［2］よりは適切であるように思われる。［2］［3］は、それぞれ記述される行為の実現を促した動機を指示することにより行為を同定している点において共通しているが、直観的には大分異なる印象を与えるものだし、何よりもA自身が負うべき責任が決定的に異なっていることは誰の目にも明らかな事実である。周知のように、シュッツは［2］［3］それぞれの行為記述に現れる動機について、前者を「目的動機 das Um－zu－Motiv」、後者を「（真正の）理由動機 das Weil-motiv」と呼んで峻別している。では、理論的にはこの差異はどのようなものとして捉えられるべきものなのだろうか。(5)

まず、シュッツ自身も詳細に論じているように、行為に関する目的文（Um-zu-Satz）と理由文（Weil-satz）では、記述文中の「動機づけているもの」「動機づけられているもの」が異なっている。［2］においては、動機づけているものは「奇声を発する」という単位行為に先行する意図や目的、すなわち投

	動機づけるものMa	動機づけられるものMp
目的動機	先行する投企③	遂行される行為④
真性の理由動機	投企に先行する体験①	投企そのもの②

図5－1

企であり、「奇声を発する」はその投企から因果的に引き起こされた出来事としての行為である。一方［3］においては、「BがAを脅す」という行為に先行する出来事が、「奇声を出そう」という行為の事前意図（prior intention）＝「投企そのもの」を動機づけている（図5－1）。

ここで私たちが注目すべきことは、理由文／目的文それぞれにおける《動機づけるものMa／動機づけられるものMp》の論理的関係の位相が異なっていることである。目的文《Xするために行為xをした》においては、行為x（奇声をあげる）と行為X（侮辱する）の関係は、異なる時空領域を占める異なる出来事どうしの関係――たとえば「エンジンの故障」と「飛行機墜落」との間の関係――ではない。むしろ、Xとxは同一の時空を占める同一の出来事に与えられる二つの記述であって、〈xすること〉が即座に〈Xする〉ということを概念的に含み込む関係であるといえるだろう。これを《すなわちの関係》と呼ぶこととしよう。目的文におけるMaとMpの関係は、同一の出来事の異なる記述間の概念的・規約的な同一関係を指示する《すなわちの関係》である。

一方、真正の理由文《Rゆえに行為xをした》においては、R（脅された）は行為x（奇声を発した）に先行する出来事E（Bの脅し）、もしくは出来事の体験（Bの脅しの体験）であり、(6) Eと行為xは概念的に独立した出来事どうしの関係、しかもEがなければxがなかったであろうことが推論されうる関係、つまり因果関係であるといえる。理由文におけるMaとMpの関係は、異なる出来事間の惹起関係を示唆する《ゆえにの関係》で

ある。(7)

目的文による行為記述は、行為者の持つ意図・欲求といった志向的状態に言及することから、しばしば行為の「合理的説明」もしくは「目的論的説明」などと呼ばれ、また理由文による行為記述は、原因たる先行する他の出来事と結果たる行為の関係に言及することから「因果的説明」などと呼ばれているが、この区別を絶対化することも、また折衷（止揚？）することも、ともに有益なこととはいえない。むしろ、ある特定行為を説明するさいのアスペクト・関心の相違として捉えるのがいいだろう。私たちが「彼女は何のためにそれをしたのか」という関心のもとに記述に望んだとき、記述は目的動機を内包したものとなろうし、「彼がそれをした理由は何か」という問いをもって記述するならそれは理由動機を含んだものとなる（Peters 1958:9）。つまり、理由動機／目的動機の区別は、行為自体の性格（nature）、あるいは行為者の投企・意図によってのみ定められるものではなくて、行為の記述者の関心と行為者の関心の折衝（相互解釈）のなかから折り合いをつけられていくものなのである（Schutz 1973=1983:170－171）。

では、行為の責任の所在を問いあう帰責コミュニケーションにおいて、この理由動機／目的動機はどのような位置価を与えられ、またどういった場面で目的文《すなわちの関係》あるいは理由文《ゆえにの関係》(8)を用いた記述が求められるのであろうか。次節以降では、シュッツ自身の関心の外にあったと思われるこうした論題に取り組むこととする。

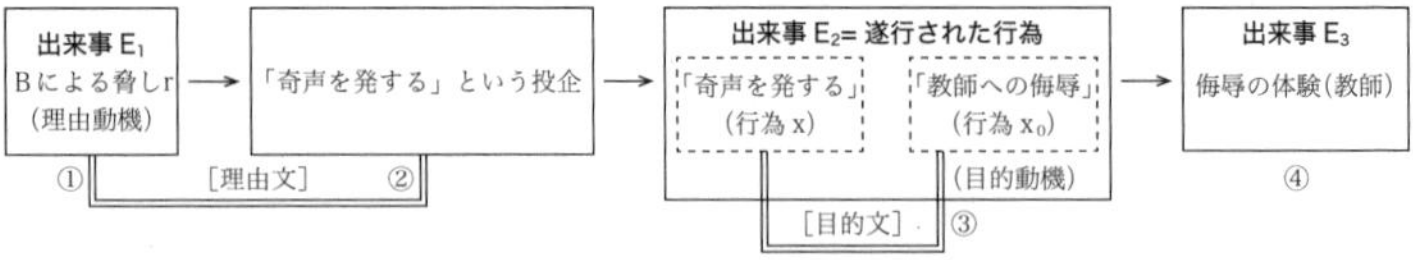

図5－2　（→は《ゆえにの関係》，……は《すなわちの関係》）

(3)　行為の責任と行為者性

行為を記述するとき、目的動機に言及する場合と理由動機に言及する場合とでは、採りあげられている出来事の関係や、責任の性格（行為の責任か／行為者の責任か）が異なっている。このことをまず確認しておくこととしよう。図５－２を見ていただきたい。

図５－２において、時間的系列の関係（行為理論）としては①②③④の順になっていることは比較的分かりやすいと思うが、行為解釈の過程としては逆に④③②①の順となることに注意を促したい。つまり、行為記述者＝教師は、①まずみずからが侮辱を受けたという出来事E_3の体験④から出発して、②その体験の「原因」となる出来事E_2に定位し、③行為者Aの目的動機に遡及したうえで、行為記述［２］を導き出しているのである。ここで重要なことは、行為の帰責記述のアスペクトにおいては、当該行為（＝出来事E_2）の結果たる出来事E_3から、遡及的に行為の単位性が画定されていくということである。

行為は、行為者の意図から始まるのかもしれない。しかし行為解釈（記述）は、自明な世界の状態から《行為の「結果」である出来事》をことさらに採りあげることから始まる。[9] したがって、解釈の理論的順序としては、④→③という目的動機措定の作業が③→①という理由動機措定に先立つといえるだろう。以上の点を踏まえたうえで、目的文／理由文構成において問題とされる「責任」や「因果関係」についてそれぞれ見ていくこととする。

まず、目的文の作成という文脈において、問われていることは《行為とその結果の関係》であり、《行為の責任（responsibility of an action）》である。解釈者は、行為の「結果」として認知しうるような出来事E_3（侮辱された）を体験し、そこから遡及的にE_3の「原因」である出来事E_2（侮辱する＝奇声を発する）を措定する。そのうえで、行為者にある目的動機を帰属させることにより行為を個別化する。ここでは、E_3をもたらす意図が行為者自身にあったかどうか、ようするに《行為者と行為の結果の関係》はさしあたり関係がない。目的文は、《E_3が起こったこと》を関心の焦点とする解釈者によって、単位化された行為x＝出来事E_2を「原因」とする形で記述されるのであり、そこでは《行為者と行為の関連は《ゆえにの関係》、《すなわちの関係》における責任（行為者責任）ではなく、《行為とその結果の関係》における責任（行為責任）が問題化されているのだといえるだろう。

では、行為解釈の文脈で、理由動機が問われるのはどのような場合であろうか。

図5－2から分かるように、理由文［3］が言及しているのは、出来事E_2に因果的に先行する出来事E_1と投企そのもの（もしくは出来事E_1とE_2）の間にある《ゆえにの関係》である。この場面では、E_2とE_3の因果関係および行為者の投企つまり目的文において言及される事柄――はすでに解釈者には知られており、目的動機の帰属において同定された行為xを「結果」とするような「原因」たる出来事E_1が問われている。つまり、理由文は、《行為x＝E_2が起こったこと》を関心の中心とする解釈者（行為者）によって、単位化された行為xを「結果」とする形で記述されるのであり、そこでは、行為者の

意図（投企）が自律的に構成されたものか／他律的なものであるか、すなわち《行為者と行為の関係》における行為者責任（responsibility for doing an act）が問われているのである。

非常に粗雑なまとめ方をするならば、目的文による行為解釈は《行為とその結果》とのかかわりに関心を寄せて、行為の帰責性を問うものであるのに対して、理由文による行為解釈は《行為者と行為》とのかかわりに照準を当てて、行為者が当該行為の「所有者」であるかどうかを問題化するものであるといえるだろう。(10) 時折みられるシュッツ理論に対する「目的論」とのレッテルとは違って、(11) 彼の動機理論は、行為の単位性を、行為者の志向性（信念・目的・意図）において（のみ）定義づけるものではなく、行為とそれに先行／後続する出来事との（因果）関係の帰属から捉えるものなのである。

ここまで私たちは、行為解釈者が提示する目的文／理由文の構造を分析することにより、行為の責任（何をしたか）と行為者責任（その人の行為であるか）の概念的差異を確認してきたわけだが、こうした行為記述自体の妥当性はどのように捉えられるであろうか。この問題を考えるためには、記述者による行為記述＝責任への言及に対する、行為者による《抗弁 refutation》がどのようになされるかを考察しなくてはならない。《抗弁》とはまさしく、コミュニケーションにおいてなされる「帰責行為」自体の適切性および責任を問うメタレベルでの再帰的契機に他ならないからである。

ここでドナルド・デイヴィッドソンが提示した「コーヒーの三つのこぼし方」をめぐる議論は私たちの役に立つと思われる（Davidson 1980＝1990：chap3）。

（1）私がコーヒーをこぼそうとしてコーヒーをこぼした場合、（2）私がそれをお茶だと思ってコーヒーをこぼした場合、（3）あなた（＝A氏）が私の手をゆすった場合、のいずれにおいても《「4」

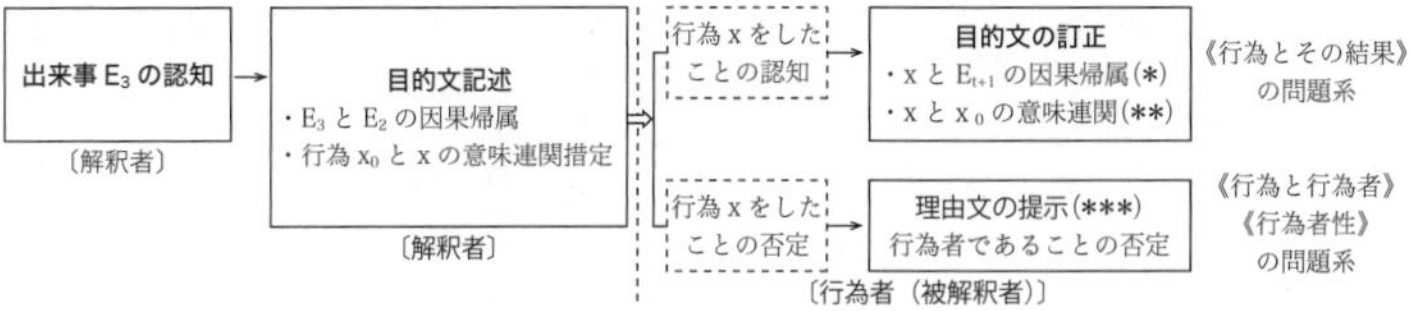

図5-3

「私」がコーヒーをこぼした》という行為記述自体は適切なものとなるだろう。デイヴィッドソンによれば「第一の場合、私はそれを意図的に行っている。第二の場合には、私はそれを意図的に行っているわけではないけれども、それは私の行為である（私はお茶だと思っていたのだ）そして第三の場合には、それはまったく以て私の行為ではない（あなたが私の手をゆすったのである）。

まず③の状況が「私」による理由文記述とつながりを持つことは分かりやすい。「私」は［4］を提示する第三者＝行為解釈者Bに対して、「A（＝あなた）」が私の手をゆすったから、私はコーヒーをこぼした」というように、出来事E_1「Aによる手のゆすり」と出来事E_2「私がコーヒーをこぼす」の《ゆえにの関係》を主題化し、そのうえで「私」が行為x「コーヒーをこぼす」の所有者であることを否定するであろう。理由文の提示による《抗弁》は、そもそも自らが当該行為の行為者であるか否かについての問い返しなのであり、かかる《抗弁》の適切性は、E_1とE_2の因果関係の「相当性」によって確認される。「出来事E_1がなければE_2はなかっただろう」ということの客観的可能性の存在が立証されないのであれば、[12]《抗弁》は無為に終わることだろう（図5－3（＊＊＊））。

さて次に（1）（2）の場合を考えるために、解釈者が提示する［4］を《……のために、「私」はコーヒーをこぼした》という目的文による責任帰属、たとえば、《［5］「私」はイタズラするために、コーヒーをこぼした》といったものであるとしよう。

このとき、「私」の意図的行為の記述としては、（1）の場合では適切、（2）の場合ならば不適切であるということになる。だが（2）の場合たしかに、「私」が意図的にコーヒーをこぼしたのでない以上、［5］は意図的行為の記述としては不適切ではあるけれども、だからといって私が何らかの行為を行い、その結果何らかの結果（出来事）をもたらしてしまったこと自体を免責するものではないようにも思われる。私は意図的行為x〈コーヒーをこぼす〉をしたのではないでは私はいったいどのようにして、何の責任を問われるのであろうか。私は［5］に記述されている。行為の所有者ではないと《抗弁》することは許されるであろうか。

ここで、行為者の意図とは一義的には関わりを持たない「行為者性（agency）」という概念が重要な意味を帯びてくる（Davidson 1980＝1990、野矢 1994）。

たしかに、私は意図的にコーヒーをこぼしたわけではないが、少なくとも「意図的にコップの中身をこぼした」とはいいうる。とするならば、解釈者による目的文が［5］のようなものでなく、《［6］「私」はイタズラするために、コップの中身をこぼした》というものであるならば、この記述のもとでは私は意図的行為を行っているといえる。このように、行為者のなすことを意図的であるようにみせるアスペクトのもとで当該行為を記述できる場合、ある人はある行為の行為者である（＝行為者性がある）ということができる。つまり意図的行為と行為の成立要件は異なっているのであって、人は意図せざる行為についても行為者たりうるわけで、このとき、先にみた理由文の再提示による《抗弁》のように「当該行為の行為者ではない」といった形で免責を訴えることはできない。私は意図的行為x〈コーヒーをこぼす〉はしていないが、少なくとも〈コップの中身をこぼす〉という記述の下では意図的に行為したのだから、［6］で言及されている行為の行為者であること（行為者性）は阻却されない。つまり、私は〈コーヒーをこぼす〉〈C氏にいやがらせをする〉という行為Lを遂行してしまったのである（これは《行為の意図せざる結果》ではなく、行為そのものであることに注意）。

したがって、理由文の挙示による《抗弁》が「行為の所有者であること＝行為者性」そのものの阻却を訴えるものであったのに対し、目的文の訂正を求める形での《抗弁》は、自らが何らかの行為を遂行してしまったこと（行為者性）を一応認めたうえで、行為記述の内容の適切性を問うていくものだといえるだろう。

前者の《抗弁》では、「コーヒーをこぼす」出来事に先行する出来事（Aが手をゆする）の存在が責任の阻却事由となるということは既述の通りだが、後者の《抗弁》での阻却事由はどのようなものであろうか。

些か極端な例だが、《［7］会社を潰すために、君はクシャミをした》《［8］授業妨害をするために、君は質問をした》という目的文の形をとる行為記述に対する《抗弁》を考えてみよう。目的文の訂正を求める《抗弁》では何らかの記述のもとで意図的になりうる行為をしたこと、すなわち行為者性は認めるのだから、「クシャミをしたこと」「質問をしたこと」はまずは認められる。

問題はそこから先である。〝お前がクシャミしたせいで会社が潰れた〟などといわれれば、「クシャミ」と「会社の倒産」のあいだに（一般的に言って）因果的関係が見いだされない（《ゆえにの関係》にない）ことをもって、解釈者の非難が「言い掛かり」に過ぎないことを《抗弁》するであろうし、また、授業中に質問をしたのに「授業妨害だ」などといわれた生徒は、「（授業中に）質問する」という行為xと「授業妨害する」という行為Xが一般的に概念的な親近性・関連性を持たない（《すなわちの関係》にない）こともって教師の不条理さを逆に糾弾することだろう（糾弾する正当性を有すると成員によりみなされるであろう）。

すなわち、行為xの遂行を認めたうえでの、目的文《XするためにAはxした（ただしXは行為x＝出来事E、に後続する出来事E_{+1}の原因に対する、目的文の訂正を求める形での《抗弁》は、（1）行為xと出来事E、の因果関係《ゆえにの関係》が一般的常識に照らして成り立たないこと＝解釈者の恣意的な因果帰属であることを示すか（図5－3（*））、あるいは（2）行為xと行為Xの概念的な関連性（《すなわちの関係》）が一般的常識に照らして低いことを示していくか、のいずれかの位相において行われるのである。別の言い方をするならば、この（1）（2）に抵触しないことこそが、目的文による行為記述の適切性を担保するといえるだろう

もちろん（1）（2）二つの位相は密接なつながりを持ってはいるが、（1）の場合は（［7］）、問われているのはすでに起こったとされる出来事問の関係なのだから被解釈者自身もE_{+1}（会社の倒産）の生起を認めているのに対し、（2）の場合（［8］）には被解釈者が、解釈者が記述する出来事E_{+1}（授業妨害）の生起それ自体を認めていない点で異なっている。行為者性を認めたうえでの、目的文訂正を求める《抗弁》は、この二つの位相において自らに帰属された行為（者）責任に異議を唱えていくのである。

ここまでの議論をもとに、日常的コミュニケーションにおける帰責過程をチャート化するならば、図5－3のように表されるだろう。もちろん、解釈者による行為記述という振舞いも、被解釈者による

《抗弁》＝再記述の振舞いも、ともにひとつの再定式化という行為なのだから、つねに他者によるさらなる帰責化に晒される可能性を持っている。したがって、このフローチャートは延々と続いていくわけで、解釈者と被解釈者は互いにその立場を変えながら、つねに・すでに責任を問いあっていくといえるだろう。私の何げないクシャミですら、私の意図とはかかわりなくコミュニケーションという社会的世界において、責任を問われうる社会的行為として認知－主題化される可能性を孕んでいるのである。

(4)《道徳》と帰責状況への準拠と超越

図5－3に示されたようなコミュニケーションにおける帰責過程は、たしかに無限に連鎖していく可能性を孕んでいるのだが[13]、実際のところ私たちは、自らが立ち会っている状況についての知識・信念群＝コンテクストを（「根拠に」ではなく）当てにすることによって、果てない責任のなすり付けあいや言い掛かり合戦を回避しえている。

「授業中デアル」という状況において、「奇声を発する」という行為をしてしまったAは、「授業中は静かにする」「突然大声をあげることは非難の対象となる」……といった状況についての知識・信念を参照するならば、《Aは教師を侮辱した》という行為記述をいったんは受け入れなくてはならない。彼になしうることは、その行為記述を受け入れた上で、理由動機に言及することにより行為者性＝行為に対する所有関係そのものを否定することであろう。また、生徒の鋭い質問を《授業妨害をした》と言うことによって封殺しようとした教師の言動は、「授業中デアル」という状況についての信念群に照らして一般に不適切なのだから、少なくとも、第三者の調停が入る場面では、彼の言動＝行為解釈自体の責任が問われなくてはならないはずだ（非公式権力を想起せよ）。

このように帰責過程が何らかの形で収束するという社会的事態は、先に論じた行為記述の二側面と絡めていうなら、当該状況における（1）「出来事」化されうるものの認知的限定［**因果帰属：《ゆえにの関係》**］、（2）行為の意味的な個別化に関連する信念・知識群の限定［**意味連関：《すなわちの関係》**］、において実現されているといえる。状況S_1「試験中デアル」においてはそもそも出来事として取り沙汰されうる《ケシゴムを拾う》という行為も、状況S_2「授業中デアル」においては出来事として認知されないだろう（1）。また記述「他人のノートを覗く」と記述「不正を働く」は、S_1においては概念的に《すなわちの関係》にあるといえるだろうが、S_2の場合は一般的にそうではない（2）。このように「何が抽出されるべき出来事であるのか」「行為にいかなる意味を与えうるのか」という二つの水準において、私たちはコンテクストに言及することにより、帰責過程の連鎖をどこかで中断しているのだ。とするなら、目的文の提示再提示の過程とは、コンテクストについての相互折衝における行為の位置価（行為とその結果の関係）を問うものであり、また理由文の提示は、解釈者とのコンテクストの共有を認めたうえでの、行為者の行為者性の有無（行為と行為者の関係）を問題化するものだといえる。いずれにしても、状況をめぐる知＝コンテクストが重要な意味を持っているのである。

以上のように考えるならば、行為（者）の責任を問いあうということ自体は、コミュニケーション場面全般に見られる事態なのであって、いわゆる道徳を主題化する局面に限定されるものではないこととなる。責任を問うことが必ずしも道徳の専売特許ではないのだとすれば、社会学はいかにして道徳の社会性を語ることができるのであろうか。

ここでルーマンの《道徳》についての所論が参考になる（Luhmann 1978）。彼によれば、道徳とはカントの定言命法に見られるような当為規則そのもの、あるいはかかる規則と特定の行為の関係を主題とするものではなく、むしろ行為者を、全人格的存在として「尊敬する／軽蔑する」というコードのいずれかの項へと振り分けるプロセスであるという。(14) つまり、特定の出来事に与えられる「よい／悪い」といった述語（プログラム）を用いつつ、「人格として尊敬する／しない」を確定していく、また逆に、「尊敬／軽蔑」の観察から「良い／悪い」を条件づけする「規則」を問い返していくプロセス自体が道徳コミュニケーションである。このときに問題となるのは、当該行為の準拠するシステム（状況）ではなく、定義的に「状況を超越する」とされる全体的人格そのものとなる。

こうしたルーマンの道徳概念を私たちの文脈に引き戻してみることとしよう。私たちは、目的動機に言及する行為記述を、《行為とその結果の関係》に関心を向け、世界（＝出来事の連鎖）における行為の位置価を測定するものとして、また理由動機に言及する記述を、《行為者と行為の関係》に関心を向け行為者性の有無を語るものとして理解してきた。この用語系でいうならば、道徳的責任を云々する記述は、状況横断的な全人格性を「尊敬するか／しないか」という関心のもとに、《行為者と行為の結果の関係》を問うもの、すなわち、目的動機と理由動機の論理的位相の境界線を逸脱するものということができる。先述の例にそくして解説しよう。

ルーマンが定式化した意味での道徳的帰責においては、ある行為X（侮辱した）の究極的原因がその行為者の状況横断的な人格性であるとされる。目的文《Aは、教師を侮辱するために、奇声を発した》

では、行為xは（1）後続する出来事E_{t+1}（教師が侮辱された）との因果関係、（2）行為x（奇声を発した）との概念的関連性について、《抗弁》される可能性を持っているし、理由文《Aは、Bに脅されたために、奇声を発した》は、行為の原因である先行する出来事を持ち出すことによって、行為者性の否定をもって《抗弁》するものであった。ここで問われる因果関係は、《行為x（＝出来事E_t）とE_{t+1}》もしくは《出来事E_{t-1}、とE_t》のいずれかである。

ところで、件の道徳的帰責においては、出来事E_{t-1}を特定の時空領域を占める出来事としてではなく、行為者の人格性、あるいは自律的な自由意志として捉えたうえで、《出来事E_{t-1}（＝人格性）と出来事E_{t+1}》の因果的な関係が問われることとなる。ここではもちろん、人格性は（定義上）状況超越的なのであるとされるために、状況に訴える免責はありえない。「そんなつもりはなかった」「B君に脅されてやった」といったAによる《抗弁》は、教師が「そもそもAはそんなヤツだから……」と宣うような場面ではいかにも無力であろう。Aは当該行為についてではなく、「そんなヤツ」という人格性そのものに対する相手の信念を変更させるために、自らの人格性を証拠だてる新たな「資料」を提示しなくてはならないのである。ようするに、尊敬をめぐる道徳コミュニケーションにおいては、行為がコンテクストを通してその責任が問われるのではなく、人格性が行為を通して（行為を一つの資料として）判断される訳で、その意味できわめて特異な帰責化のコミュニケーションであるといえるのである。

《行為とその結果の関係》を問う目的動機措定、《行為者と行為の所有関係》を問う理由動機措定この動機措定の形式は、《行為者の自由意志と行為（結果）の関係》を先鋭的に主題化する道徳においては（Luhmann 1978:81）、いわばある振れを醸し出すこととなる。道徳コミュニケーションの場面にあっては、ある個別的行為の動機（目的動機・理由動機）が問われるのではなく、個別的行為を一つの契機として、個別的状況を越えて措定される人格性行為者が把持する個別的な信念を統括するとされる何ものかが、行為の動因（cause）＝動機（motive）として措定される。通常の帰責過程では、行為を単位化─個別化するために言及される動機が、道徳においては、逆に個別化された行為を脱個別化（超越化）してしまうのである。

以上のように捉えられる道徳は、状況横断的に「人格性」を問いあうコミュニケーションであるという点において、状況に関与する知識・信念を行為状況ごとに自律・分化していく近代社会のなかで、きわめて両義的な位置を獲得することとなる。

まず《道徳》は、法・経済・教育・科学……といったかたちで状況（システム）が自律化されていく機能的分化を遂げた社会においては、その機能を縮小していかざるをえない。つまり、超状況的な人格性を問うという姿勢は、状況に関与する情報領域が自律‐分化する社会においては、副次的なものとなっていくだろう。法的決定において裁判官の「悪意」を読みとることは少なからず見られるものではあるが、ある程度成熟した実定法の段階では、そうした試み自体が直接法システム内部で処理される「法的決定の妥当性」や「法の妥当性」といった事由を揺るがすことは、ない。「悪意」の訴えが何らかの手続きを通し、法システム内部の出来事として処理されてはじめて、その訴えは「法的決定の妥当性」という議題と突き合わせられる。人格性をとり沙汰し、行為の個別性、その行為が置かれた状況を無為化する《道徳》の働きは、近代という社会においてきわめて限られたものとならざるをえない（し、そのことを悲観する理由もない）のである。

しかし一方で《道徳》は、状況を超越するというその性格ゆえに、状況内で処理される諸々の行為の帰責化に対して、ある独特の批判性を獲得することともなる。法/政治システムにおける正当な手続きに従った決定や、経済システムにおける不当でない支払い行為、科学システムにおける合理的になされた真/偽の判定こうしたそのシステム内では適切な行為であり、ことさらに出来事化され帰責性が問われることのない行為すらもが「統制されざる道徳の繁茂 uncontrolled moral flowering (Luhmann1994:35)」のなかでは問題化されうるのである。かつて「新しい社会運動」と呼ばれた様々な社会的な訴えかけ=責任追及は、そうした「自明性の問題化」を指向した言説の運動として捉えることができるだろう。関連情報が整序された状況においてはそもそも出来事として認知されることのないある出来事(行為)を、《状況内の事象なのだ》として問いかけていく契機、これこそが、現代社会における《道徳》の持つ批判的契機なのである(中野 1993:233-7)。

もちろん、《道徳》の批判的契機は、ある出来事を〝有意味的出来事である〟として認知させた後には《行為の原因としての全人格性》という想定に固執し続けるわけにはいかないだろう。道徳はもはや絶対化されえない(Luhmann 1989:385)。

近代社会における道徳は、システム分化した世界においてあくまで副次的な帰責メカニズムでありつつも、「〝政治的なるもの〟」を出来事化するいわば索出的(heuristic)な機能を付加された両義的な「閉じられているがゆえに開かれている」存在なのである(馬場 1992)。

(5) おわりに

本章では、「責任」を問いあうコミュニケーションの社会理論を模索すべく、シュッツの動機理論を足掛かりとして、「責任」が、(1) 行為とその結果の関係［目的動機］(2) 行為者と行為の関係［理由動機］(3) 行為者の人格性と行為（結果）［道徳］といった様々な位相において問われうる重層的な理念であることを確認し、最終的には、現代社会における状況準拠的な帰責過程（(1)(2)）と状況横断的な道徳コミュニケーション（(3)）の複相的な絡みあいを概観してきた。行為記述が《つねに・すでに》行為（者）の責任に言及するものであってみれば、行為（記述）の理論は単なる社会科学方法論の枠組みに収まるものではありえまい。

方法論としてではなく、社会理論そのものとして捉えられたこうした行為論はさらに、実定法における責任概念と道徳規範との関係（あるいは断絶）を法社会学的に見極めていく出発点ともなるだろう。その課題は以後の宿題としたい。

註

(1) 行為の同定が同時に帰責の過程でもあるという本稿の議論は、「記述の論（倫）理」に関して精緻な分析を展開しているCoulter (1979) などのエスノメソドロジストにも共有されている。しかし、後期ウィトゲンシュタインに依拠しつつ行為の因果説に死刑宣告を与えてしまう彼の指向は、ある意味で因果説を擁護する本稿の立場とは相いれない。北田（1997）も参照。

（2）現代英米哲学の意味論・行為論と、古典的な社会科学的行為論の接点を模索する作業は、とりわけハート以降の理論法学の分野において精力的に進められている（小林 1983）。

（3）Giddens（1976＝1987：108）は、このアコーディオン効果の議論が社会学理論にとって無用であると論じている。彼は「明かりをつける」人が「空巣に警戒させる」行為の行為者であることに否定的であり、行為者性という概念を介してそれを認める本章と見解を違えている。

（4）「なぜ」に対する回答（行為の動機）が、行為者の意図・信念・欲求といった志向的状態のみならず、時空領域を占める出来事や社会的規則ですらありうる多義的なものであることは、分析哲学系の行為理論にあって一大トピックであり続けてきた。本章の目的は、シュッツの所論をそうした英米系行為論の論脈から、動機理論という論題に限定して捉え返していくことにある。森（1995）の大著によって本格化し始めたシュッツ理論の全体像を掘り起こしていく作業の重要性は疑うべくもないが、ここではシュッツが展開した他の論点をとりあえず留保して、動機論のロジックを、現象学的語彙を排しつつ検討していくこととしたい。

（5）仮性の理由動機に触れる「彼は金が必要だったので、強盗をした」という文は、「借金返済のために、強盗をした」というように新しい情報を加えた（投企の幅を広げた）うえで目的文に変換しうるが、真性の理由動機に言及する「彼は脅されたので、強盗をした」は目的文になりえない。私の解釈では、仮性の理由動機においては〝……という欲求（ゆえに）〟〝……という意図（ゆえに）〟というように、行為者の心的状態を指し示す出来事記述がなされる一方で、真性の理由動機にはそうした志向的状態への指示がない点で両者は区別される。これは、行為の動機洞定の場面において志向的／非志向的言語が日常的に差異化されていることを示しており、行為論の文脈で心身問題を扱っていくさいには重要な論点となりうる。その意味で、理由動機／目的動機ｉの区分に対する浜井（1982：303）の否定的態度には首肯しかねる。

（6）シュッツにとって理由動機におけるMaが、出来事（Bによる脅し）なのか出来事の体験（脅された体験（を意味するのかは明確ではない。『意味構成』二章一八節などでは出来事の体験として定義的には明示されているのだが、彼の持ち出す事例からは投企形成に先行する出来事そのものとも解釈できる。本章では基本的に行為に先行し因果的な関係を持つ出来事として解する。なおこの論点については廣松（1991:66）も論及している。

（7）《すなわちの関係》と《ゆえにの関係》の区別は、廣松（1992:283）のいう価値性連関／事実性連関の区分に相当する。ただし両者の差異は記述者の関心に相対的であることに注意されたい。たとえば《①部屋を暖めるために、ストーブをつけた》という目的文と《②ストーブをつけたので、部屋が暖まった》という記述を比較してみよう。①は、二つの意図的行為に関する、意味的に含意関係にある二つの記述間の関係を示したものであり、世界に生起した出来事は一つであるといえる（つまり、①が真であるためには「部屋が暖まる」という別個の出来事の生起は必要ない）が、②は「ストーブをつける」「部屋が暖まる」という二つの出来事間の関係を指し示している。《ゆえにの関係》が成り立つのは、H「ストーブをつける」と「部屋が暖まる」という出来事の問においてであって、Hと「部屋を暖める」という二つの行為記述の間ではない（したがって、①は一見《ゆえにの関係》を扱っているようにもみえるが、あくまで同一の出来事に対して与えられる二つの行為記述問の《すなわちの関係》を扱ったものといわねばならない）。こうした出来事／行為／記述の錯綜した関係についてはデイヴィッドソン（1980:Chap.11）も示唆するように、カントの「自然／自由因果性」論へと立ち戻らねばならないだろう（新田 1993）。

（8）シュッツによる「責任」概念についての論及はSchutz（1964）にあるが、それは自らの動機概念との連関から展開されたものではない。

（9）現象学サイドからの批判を待つまでもなく（Gadamer [1972:177]）、自身が明言しているように、シュッツの議論はフッサールの超越論的指向を換骨奪胎した「中途半端」な現象学である（吉澤 1985:51; Collin 1997:111）。が、「意識の体験流」といった用語からも分かるよう、その議論は心的状態を実体視（「存在」化）している点で十分「現象学」的であるともいえる。私たちの提案は、コミュニケーションを《行為の連接》としてではなく《行為解釈（観察）の連接》として捉え、シュッツの動機理論を「他者の概念世界を外から見て決定する」hetero-phenomenologyの理論（Dennet 1991）＝行為解釈の理論として考えてみてはどうか、というものだ。そのように考えるならば、行為単位の構成的性格を論じる中期以降のルーマンがシュッツに対する共感を示している理由も理解できるだろう。

（10）注意すべきは、目的文による行為解釈は〝行為者と行為〟の関係を問題化していないわけではなく、行為者が当該行為の所有者であること（行為者性があること）を並提としているということである。だからこそ、後述するように目的文をもって責任を問われた行為者は（1）目的文の訂正、という方策のみならず（2）そもそも自分が行為の所有者であることを否定すること（目的文の前提の否定）によっても、責任の阻却を訴えることができるのだ。

（11）たとえばTurner（1994:134）が、シュッツを「因果的であるよりは目的論的」である今世紀社会理論の系譜に位置付けているように、《解釈的パラダイムの始祖シュルツ》というイメージが（山口 1981、中野 1983:49-）、一部の論者を除いて彼の因果論的スタンスを見落とさせる原因ともなっているようだ。シュッツは、動機と行為の因果性（因果適合性）が意味適合性に下属すると論じたのであって、出来事間の因果性にはむしろ積極的に言及している。

（12）因果帰属に反事実的条件措定が伴うことの認識は『批判的研究』におけるウェーバーの卓見であったが、この議論は欧米圏で近年盛んな《分析哲学からのウェーバー再評価》の潮流の中で論じられてきている。たとえばTurner and Factor（1981）、Ringer（1997）、野本（1997）などを参照。

（13）コンテクストはきわめて曖昧な概念であるが、本章ではSperber and Wilson（1986:15-21）にしたがって、行為解釈者が持つ世界についての想定の部分集合であるとする。状況と知識の関係についてのシュッツの見解については、Schutz and Luckmann（1975）三章を見よ。

（14）ただしルーマンは、カントにおける人格と自由意志を些か無思慮に混同しているように思われる。私見では、カントのいう「自由による因果性」（中島 1984）は、現代的にいうなら〝行為の原因たる意図の自己言及的性格〟(Searle 1983) を指し示している。かかる自己言及性は、行為一般にみられるものであり、《道徳》の特権ではあるまい。

第6章　「自由な人格」の制作方法——ウェーバーによる定言命法の仮言命法化

(1)　問題の所在

マリアンネ・ウェーバーが記しているように（Weber 1926＝1963：72）、マックス・ウェーバーがカントの議論と格闘する中で「意志の自由」の問題を省察していたという事実はよく知られるが、彼自身の自由意志論の照点はむしろ、同時代の論者によって呈示されたロマン派的要素を多分に孕む自由概念批判という文脈に絞られており、カント自身の自由概念への態度はけっして明確なものとはいえない。本章では散見されるウェーバーによるカントへの言及を手掛かりに、(1)両者の①自由概念、②自由概念の相違に由来する人格概念の異同を——学説史的というよりは理論的に——確認し、ウェーバー自由論の社会学的アクチュアリティを測定していく。

(2) ウェーバーの自由論とカントからの「回避」

ウェーバーによる自由意志に関する見解は、一九一〇年以降の「より体系だった言明群（Ringer 1997:122）」以前の、論争的な文脈において書かれた一九〇三‐一〇年のテクストにおいて中心的に提示されている。(2) とりわけカントとの対峙という点では『ロッシャーとクニース』論文が重要な意味を持っているといえようが、この時期のウェーバーの自由論はどのテクストにおいても非常に一貫した姿勢に貫かれている。その姿勢を要約するならば、《(*)意志の自由＝非決定性／因果性＝決定性》という対立図式を前提とするロマン主義的認識論に対して、①行為の因果的説明が必ずしも決定論を含意するわけではないこと、②意志の自由の存在は方法論的には前提として機能するものであり分析の原理ではないこと、を示すことにより(*)の図式自体を解体していくものといえる。

まず、ウェーバーが批判の対象とした自由に関する見解は、

《(**)行為者が自由であること＝計算不可能性（Unberechenbarkeit）＝非合理的》

という等式を前提とし、歴史学の対象・方法を限定しようとするマイヤー、シュタムラー、ロッシャー、クニース、シュモーラーらに共通する（トライツュケ、マイネッケ以来の）認識枠組みであった（Ringer 1997:57）。こうした議論は、〝すべてのものに原因があるとするならば、あらゆる行為は宿命

論的に決定されていることとなってしまい、人間行為の特異性が見失われてしまう。それを掬い取ることこそが歴史学の課題である〟といった推論（?）を通して、(*)の対立図式を絶対視することとなる。彼らに対するウェーバーの解釈の成否はひとまず問わないとして、ウェーバーが捉えた限りでのこうした議論の要諦は、現代においても語り口を違えつつ、何らかの形で支持を集めている見解だとひとまずはいえるだろう。

これに対してウェーバーは、「『意志の自由』に関する何らかの概念は、かような非合理性とけっして少しでも関係づけられてはならない。つまり経験的に『自由に』、すなわち考量に基づいて行為する者こそが、目的論的には、客観的な状況の如何によって様々な認識可能な手段を通じて、その目的の実現に結びついているのである（RK: 272）」と述べ、「合理的であること（目的‐手段の図式を用いて行為すること）」と「自由であること」を等置し(**)を否定する。そして、目的（駅へ行く）‐手段（バスに乗る）の関係に関する知識は「人間が与えられた諸状況に対してどのように対応するか、についての知識」、すなわち一種の因果法則的な知識〔バスに乗れば駅へ着く〕であると考えられるから[3]、ウェーバーの自由に関する定義は次のようにパラフレーズすることができる。

［W］行為者の意志が自由であるのは、行為者が、当該行為Hを原因とするような因果的法則Cに則って、Hを遂行する場合、その場合に限る

これは因果的法則に則ることが、行為者が自由であることの条件となっていることを示しているので、

意志の自由と因果被拘束性の対立を前提とする(＊)の否定を伴立（entail）する。つまりウェーバーの議論は、［W］テーゼを新たな「自由意志」の定義として持ち出すことによって、歴史学派が自明視した(＊)(＊＊)の対立図式、したがって、「行為者が因果性にコミットすること（因果論）」を「行為の径行が決定されていること（決定論）」を等置する認識枠組みを無効化する仕組みになっているのである。

このウェーバーの自由論は、それなりに説得的である。たとえば、《［1］Aは、Bを殺した》という記述について、（1）AがBを殺そうとして発砲した場合、（2）AがCに指を操作され、抵抗したにもかかわらずBに発砲してしまった場合、（3）Aが薬物による錯乱状態にあった場合、をそれぞれ考えてみよう。

（1）の場合、Aは「（C）…に向けて発砲したならば、…は死ぬ」という因果的知識に則って、かつ則ったがゆえに、発砲という行為（手段）を遂行したのであるから、［1］（目的）を意図的に＝自由意志に基づいて行ったといえる。一方（2）の場合、Aは（C）の因果的知識を知ってはいたが（だからこそAは抵抗したのだ）、（C）に則って発砲したわけではない。つまり、Aは「Bを殺す」を結果とするような因果的法則に則って行為したわけではないので、［W］に従うならば、「Bを殺す」という行為の遂行に関して自由ではなかったのである。（3）の場合は、Aは行為当時において（C）に則っていたどころか、そもそも（C）を知りうる状況ですらなかったとも考えられ、当然自由ではありえなかったといえる。〈非合理であること＝（C）に則らないこと〉を自由と定義するクニース等の理論によるなら、私たちは（3）の事例に関して行為者の意志の自由を見いだし、（1）についてそれを否定するという奇妙な結論を受け入れなくてはならないし、また（1）（2）の場合を区別できなくなってしまうだろう。

このように考えるとき、「『意志の自由』の『問題』は、合目的的・合理的行為という意味とは何らかの異なった意味で把握されるなら、およそ取り得るすべての形式において、まったく歴史学の営為の彼岸に立つものであり、またそれにとって全然意義をもっていない（RK：273）」といえる。かくてウェーバーにあって、因果性と意志の自由との間にあるとされた絶望的な懸隔は、〈行為の合理性〉という媒介項を経ることによって「解消」されるわけで、まさしく「合理性こそはウェーバー自身にとって自由の場（Löwith 1932=1966：46）」なのだということができるのである。

さて、こうした議論を展開するウェーバーは、カント自身の自由論に対していかなるスタンスをとっていたのだろうか。後述するようにウェーバーは『価値自由』論文において定言命法を検討しカントへの直接的な対決を試みることとなるのだが、少なくとも一九一〇年以前のテクスト、とりわけ『ロッシャー』においては一見外在的とも映る批判、すなわち、

（1）カントの「自由による因果性 Kausalität durch Freiheit」概念は、ヴントやクニースに見受けられるような「形而上学的『文化』・『人格』理論すべての哲学的原型（RK：62 訳 129）」となる危険性があるといった、その理説の発語媒介効果に関する**「配慮的な批判」**、
（2）「理論的・国民経済学の『法則』は、［W］で捉えられた限りでの意志の自由の存在を、「経験的なものの基盤の上で一般に可能なあらゆる語義において、まさしく必然的に前提している（RK：272-3）」のだから、「『意志の自由』は歴史的研究にとってまずまったく超越的なものであり、また研究の原

理としてみれば、全然意味のないものである（RK：279）」という**「学問遂行上の（プラグマティックな）批判」**を提示するにとどまっている。それぞれ概観していくことしよう。

まず（1）の「配慮的批判」について。人間の行為に見受けられ、物理的因果の世界においては存在しない（とされる）「創発的性格」——ようするに先に述べた「非合理性」——を「心的エネルギー増大の法則」といった自然化された概念によって説明しようとするヴント流の心理学は、《私たちの価値判断とは無関係な次元に存在する「因果性の土台」が私たちの価値を規定する》という見解にほかならず[4]、物自体（Ding an sich）の世界と経験世界を二分するカント的二世界論の示唆を受けているとウェーバーは診断する。ようするに、ロッシャーを通してヘーゲルに見いだした「流出論」と同趣の問題性が、「知的人格が倫理的規範に適った行為を媒介として経験的な因果の連鎖のなかへ働きかける（RK：129）」というカントの「自由による因果性」概念についても指摘されているわけである。

しかし注意すべきなのは、ロッシャーのヘーゲルがヘーゲルでありえなかったのと同じく（RK：39）、ヴントのカントはカントそのものではないと慎重に留保されているということだ。つまりヴントの議論に対し「雄大にしてとりわけまたその論理的本質がまったく剝き出しな性格の、カントの思想に比べればきわめて乏質している（RK：130）」とウェーバーは断罪する。

ところがウェーバーは、カント自身の議論に関しては「『自由による因果性』やそれに類似するあらよる構想物の実際上の難点は、おそらくは形而上学的な領域においてならばきっと見いだされることとなろうが、ここでは論じることはできない（RK：130）」と述べ、ヴィンデルバントの『意志の自由について』への参照を指示するに留まっている。つまり、ウェーバーは〝配慮的批判〟の文脈においては、「自由による因果性」に関するカント内在的な批判を徹底して避け、自らが展開する自由論とカントのそれとを直接対照させることを「回避」しているかのように思える。［W］のような自由論をもってカントの議論を「越えた」と述べるのではなく、あえて「回避」するこの姿勢の意味を私たちは後に考察するであろう。

次に（2）の「学問遂行上の（プラグマティックな）批判」であるが、この点についてのウェーバーの論述は、批判対象の照準に関して二義性を孕んでいる。すなわち、「歴史学の営為の彼岸に立つ」とされているのが、クニース等の《非合理的＝自由》論なのか、カントの《形而上学的》自由論なのか、は『クニース』のテクスト内部では判然としないのである。こうした錯綜の解明は精密な文献学的研究に委ねるとして、ここでは、

①「意志の自由の存在が、経験的研究の《前提》となっている」という見解〈《前提》としての「自由」の自明性〉と、

②「『意志の自由』という理念が、研究の主導的《原理》として役立たない」という見解〈《原理》としての「自由」の無効性・有害性〉

をとり出しておきたい。というのも、この《前提》と《原理》の差異こそが、次節で論じるようなウェーバーとカントの自由論を架橋する一つの手掛かりを与えてくれると思われるからである。

ウェーバーの批判は、「人間学的流出論」が、「非合理／偶然的であること」を自由である人間の行為を分析する上での《原理＝規準》としてうち立てること、その《原理》から分析を「演繹的に」進めて

いくことへと向けられる。そうした思考様式は、《原理》自体を経験的世界の彼岸にある真理として措定し、自由意志を人間が内備する特性として実体化するものといえるだろう。それに対して、「理論的・国民経済学の『法則』は…『意志の自由』の存在を、経験的なものの基盤の上で一般に可能なあらゆる語義において、まさしく必然的に前提している（RK：272-3）」といわれるときの《前提としての自由意志》――これは［W］で定式化されたものに他ならない――は、「物件」ならぬ人格をそもそも人格として認知し、理解するさいに、避け難く前提としなくてはならない条件なのであり、いわば認識上の構成的要件なのだといえる。とするならば、［W］は人間に関する何らかの経験的／実在論的主張ではいささかもなく、むしろ、行為する人間を経験的に理解するうえでの非‐経験的前提であると考えられるだろう（だからこそ、［W］はしばしば経験的に行為者によって破られうるのである）。

以上のように考えたとき、ウェーバーにとっての自由意志論とは、〈自由意志とは何か〔《原理》としての自由意志〕〉を問うものではなく、〈行為者が自由意志を持っている・と想定されうる条件〔理解の《前提》としての自由〕〉についての探究であったといえる。この構成主義的な自由観――《原理》ではなく《前提》としての自由意志――は、ウェーバー自身が考えるよりも遥かにカントの超越論的哲学に近接するものといわなくてはならない。

このように見てくると、自由意志という問題系をめぐるウェーバーとカントの関係は、一筋縄ではいかない複雑さを抱え込んでいることが理解できるようになる。つまり――ウェーバーは「配慮的批判」の文脈においていったんカントの「自由による因果性」論への深入りを回避しつつも、「学問実践上の批判」のなかで、前提／原理としての自由意志を区別し、［W］にあるような自らの自由意志概念を行為理解の前提と捉えることによって、意図せずしてカント的構成主義にコミットしてしまっていると考えられるのである。

(3) 実践的自由——二つのアスペクト

以上のように考えるなら、カントとウェーバーの自由意志論を見ていくうえで重要なポイントとなるのは、両者が想定する「前提としての自由意志」の理念が理論的に重なり合うものなのかどうか、すなわち［W］のような定式化がカントの議論とどのような関係を持つのかということになる。本節では最初にカントの「超越論的自由」の概念がいかなるものなのかを概観し、それを受けて両者の自由論の差異を確認していくこととしよう。

まずはじめに、ともすればウェーバーの言葉に忠実な（したがって尊敬すべき）研究者が陥りがちな誤解——すなわち、カントが提示した実践的自由（praktische Freiheit）／超越論的自由（transzendentale Freiheit）の区別について、ウェーバーは実践的自由を受け入れ「形而上学的な」超越論論的自由の概念を拒絶したのだという（ウェーバー自身が作り上げた）神話を、[5] ただしておきたい。私見では、ウェーバーの自由概念は、超越論的自由の概念を端的に認めうるものであり、またカントとウェーバーの自由論の違いは、実践的自由についての定式化の相違に他ならない。つまり理論内在的にみるならば、神話とは異なり、ウェーバーの理論は、カントの超越論的自由を受け入れたうえで、実践的自由の理解様式において袂を分かつものなのである。

この事情を見据えていくためにも、カントにおける超越論的／実践的自由の差異を概観しなければならない。とはいえ、カントのテクスト内在的に彼の自由論を追尾するのは、筆者の手に余る作業であるから、さしあたり、シュッツの動機類型を補助線としつつ[(6)]、私なりにパラフレーズして考察を進めていくこととする。

まず、《［1］AはBを殺した》という行為記述に関して、その動機を加味した三つの記述《［2］Aは、Cを喜ばせるために、Bを殺した》《［3］Aは、Cに脅されて、Bを殺した》《［4］Aは、Cに身体を操作されて、Bを殺した》を想定してほしい。シュッツの動機理論によれば、［2］は〈動機づけるものMa＝先行する投企（Cを喜ばせよう）／動機づけられるものMp＝遂行される行為（Bを殺す）〉となる目的動機（Um-zu-Motiv）を含む目的文、［3］［4］は〈Ma＝投企に先行する体験・出来事／Mp＝投企そのもの〉となる（真性の）理由動機（Weil-Motiv）を含む理由文であるということになる。とすれば、［3］［4］の理由文は異なる時空領域を占める出来事間の因果関係を示すのに対し、［2］の目的文は投企＝目的と行為＝手段の関係（したがって、一つの出来事における意味連関）を示すものであるととりあえずはいえるだろう。

廣松（1991：352）はシュッツ研究の論脈において、前者（［3］［4］）を「原因－結果の必然性による因果性」、後者（［2］）を「目的－手段関係の自由による因果性」として区分している。もちろん、そのように両者を区別することはシュッツ解釈の文脈では相応の妥当性を持つであろうが、しかしながらカントの意図するところとは多少異なっているようにも思われる。この点は［3］と［4］との直観的な差異を考察することにより理解されるだろう。

［4］の場合、Aは何らかの形で完全に身体の挙動をCによって操作されたのであり、その意味でいささかなりとも「意図的にBを殺した」のではない。一方［3］の場合、AはいかにCによって脅されていようとも《［5］Bを殺そうとして、Bを殺した》のであり、したがって「Bを殺したくない」という欲求を持っていたにせよ、あくまで「意図的にBを殺した」のである。こうした違いは、私たちの直観にそくして考えたとき、［4］の場面においてAが「私はCに身体を操作されたのでBを殺したが、Bを殺そうとして殺したのではない」と弁明することは自然であるのに対し、［3］の場面でAが「私はCに脅されたのでBを殺したが、Bを殺そうとして殺したのではない」といった弁明を言い張ることは許容されえないことからも看取される（中島 1984）。すなわち、［5］のように手段（＝行為）と目的（＝投企）の記述が同一になるような「自己完結的な目的文」をわり当てることができるか否か・が、［3］と［4］とを区別する――つまり、［1］で記述される出来事が意図的行為であるか否かを区別する――指標になりうるのである。この指標に則って考えるかぎり、区別の境界線は［2］と［3］［4］の間にではなく、［2］［3］と［4］との間に引かれるべきものとなろう。そして私見では、カント的な意味において、行為者の意志が「超越論的」に自由であるとは、この自己言及的な目的動機の帰属が可能である場合のことにほかならない(7)。

ここで気をつけなくてはならないのは、［3］・［4］ともに、先行する出来事と行為との（自然）因果性を記述しているものの（その点で［2］と区別されうる）、行為（者）の責任帰属に関して根本的ともいえる相違があるということだ。つまり、［3］の場合、他者に脅されていたという動機形成にまつわる事情があるにせよ、［5］で示されるような「絶対的な自発性」そのものを否定しきることはできず、事情の勘案によって責任は軽減されうるであろうが、「阻却」はされえない。一方、［4］の場合はそもそも責任を問うことができない。CがAの指をつかんで発砲したとき、私たちはもはやそれをAの行為であるとはいわないだろう（それはCの行為である）。

以上のように考えるなら、カントが「超越論的自由」を「ただ単に、行為の帰責可能性の本来的根拠として、行為の絶対的自発性の内容をなすに過ぎない（Kant1787=1961：129）」ものとして規定した理由が理解されるはずである。超越論的自由とは、そもそも世界内のある出来事を、人間による帰責可能な「行為」であると見なしうる非経験的な——しかしながら《つねに・すでに》用いられている——《前提》であって、その意味で「単なる理性の理念なのであり、その客観的な実在性そのものは不確実な（Kant1785=1960:161-2)」ものなのである。

こう考えると、ウェーバーのカント自由論に対する位置は微妙なものとなってくる。すなわち、（1）たしかにカントの超越論的自由の概念は、自然（出来事間）因果性と、意志が原因となる（絶対的自発性に基づく）自由による因果性とを区別する根拠を与えるものであるが、それはあくまで認識する人間側の《前提》なのであり、それに「客観的実在性」を見てとる「人間学的流出論」とはまったく異なっていること、そして（2）「理解」を可能にする《前提》としての自由という構成主義的視座においては、ウェーバーもこれを認めざるをえないように思われること——この二点において、前節でのウェーバーによる「配慮的な批判」はカントに外在的なもの（あるいは「自己誤認」）であり、また超越論的自由についてウェーバーが否定的態度をとる論理的根拠はない（だからこそ彼はヴィンデルバントに論証を託し、自ら黙した）こと、が理解されるように思われる。私の考えるところでは、カント自由論に対するウェーバーの種差が明らかとなるのは、超越論的自由に関する論脈ではなく、それを前提として展開される実践的自由の定式化の場面においてである。

先に提示した［5］のような自己完結的な目的動機文の帰属可能性によって、私たちは行為者が超越論的に自由であるか否かを判断しうる、したがって、［2］［3］のケースと［4］のケースを分別することができたわけだが、今度は、シュッツ‐廣松の議論では区別できていた［2］と［3］の差異を見ることができなくなってしまう。この差異を見据える指標を与えてくれるのがおそらく、「選択意志（Willkür）が感性的衝動による強制から独立していること（Kant1787＝1961：207）」を指し示す「実践的自由」の概念であろう。ここで、議論を分かりやすくするため、先の［2］〜［4］とは異なり一般に「善行」とされる《AがBを助ける》という場面について、《［6］Aは、Cを喜ばせるために、Bを助けた》《［7］Aは、端的に善意から、Bを助けた》《［8］Aは、Cに身体を操作されて、Bを助けた》という三つの記述を考えてみることとしよう。

まず［8］にあっては、Aの振舞いに対し《［9］Bを助けようとして、Bを助けた》ということができないので、行為者Aは超越論的に自由であったとはいえず、当然実践的にも自由であるとはいえない（ようするに、［4］がAの「行為」でありえなかったのと同じ意味で「行為」ではない）。ウェーバーとカントの（実践的）自由が袂を分かつのは、［6］と［7］の場面に自由の意味づけを与える局面においてである。

先に検討したようにウェーバーの自由概念を［W］の定式において捉えるなら、［6］は、「Cを喜ばせる」ことを目的、「Bを助ける」ことを手段として、「（C2）Bを助けるならば、Cは喜ぶであろう

（pならばq）［「q」の実現を望むなら、pするだろう］」という因果的法則（＝正当化された主観的格率）に則ってなされた合理的行為であると考えられるから、Aは自由であるということになる。しかしながら、カントにあっては、［6］の場合を実践的な意味で自由であると認めることは到底できない。というのも、［6］では、「Bを助ける」という行為は「Cを喜ばせよう」という欲求、すなわちそれ自体理性的な根拠を欠く「感性的衝動」によって動機づけられており、また（C2）の法則も「Bを助けること」と「Cが喜ぶこと」という二つの異なる時空領域を占める出来事間の自然因果性に過ぎず、ようするに叡知界に属する「自由による因果性」がここで働いているとはいえないからだ。

この地点においてカントは、実践的に自由な行為者が則るべき法則を、（C2）のごとく《pならばq》というような仮言命法に変換しうるようなものでなく、問題となっている行為以外の出来事について言及する条件節を排して《端的にpせよ》という形をとるもの——つまり定言命法——に限定する。かくして、カントのいう実践的自由は、［W］との対比で、次のようにパラフレーズすることができるだろう。

［K］行為者の意志が自由であるのは、行為者が、普遍化可能な主観的格率（**＝定言命法＝道徳的法則**）に則って行為した場合、その場合に限る

［6］のケースにおいてもたしかに、Aの遂行した行為は「困難な状況にある人は助けるべきだ」という道徳的法則に適っているが、その法則に基づいて（その法則ゆえに）なされたものではない。カン

ト的観点からするなら、［7］のように自然因果性の作用を受けない道徳的法則に基づいてなされた行為のみが、実践的に自由であるといえるのである。［W］によれば自由であるとされた［6］は、［K］によるなら、「自然による因果」に属する感性に強制されたものなので、「実践的な意味において自由な行為」とはいえない行為なのである。このように、**ウェーバーとカントの「自由意志論」は実践的自由の論脈にいたって著しい相違を見せることとなる。**その最大の違いは、細かな論点を除けば、自由な行為者が則るべき法則がカントの場合《端的にpせよ》といった形式の定言命法であるのに対し、ウェーバーにあっては《pならばq》という形をとり、〝p＝原因／q＝結果〟を示す（自然）因果関係にも読みかえられる仮言的命題である、という点に求められるだろう。

以上のような検討から、理論的観点からすれば、ウェーバーがカントの超越論的自由を「形而上学的である」として排しつつ実践的自由の概念を採用したという神話には根拠がなく、むしろ両者の自由概念の差異は実践的自由の定式のあり方に求められなくてはならない、という本論の立場が確認されたことと思う。次節では、この差異が両者の人格概念の違いにも影を落としていることを見ていくこととしたい。

(4)　実践的自由の定式化と人格概念

合理性なるものを「複数の行為をある準拠点に関係づけるその関係づけのこと（佐藤 1993：49）」と捉えるならば、［W］［K］は準拠点＝法則に則って行為することを自由の要件としている点で、いずれも〈合理的行為＝自由意志に基づく行為〉という主張であるといえる。前節で述べたように、問題は、その準拠点の捉え方の違い（仮言的命題／定言命法）であった。この違いの意味について考えるために、私たちは『価値自由』論文におけるウェーバーによる定言命法批判を概観しなくてはならない。

『価値自由』におけるウェーバーによるカントへの距離のとり方を考察するさいに注目すべきは、①［K］に現れる法則（定言命法）に対する批判、②［W］［K］それぞれでの行為者による法則への「従い方 the way of following」――「意識性（ウェーバー）」と「理性の事実（カント）」――の相違、という絡み合った二つの論点である。順次見ていくこととしよう。

定言命法に対するウェーバーの批判は、それが「形式的であり、具体的行為の指示をなしえないから」という点にではなく、むしろ「定言命法が、ある具体的行為を道徳性の範疇から排除し、特定の価値観に実はコミットしてしまっている」という点に向けられている。ここでウェーバーは「両者の関係が単なる情熱にすぎない（＝互いに単なる手段 Mittel にすぎない）」ような性愛関係（erotische Beziehung）を禁じる強制力を、定言命法がもちうるかを問いかけている。カント倫理学の基本方針にしたがうならば《単なる情熱ゆえに、Xを愛する》という行為は、自然因果性に属する「感性の衝動」「傾向性」に規定されており、また《Xを愛するならば、情熱を満たすであろう（p→q）》［事態「q」の実現は、pという行為によってなされるだろう］という仮言命題の形をとる法則に則ってなされたものであるから、［K］の意味においてはまったく自由とはいえないこととなろう。

しかしウェーバーによるならば、「単なる情熱にすぎない（nur eine Liedenschaft）」と述定されるような行為ですら、ある特定の立場（Standpunkt）――たとえば、情熱を持つこと自体の価値を〝掛け値なし〟に肯定したり、あるいは拒絶したりする立場——からは、「生の内的にもっとも真正なものや本来的なものの冒涜として主張されることがありうる（SW：38）」のであり、「一つの価値」となりうる（つまり当人にとって「定言命法」的に立ち現れてくる）のである。とするならば、定言命法の議論は、こうした可能な価値の複数性をあらかじめ排除するものであると同時に、多様な価値の間の「倫理的に不整合な対立に対する決定」の問題を解決してくれるようなものではない（カントが想定したほどに強制的ではない（Runciman 1972＝1978：69））ことが理解される。ジル・ドゥルーズやジャック・ラカンが見てとったように、カント的に「互いを手段とすること」がアプリオリかつ必然的に善くないという価値が認められるのならば、サド的にそれを「アプリオリに善い」とする逆立ちした価値も認められねばならないだろう。

以上のウェーバーの定言命法批判を私たちなりにパラフレーズするならば、次のようにいうことができる。すなわち——非歴史的・汎文化的に妥当し、一切の条件節をともなわない《p（すべし）》というカント的道徳法則は存在せず、一見定言的に見える言明も実は、(a)行為者の内属する文化における価値体系S、(b)行為者の欲求する出来事の記述（「駅へ行く」）と、記述の上で重なり合う条件節（「駅へ行く事態を欲求するならば」）を、不可避にともなっているのだ、と。

したがって、自由な行為者がしたがう法則は本質的に、《Sならば〝pならばq〟（S↓（p↓q））》（この場合、行為者が自由である要件は次のようになる：出来事「q」の実現を欲する場合、《S↓（p↓q）》に則って、pする行為者）という「二重の仮言性」を持っているのであり、《p》という定言命法は「Sならば」「出来事『q』の実現を欲するならば」という文脈依存性が当該社会において自明視され、いわば「物象化」されたものといえる。このようにウェーバーの議論を解釈することが許されるとすれば、それはミードによるカント論の影響を受けたマッカーシ（McCarthy 1984）やハーバーマス（Habermas 1981）などに共有される《定言命法の社会構築主義的解釈》と同趣のものと考えることができるだろう（加藤 1994）。

さて、カント流の定言命法は、理性的存在者であればその妥当性を普遍的に承認しうるものであり、それ自体経験的な妥当性を問われるものではなかった（し、経験によって検証されるようなものであってはならなかった）が、ウェーバーの因果的法則《p→q》は、それ自体で妥当性を持つものではなく、「Sならば」「出来事『q』の実現を欲するならば」という条件的文脈を顧慮しつつその経験的妥当性が担保されなくてはならない。カントにおいて理性が果たした「主観的格率」と「客観的格率＝法則」とを結ぶ架橋の役割は、ウェーバーの場合、経験的な査証に委ねられなくてはならないのである。こうした事情が、「行為者の法則への従い方＝法則に対する行為者の態度」に関する両者の違いとなって現れてくる。

ここで、たとえば嘘をつく理性的存在者について考えてみよう（Kant 1787＝1911：225-6＝1961：225-6）。カント的視座からすれば、嘘をつくという、定言命法《嘘をついてはならない（p）》に反する行為を行う行為者ですら、行為遂行にさいして「嘘をつくことは善いか否か」という道徳的判断を行ってしまっているといえる。仮に「嘘をつくことは善い」とする格率を持つ存在者といえども、かかる判断を顧慮した（しうる）可能性を否定できないのであり、ようするに、自らの行為の道徳性への関心を示す行為者であれば（たとえ嘘をついたことを自己正当化しようとする人であっても）、道徳的法則に則って行為する可能性を否定しきることはできないのである（その意味でアナーキストも理性的存在者だといえる）。このように、行為時点での法則に対する意識（対象化）の有無にかかわらず、具体的行為を行うさいに行為者が《つねに・すでに》道徳的判断を〝事実上〟下してしまっている、というような理性的存在者における道徳法則のあり方を、カントは「理性の事実（Faktum der Vernunft）」と呼んだ（Kant 1788:31＝1979:74）[(8)]。一切の付帯条件をともなわない定言命法《p》は、行為者が諸条件を考慮しつつ意識的に選択するようなものではありえないのである。

ところが、先に詳述したウェーバー的観点に立つなら、「《つねに・すでに》従ってしまっている」という状況は、法則が「理性的存在者により普遍的に承認される定言命法」であることによって可能になっている「理性の事実」などではなく、《S↓（p↓q）》という歴史的・文化的に構築された仮言的命題（社会的規範）を、《pすべし》と「物象化」したうえで、条件節の部分に対する反省的契機——法則の妥当性の経験的吟味——を欠いた態度（没価値的態度）に他ならない。［W］における法則は《p↓q》の形式をとるものであったから、端的に《p》に従っている行為者の意志は自由であるとはいえないこととなろう。したがって、いやしくも行為者が自由であるとするならば、一見《p》と映る定言命法に関しても、その条件節への反省（妥当性の経験的吟味）をなし、それが実は《S↓（p↓q）》であることを見てとったうえで、その法則を（他の可能性をも顧慮しつつ）自らの格率として引き受ける「決定」をしなくてはならない。つまり、ウェーバー流の自由意志論においては、行為者が法則に則るさい、当該法則の経験的世界における妥当性に対して「意識性」をもって臨むことが不可欠の要件となるわけである。この意識性の高／低によって、かの責任倫理・目的合理的行為／心情倫理・価値合理的行為が区別されることとなる。

このように、①法則の性格づけ②法則への従い方の二点において、一見同型にみえる［W］と［K］の間に横たわる懸隔が確認できたことと思う。かかる差異は、当然のことながら、両者の思想の根幹をなしている「人格性 Persönlichkeit」概念の異同にも影響を及ぼすこととなる。ここまでの議論を踏まえたうえで、両者における自由意志を持つ行為者の定式化をおさらいしておくこととしよう。まず［W］によるなら、それは、

［W*］出来事「q」の実現を欲求し、仮言的命題の形式を持つ因果的法則《S↓（p↓q）》の妥当性を意識的に反省しつつ、特定の法則を選択したうえで、それに則って行為する行為者

であり、また［K］によるなら、

［K*］定言命法の形式を持つ道徳的法則《p（すべし）》にもとづいて、それに《つねに・すでに》則って行為する行為者(9)

ということとなろう。さて、［W*］の行為者は、(a)「Sならば」という条件節を前件とする法則的言明に従うことからも分かるように、ある特定の文化・歴史に内在する存在であり、また(b)そのように文化に拘束されている一定の法則の集合＝価値を自らの行為の動機として引き受け、それと「恒常的な関

係」を持ち続ける「恒常的動機の複合体（Komplex konstanter Motive」としての《人格》であるということができる（中野 1983：154）。これこそが、「意識的に世界に対して観点を定め、かつ、これの意味を意味づける能力と意欲とをそなえもった文化人（Kulturmenschen）」であり、「あらゆる文化科学の超越論的な前提（transzendentale Voraussetzung jeder Kulturwissenschaft）」」とされるものにほかならない（OB：93）[10]。ところで、因果法則中のp（手段・原因）とq（目的・結果）は、それぞれ「実際に遂行する行為（バスに乗る）」（p）、「行為の結果としての出来事（学校に到着する）」（q）と読み替えることができるから、［W*］の《人格》は、行為の結果＝出来事に対する自らの行為の責任を捉えうる存在者である。したがってウェーバーにおける人格とは、①一定の文化内において妥当なものとされる経験的法則を自らの格率として引き受けたこと［内的責任］、②その格率に則って特定の出来事（＝行為の結果）をもたらしたこと［外的責任］、の二局面において《責任》を負う／負わされる存在なのだということができよう。

一方［K*］の行為者は、自然因果性に属する出来事から免れる道徳法則に《つねに・すでに》従ってしまっており、したがってまた、《つねに・すでに》「その行為に対し、責任を帰属することができる主体」、すなわち、《人格》である。この人格は、「結果としての責任と原因としての自由意志との間に成立する（中島 1984：428）」自由による因果性にコミットする存在であり、自然因果性に属する事象―「結果としての行為」や「原因としての動機」など―と直接関係を持つものではない。こうしたカント倫理学の思考は、「人殺しから逃げる友人をかくまっているときに、かの人殺しに対して『友人はいない』と嘘をつくことが許されるか」という問いに対し〝No〟を突き付ける《冷徹な即事性

(SW: 36)》へとつながっていく。つまり、物理的出来事に他ならない結果としての出来事（友人の死等）への顧慮を行為の指針にすることは、行為を自然因果性に基づかせることである以上、「嘘をつく／つかない」という行為の結果いかなる出来事が生起しようとも、人は「嘘をついてはならない」という定言命法に（経験上、従っているか否かにかかわらず）従うべきなのである。自由による因果性は、（1）自由意志＝原因と、（2）「嘘をつく（悪）か、つかない（善）」ということで示される道徳的責任＝結果の間に成り立つ関係であるのだから、人格が自然因果性に支配された「単なる傾向性の戯れ」と化さないためには、厳密に「結果としての出来事」を付随化しなくてはならない。「衝動から嘘をつく」ことも「友人の助命のため嘘をつくこと」のいずれも、カントにあっては、行為が自然因果性に服従したという点においてまったく等しく否定的に扱われるのである。

経験的法則《p→q》を意識的に選択したうえで、行為（原因）の結果たる出来事の生起（それは必ずしも出来事「q」の実現をもたらす訳ではない）に責任を持つのが、ウェーバー的意味での人格であるとするならば、カントのいう人格とは、結果の如何にかかわらず端的に道徳法則《p》に従う／従わないことによって《つねに・すでに》道徳的責任を負ってしまう主体である。そして本節で見てきたように、ウェーバー的視座からするならば、カントのいう人格とは、定言命法が「本来的に」有する《二重の仮言性》、すなわち「Sならば」「出来事『q』の実現を欲するならば」の条件節で示される歴史的・文化的被拘束性を自明化＝物象化したうえで成り立つ、特定の歴史・文化内部での理念型（人物像）にほかならないこととなろう。カント的（＝近代的）人格概念の普遍性・非歴史性を相対化し、多様かつ他様でありうる行為者の選択（p）のあり方を開示していくこと、つまり《Sollen の次元［「p」において記述された行為をなすべし]》の論理的先行条件となる《Sein［S↓（p↓q）］》の歴史性を解明することにより、行為の他（多）様性を示していくこと――この自己再帰性を持つ行為者の捉え方に、近代に内在しつつそれを乗り越えようとするウェーバーの「自由な人格」概念の要諦があるのだ。[11]

(5) おわりに

本章では、ウェーバーとカントの自由論が「超越論的自由」の論脈において齟齬をきたすものではなく（1）、むしろ「実践的自由」の定式化において袂を分かつものであることを確認したうえで（2）、その差異が人格概念の見解の相違にまで影響していることを概観（3）してきた。はたしてウェーバーの議論が、3節で論じたように自由・人格概念に関するカントの議論を相対化しえているかどうかは、別途詳察されるべき論題ではあるが、少なくとも、経験的な社会学と倫理学との接点を探る一つの道筋を呈示しているということは間違いないだろう。社会科学の営みに対し《政治的・倫理的なもの》への鋭敏さが強く求められている昨今、こうしたウェーバーの経験的‐倫理学（die epirische Ethik）の射程を見極めていくことは極めて危急の課題であると思われる。

註

（1）もちろん、折原（1996：21-5）が力説するように、翻訳をも含めた文献学‐学説史的研究の充実においてこそ理論は理論たりうる。本章はウェーバー理論の現代性を確信するがゆえに、Runciman（1972＝1978）に倣い、あえて歴史的文脈に拘泥せずその理論化（formalization）を図ったのだが、詳細な学説史的検討が今後必要であることは論を俟たない。

（2）安藤（1965：209）は、精神疾患回復後の一九〇二年から〇六年の時期に「ウェーバーの方法論は確立された」という見解を提示し、一方Tenbruck（1959＝1985：90）は、『ロッシャー』時点でのウェーバーが「ヴェーバーの成熟した方法論の本質的な部分を事実上何も含んでいない」と断言しているが、本章の立場は安藤のそれに近い。

（3）大塚（1966）のいうように、ウェーバーの理解社会学とは目的‐手段系列を結果‐原因系列に組み替えていくロジックであったといえようが、この「組み替え」は哲学的には相当な困難を孕んでいる。この点に関しては、Martin（1994）などの明快な議論を見よ。

（4）ウェーバーのフロイトへの奇妙な寡黙さやオットー・グロスへの否定的態度も、〝経験世界を外部から支える《etwas》〟を設定する思考への疑念から説明できるかもしれない。

（5）たとえば向井（1997：367）は、「カントの実践的自由はウェーバーの…『経験的自由』とまったく一致する」と論じている。繰り返しておくが、これはけっして向井氏の「誤解釈」などではなく、ウェーバーのカント解釈自体に潜む曖昧さに由来するものに他ならない。

（6）シュッツの動機論については責任概念などと絡めつつ北田（1999）で多少形式的に論じた。

（7）動機の記述と行為の記述が重なり合う［5］のようなケースは、行為の理由（志向性）・原因（因果性）を尋ねる「なぜ」という問いが尽きる地点、したがって志向性と因果性が不可分になる地点を指し示しており、行為理論的に興味深いものである。たとえばSearle（1983）や黒田（1992）などの《志向的因果》の議論を参照。

（8）「理性の事実」という概念は、ウェーバー的な《法則に従っていることの経験的意識》と混同されてはならない。新田（1993：283-91）などを参照。

（9）とはいえ『基礎づけ』と『実践理性批判』の間ですらも、「道徳法則」「自由」「自律」の関係をめぐるカントの議論はだいぶ異なっている。この点に関しては、新田（1993）などを参照。本章の解釈は、「意志の自律」と「道徳法則」との同根源性を踏まえ、「理性の事実」を自覚的に捉えるに至った『実践理性批判』の理念に近いものといえる。

（10）富永・立野・折原訳においても祇園寺訳においても、冒頭の“trantzendental”の訳は「先験的」となっている。本章では、「経験的」と対照される「超越論的」と、認識様式あり方についてa posterioriと対比されるa prioriとの違いを考慮して、「超越論的前提」と訳出した。とはいえ、カント研究者の間でも「超越論的自由」「先験的自由」という用語を明示的に区別しているとは考えにくいので、別段既存の訳でも問題はないと思われる。

（11）本章での検討が、『カテゴリー』などの後期ウェーバーの議論や、折原浩の「没価値論」などとどのような「対話」を形成しうるのか —— この難題への回答は今後の課題としたい。

第7章　人間本性の構築主義と文化左翼のプロジェクト
――ローティとともにローティに抗う

(1)　はじめに――ローティの不可思議な苛立ち

経験的なデータと理論構成との往還の過程を重視するプラグマティズムの系譜を独自の形で展開し、「言語論的転回 lingustic turn」という（バーグマン由来の）言葉を、言語哲学が切り開いた新展開を名指すものとして提示したリチャード・ローティ。デューイ‐クワイン‐デイヴィッドソンを継承する彼のプラグマティズムは、認識論批判をその主眼とするが、後期においては、同時代の政治哲学や政治思想を批判するさいの理論的武器となっていた。プラグマティズムを倫理学に応用するというだけではない（それであればプラグマティズムの始祖たちも熱心にとり組んだ課題である）。自らが属するアメリカ合衆国という政治的集合体のあり方、その政治哲学的含意を分析するというきわめて時局的な事柄にも彼のプラグマティズムは適用されていった。そのプロジェクトは「人間本性の構築主義」とでも呼ばれるべきものであり、カント的な自由概念にラディカルな経験主義でもって抗する理論戦線であったといえる。

カント哲学への批判的検討は主著『哲学と自然の鏡』でも十分に展開されているが、後晩期のきわめて具体性を持った「アメリカ論」において、仮想敵とされるのは、彼が文化左翼（cultural left）と呼ぶ、理論的・実践的思潮である。「人間本性」のような本質を探究する本質主義を批判し、社会的カテゴリーの構築・運用に照準するという点で、間違いなく、広義の――カント的な構成主義とは異なる――構築主義に位置し、ポストモダニズムのアメリカへの移入の立役者の一人であったローティが、カルチュラル・スタディーズ等が差し出す「反本質主義」「構築主義」にきわめて辛辣な批判を寄せる。ローティは彼が文化左翼と呼ぶ知的潮流のいったい何に苛立っているのだろうか？　本章ではポストモダン的構築主義・反本質主義を掲げるローティが、同じくポストモダン理論に依りつつ構築主義・反本質主義を批判する、その理路を精査し、「本質的とされる…が構築される」という議論の複層性を確認していくこととしたい。それは同時に、人格や倫理と構築主義との微妙な関係性を問い返す作業ともなるだろう。

(2)　否定の集合体＝文化左翼

文化左翼の主要な系脈をなすフェミニズムやクイア・スタディーズの動向に肯定的な評価を与えたかと思えば、カルチュラル・スタディーズ（以下ＣＳ）を「被害者研究 victim studies」と言って憚らないＳ・コリニーを好意的に引用し（AOC: 79-80）[1]、文化左翼は「誰も失業研究やホームレス研究、トレーラーパーク研究などやり始めようとしない（AOC: 80）」などと事実誤認甚だしいことを宣ったりもする。また、CSやポストコロニアリズムなど比較的「文学部」に折り合いのよい政治思潮が、財の再配分をとり扱う政治／経済学を凌駕しているという大学－研究制度の現状への不満を吐露しているのかと思えば、「「アイデンティティの政治学」のごとき用語が、何かとりたてて新しく異質なものを指し示しているとは思われない（PS: 229）」といった具合に、文化左翼の主張内容そのものの陳腐化を図っているようにもみえる。実際のところ、ローティ自身、自らの批判の標的や論拠を整理しきれていないとの印象を免れない。

私のみたところ、ローティの議論には大まかにいって三つの要素、すなわち、

① 政治／哲学の位相差の混同、
② 抽象的・全体的な政治的主張の現実政治に対する無効性、
③ 反本質主義を「本質化」してしまう危険性、

である。

この三つの次元での文化左翼批判が――ローティ独特のプラグマティズムを交接点として――いわば渾然とした形で内包されている。

私たちは、このなかば確信犯的になされる論点の混同がローティの議論に奇妙な信憑性を与えている可能性に注意しなくてはならない。そこで、本報告では、まず彼の反哲学＝プラグマティズムにもとづいて展開されている①②の論点をある程度プラグマティズムに内在しつつ検討し（3、4節）、ついで

一片の真理を語る③の批判が翻ってローティ自身にも向けられうることを示していく（5節）。つまり、①②についてはプラグマティズムの内側からローティの政治論を秤にかけ、③についてはプラグマティズムそのものを議論の俎上に乗せていくわけだ。こうした作業のなかで、①②の批判を駆動させたローティのロジックが、③の批判を頓挫させてしまうこと（あるいはその逆）を示していくこととしたい。

しかしこうした具体的な批判の作業に入る前に、まず本節では、文化左翼というレイベリングに距離をとっておくためにも、彼が非難の矢を向けている当の文化左翼とは何か／何でないのかについて確認しておかなくてはならないだろう(2)。

ローティを批判するさいに、もっとも常套的でかつ効果的なやり口は、おそらく彼のレッテル張りを解き明かす手続き、すなわち、《ローティが唾棄する文化左翼とは、いったい誰のことなのか》といった問いを突きつけたうえで、ローティのレフト批判なるものが実体のないワラ人形叩きにすぎないことを逐一指摘していく、といった手続きを踏まえることである。もちろんこうした名の奪還を図る作業が持つ重要性は否定しえない。だが、そうした戦略は同時に、〈具体的な誰かの思想を批判しているのではなく、一般的現象＝理念型としての文化左翼を批判しているのだ〉といった『ポストモダニズムの幻想』の著者がやや愚直に提示してみせたような反‐批判を呼び込むこととなる。名前の復権をめぐる闘争は、定義上、反復可能性の幽霊、普遍論争の亡霊にとりつかれている。そこで本章では、文化左翼という語の「正しい解釈」をめぐる面倒な水掛け合戦を回避するためにも、ローティのいう文化左翼を彼自身が自らの政治／哲学論の展開のために構成した理念型／記号として理解し、文化左翼をめぐる歴史的・社会学的な事実認識の妥当性の如何はとりあえずペンディングとしつつ、その論理展開のみを俎上にのせていくこととする。

では、そうした理念型／記号としての文化左翼は、ローティのプラグマティズムにあって実際どのような特徴／記号論的位置価を担わされているのだろうか。ここで注意すべきは、理念型としての文化左翼は、徹底して否定的な存在でしかないということ、つまりそれは、何らかの肯定的な特徴において捉えられるものではなく、ローティによって肯定的に言及される「改良主義的」「社会民主主義的」で「アイデンティティの政治学よりは再配分の政治」に関心を抱く希望の党派＝残存左翼（Residual Left）――ホイットマン‐デューイの時代から連綿と引き継がれ、ベトナム以前までアメリカ左翼の主流をなしていた――ではない「何か」としてのみ位置づけられていること、これである。

たとえば、かつてのリベラルな左翼が、立憲民主制のもとでの法や経済の漸進的改良を向し、「リベラルな個人主義」「ヒューマニズム」「テクノロジズム」といったアメリカ的価値を積極的に引き受けていた（PS:17）のだとすれば、文化左翼はフーコー流の権力という「どこにでも姿を現す幽霊（AOC:94）」にとり憑かれているために、漸進的社会改革の途を塞ぎ、リベラルな諸価値を近代が生み出した主体化装置として「システマティック」に批判する。また、リベラルが社会の悲惨を少しでも軽減するために法に定位した様々な制度改革を試みるとすれば、文化左翼はフーコー・デリダ・レヴィナス・ラカンなどの人間学的理論に準拠しつつ、そうしたリベラルな改良の持つ罠を冷笑的に指弾する。あるいは、社会変革にアクティヴにとり組むリベラルと、傍観者的（理論重視・現実政治への無関心）で回顧的（全的な近代批判）な文化左翼（AOC: 14）、そして美を追い求めるリベラルと崇高を希求するラディカル。このような多彩な対照項を列示するなかで、ホイットマン‐デューイ的でない残余、積極的

＝実定的な経済的・法的施策を講じようとしないネガティブな集合体として、ローティにとっての文化左翼、ＣＳ／ポストコロニアリズム／アイデンティティの政治学といった様々な意匠を纏った左翼は構成されている。

次節で論じるように、このような〈否定の集合体＝文化左翼〉という理念型規定は、文化左翼の「政治的ペシミズム」批判（①②の論点）といった文脈に限定されることなく、反本質主義を本質化してしまう「否定神学」的な思考様式への批判（③の論点）にも繋がっていくだろう。この重要な論題については後述するとして、さしあたりここでは、文化左翼なるものが「肯定的な」改良型リベラリズムに照射されつつ、消極的・否定的な集合体として規定されていること——この点を確認するにとどめ、ローティの文化左翼批判を読み進めていくことにする。

もしローティが、ワラ人形叩きのためにこさえられたこうしたワラ人形に対して、スチュアート・ホールのかつての兄弟弟子のように「ポストモダニズムの曖昧な政治的態度は、まさに資本主義の曖昧さと符丁をあわせたものである（Eagleton 1996＝1998：178）」と憤ってみせたり、あるいはハーバーマスのように、その不真面目さを糾弾しより合理的な基礎づけを画策するのであったならば、話は簡単だったのかもしれない。つまり、「旧態依然とした基礎づけ主義への憧憬を隠さない旧・新左翼による、新・新左翼に対するヘゲモニー闘争にすぎない」と理解できてしまえるのであれば。しかしながらやっかいなのは、ローティの文化左翼批判が、かれらのフマジメさを糾弾するものではなく、むしろ文化左翼があまりに真面目すぎること、政治的選択を導き出すうえで何らかの哲学的理説を踏まえなくてはならないと思い込むかれらの悪癖の治癒を目指しているということだ。

すなわち、哲学・理論を携えているにすぎない知識人が政治的選択を主導しうる／しなくてはならないという、かつてのマルクス主義者が抱えていた（とされる）過剰な自意識・使命感を、文化左翼がいまだ引きずっていることに対して、自らの立場の偶然性・限界性・誤謬性を強調するアイロニスト＝ローティ（CIS: 73）は警鐘を鳴らしているのである。こうしたローティの反‐知識人の態度は、次のような文面にあきらかである。

［哲学的］理念が［政治的］帰結をともなってきたという事実は、私たち哲学者が、つまり理念の専門家が重要な位置にあるということを意味しない。私たちは原理とか基礎づけとか深遠な理論的治療、あるいは福音的（synopic）なヴィジョンを提供するというわけではないのだ。もし現代哲学の「使命」やら「責務」をどう考えるかなどと問われたなら（悲しいかな、実際私が問われているように）、私は口ごもるしかない。…ある種の理念を接合したり分離したりするときに起こるであろうことを、過去の実験結果についての知識をもとにアドバイスすることはできるだろう。そうすることによって、私たちはあなたが考えに耽る時間を節減することができるかもしれない。しかし、もしあなたが全身全霊で愛する事柄がはたして世界の構造にとって枢要なものなのかどうかを確証したいのであれば…私たちの出る幕はない。（PS: 19-20）

ここにいわれているのは、哲学的営みに対する過剰な自信、哲学の使命や責務を臆面もなく語ってしまう知識人、知識人論を好んで語る文化左翼の慢心への疑念にほかならない。たとえば、責任の無限定性を語るレヴィナスやデリダ、ラカンに示唆を受けつつ社会の不可能性を論じるラクラウ＝ムフ（あるいは「状況づけられた自己」から政治理論を組み立てる共同体主義）[3]らの議論は、言語やアイデンティティにかんするそれ自体ごく穏当な人間学的‐哲学的理説から、論理的に政治的な含意をくみとってしまう。つまり、いかに反基礎づけ主義・反本質主義を掲げていたとしても、かれらの議論は、政治的構想を哲学的理説にもとづいて組み立てている点において、なおも基礎づけ主義の系脈をひき、基礎づけの作業に携わる哲学者＝知識人の位置を決定的に温存してしまうのだ。哲学上の反基礎づけ主義・反本質主義が、政治学の基礎づけゲームに加担するという捩れ。言語哲学や精神分析といった、目的‐機能が特定化された言語ゲーム／議論領域に収まることをよしとせず、かれらは人間の利害／関心を調停する公共空間たる政治の場にまで自らの言説の効果が及ぶものと決め込んでいる、というわけである。

こうしたローティによる知識人（論）批判に対しては、現代社会における知識人論の（知識の、ではない！）失効を宣告するルーマンのような論者でもなければ容易には同意することはできまい。CSやポストコロニアルのポジショニング論を、社会の重層性を大文字の社会理論によって抑圧してきた知識（人）のあり方への反省として位置づける人であれば、当然ローティの無理解と不勉強を責めたくもなるだろう（おそらくローティは自己反省という形をとった知識人論すらをも批判しているのだが…）。しかし先にも断っておいたように、本章はそうしたローティの「理解度」を測定する場でも、あるいは「文化左翼vsローティ」という裁判を執り行う法廷でもない。次節では、上記のような文化左翼批判がいかにしてプラグマティズムという思想と結びつきながら展開されているのか、またその結びつけ方ははたして問題なく受け入れ可能なものなのか、といった論点に定位しつつ議論を進めていくこととする。

(3) 哲学（者）の傲慢と臆病さ

以上のようなローティの文化左翼批判は、先にもふれたように、いくつかの方向性——すなわち①知識人の知的傲慢批判（哲学／政治の位相差を前者の優位のもとに混同し、理念の専門家＝哲学者の特権を確保する）、②知識人の傍観者性批判（現実政治に無効果な理論を偏重する）——をとりながら展開されている（③は後に論及する）。そして、そのいずれの方向性においても、アメリカにおける文化左翼＝「道徳的に純粋で均質的な左翼（AOC:52）」たちが今なおとり憑かれている哲学的純粋さへの信仰（PS:18）を、徹底した反哲学としてのプラグマティズムによって打ち砕くという理路、いわばポスト・ポストモダニズムとしてのプラグマティズムが、ポストモダン政治学の不徹底を脱構築するという戦略が採用されている。以下では、この戦略の内実を①②の論点に分けて概観しておくこととしよう。

①「知的傲慢」批判

まず、政治的行為を哲学によって論証づけようとする指向に対する批判は、《それぞれ固有の語彙を用いてなされる諸言語ゲーム間のヒエラルヒー関係／論理的包含関係を認めない》というRP（ローティ的プラグマティズム）基本方針に由来している。こうした方針は、概念枠や理論パラダイム間の共約不可能性の主張、つまり、概念枠組みが異なれば観察されている対象も異なるとするパラダイム論的な強い相対主義を含意するものではなく、共約可能性を認めつつ個別命題の（言語的な）還元関係を否定す

る弱いタイプの相対主義を採用するものといえる（CP1:114-5）。すなわち、

言語ゲーム／議論領域DaとDbとは共約不可能というわけではない（概念枠が異なれば観察対象oも異なるというわけではない）にしても、少なくとも、ある対象oについてのDa内の記述PaをDb内におけるoの記述Pbに意味的に還元することはできない（対象oについての記述PaとPbは意味論的に等価ではない）

といった非還元的物理主義（non-reductive physicalism）をRPは主張しているのだ。たとえば、ある心的状態sを記述する民間心理学の記述Paと神経物理学の記述Pbのあいだには、後者に記述されている物理的出来事eのsに対する因果作用を認めることはできるが、Paという心的記述を充分な形でPbへと意味的に還元することはできない（「足が痛い」という心的状態は出来事「C繊維の興奮」によって惹起されるが、記述「足が痛い」は神経学的記述「C繊維の興奮」に還元することはできない）。デイヴィッドソンの非法則論的二元論に示唆を受けたRPは、物理的出来事‐記述間の因果関係を認める――PaとPbが同じ出来事oについての記述であることを認める――ことにより概念枠相対主義から逃れつつ、なおかつ記述の意味的序列（還元）関係を否定する――記述Pa（Pb）を記述Pb（Pa）に意味的に還元する――第三の途を模索しているのである（CP1:128）。言語ゲーム間の意味的還元関係を許容せず、「偶然的」な因果関係のみを認めるこの非還元的物理主義によって、政治‐哲学の意味的な架橋を図る文化左翼の試みは否定されることとなる。

大急ぎで注意を促しておくが、もちろんローティは〈政治と哲学の言語ゲームが、まったく相互に翻訳不可能なのに、政治を哲学に包摂しうると考えている〉といった強い相対主義に則って文化左翼を批判しているのではない。そうした概念枠相対主義はデイヴィッドソニアン＝ローティがためらいもなくきっぱりと拒絶するものだ。そうではなくて、〈「超越論的主観の消滅（CoP：443）」や「無限の責任」「社会の不可能性」といった哲学的語彙は、現実的な政治的決定・政治構想に対してたかだか因果的に作用するにすぎないのに、文化左翼はそれから政治理論を演繹的・概念的に導きうると考えてしまっている〉からこそ、ローティにとって文化左翼の挙動は問題として映るのである。この点は・ジョナサン・カラーからの批判[4]に応えた次のようなくだりからもうかがい知ることができる。

…プラグマティストが信念の論理的変化だけを尊重に値すると考えていると主張するとき、カラーは間違いを犯している。私が言語の「創造的誤用」と呼ぶものは、そうした信念の変化の——理由ではないにしても——原因なのである。…カラーは…ロゴセンタリズムを投擲しながら、論理の（したがってまた「理論的反省」や「批判」の）第一義性に寄り掛かろうとしている輩の一人なのだ。私にはそんなことが可能だとは思えない（CP3：213）

ローティによれば、カントやホッブスの理論は、それ以前の政治をめぐる語彙体系を「創造的に誤用」しつつ、具体的な政治的制度の成立に繋がる信念の変化を因果的に促したかもしれないが、けっしてかれらの自我論や言語理論が、演繹的・概念的に具体的な政治体制を導いたわけではない。「政治について明瞭で有効に思考するためには、言語の本質についてソシュール‐ウィトゲンシュタイン‐デリダ的に理解せねばならないというわけではない」（CP2：135）のであって、むしろ世界の悲惨への共感に（のみ）裏づけられた希望溢れる「歴史的物語」（PS：231）を提示することこそが、哲学ならぬ政治理論の課題なのである。いまや、哲学から政治的な主張を導き出す経路があるなどといった、哲学幻想、「理念の専門家」＝知識人の傲慢を捨て去らねばならない。「政治的な考慮に関していえば、哲学はよき下僕でありまた悪しき主人」（PS：232）にすぎないのだから。

②「傍観者性」批判

哲学／政治の二つの言語ゲーム間に因果的な作用関係のみを認め、論理的・概念的なつながりを認めないRP（ローティ的プラグマティズム）の非還元的物理主義は、当然のことながら《哲学的に提示される理由Rが真（あるいは受容可能）であるから、行為Hが正当化される》といった論証的な言説の形式を却下し、《行為選択Hが成功を収めたから、Hを推奨する理由Rが真であると推察される》という具合に判断を下すこととなる。したがって、プラグマティストは――文化左翼のように――「神々は存在しないようだから神官に金を払う必要はない」と考える（神についての反本質主義的理論から行為を導く）のではなく、「神官に金を払う必要は［経験上］明らかになさそうだから、たぶん神々は存在しない」と推測するはずだ（Rorty 1993=1998：146）。

つまり、RPは、神／本質の存在を論証的‐哲学的に肯定するのでも否定するのでもなく、端的に神への信仰がもたらしてきた（うる）因果的効果の高低によってのみ、その在／不在を「推定」するのである。神ばかりではない。こうしたRPの視座からしたとき、現実政治への因果的効果に欠ける文化左翼の抽象的な哲学もまた、その存在意義、真理性を疑われざるをえないだろう。ローティにしてみれば、何らかの哲学的‐人間学的主張が政治的帰結をもたらす（した）のではなく、むしろ成功した政治的行動に対する事後的な因果帰属のなかでこそある種の哲学の真理性が構成されるのだから、直接的な政治的行為選択に結実しえない言説はただそれだけで却下される十分な理由を提供することとなる。ミネルヴァの梟さながら「哲学は、政治的な希望が積み重なって生じた変換に対する応答であって、その逆ではない（PS：229）」のだ（CoP：372）。

かくして、論理的な正しさよりは、因果的効力を重視するローティのプラグマティズムは、他者の苦痛を少しでも軽減するためになされる「具体的な」――この言葉がローティにとっていかなる意味合いをもつものなのかは今ひとつあきらかではないのだが――政治的決定の場面において、文化左翼が喧伝するアイデンティティ理論や、責任の無限性にかんする見解、「社会は不可能である」といった諸々の議論が、リベラリストの再配分論に比して実効性を欠くことをもって、その政治理論としての失効を宣告するにいたる。

私たちが公共的な責任について考えるとき、無限なもの、表象されざるものなどといったものはうざったいだけだ。こうした用語で私たちの責任について考察するのは…効果的な政治的組織化の躓きの石になる。デリダがしばしばそうするように、意味や正義の不可能性を強調することは、ゴシック化すべく誘惑する――超常的な力によってうまくとり扱うことができないからといって、民主

政治を効果なきものとみなす――ことにほかならない。(AOC: 97)

ローティにとっての政治の目的とは、「失業者」「ホームレス」「トレーラーパークの居住者」、そして経済のグローバリゼーションによって苦境に立たされている国内の(!)労働者たち(AOC: 85-)の苦痛を、財の再配分によって少しでもとり除いていく営みにほかならない[5]。この目的=結果を達成するには、文化左翼の言説はあまりに「抽象的」であり、目的=結果の実現の有力な原因にはとうていなりえないとローティは考える。

福祉国家的再配分や人権保護といったリベラルな理念が、規律/訓練の権力装置として機能してきた歴史を掘り起こし、その「罠」「不可能性」を繰り返し力説する文化左翼のスタイルはどこまでいっても「傍観者的」で「回顧的」なものでしかありえない。つまり、RPの立場からすれば、「効果的な政治的組織化」や、自らの言説がもたらす因果的効果に無頓着なラディカル=文化左翼よりも、社会契約の「歴史的物語」を創出し説得的に再配分の政治を説くロールズのようなリベラルの方がはるかに「アクティヴ」の名にふさわしいのである。問題を抱えつつもそれなりに「苦痛の除去」に成功してきた――「いまだ生成途上にある(AOC: 106)」――立憲民主の国に生きている《私たちアメリカ人》にとって、文化左翼という「神官に金を払う必要はあきらかにない」というわけだ。

結局のところ、RPによる文化左翼批判は、「文化左翼の論者たちは、世界像に対して傲慢である一方で、世界に対して臆病を決め込んでしまっている」というようにまとめることができよう。あるいは、知識による政治的教導という不遜な欲望と、(政治に興味があると言いながら)土臭い政治の現場に這いつくばる勇気の欠如――こうした「ヨーロッパ＝大陸的」知的態度への、《アメリカ》からのレスポンスをローティはやや無骨な形で試みている、といってもいいかもしれない。深みへの嫌悪と拒絶、アイデンティティがないというアイデンティティ…。幾度でも執拗に回帰してくるアメリカの夢、を（「ポストモダニズム」の不徹底な反本質主義を「乗り越える」プラグマティズムを携えつつ）高らかに謳う点において、間違いなくローティは筋金入りの「自文化中心主義者《エスノセントリスト》」なのである。

(4) プラグマティズムという／の規約

以上のようなローティの文化左翼批判は、それ自体はポストモダニズムと親和的な要素を持つ独特のプラグマティズムに裏打ちされているという点で、伝統や自生的秩序などを持ち出してCSやポストコロニアリズム、フェミニズムを批判する自由主義者／保守主義者とはまったく袂を分かっている。にもかかわらず（であるからこそ?）、私はローティに対する反論は比較的容易であると思う。というのも、ローティの「知識人の傲慢」「傍観者性」批判は、彼自身がとり決めた「哲学」「政治」といった語彙の規約（convention）目録内でなされており、いったんその目録の有効性を解除してやればただちに失効してしまうようなものなのだから。「立場なき哲学」としてのプラグマティズムが前提としている立場＝規約を一つずつ解除していくこととしよう。

まず、ローティの議論中に出てくる「論証的」との語彙が独特の多文脈性を内包しており、その使用コンテクストの恣意性・規約性こそがRPの正当化に寄与しているという点に注意を促したい。

「前提と結論において同じ語彙が用いられ、前提・結論が同じ言語ゲームの部分をなしていることを要件とする（CP2：125）」と一応定義される「論証 argumentation」は、まず第一には、特定の哲学スタイルを指し示すものとして［哲学内的文脈］、そして第二には、哲学と政治という異なる言語ゲームのあいだの関係を指し示すものとして［外的文脈］用いられている。たとえば、脱構築論者＝デリダは、内的文脈においては反論証的な哲学を展開した者として称揚される一方で、文化左翼の先導者＝デリダは、外的文脈における論証を希求する哲学的「純粋主義者」として糾弾されるのである。混在する二つの使用法をいくつかピックアップしてみる。

内的文脈

「カルナップ同様、ハーバーマスは哲学は論証的たらねばならないと考えている…私自身は〝哲学は論証的たるべき〟とのスローガン（そして「哲学は…たるべき」と始まるあらゆるスローガン）を回避すべきと思う（CP2：123）」「…それら［ハイデガーやデリダの哲学］は、通常理解される語の意味においては、〝論証〟などではなく、むしろ別様な語り口を提起するものなのである（CP2：125）

外的文脈

「私たちプラグマティストは、新しい自己イメージを採用するにあたって、ロゴセンタリズムの終焉やら神の死といったものが必要だとは思わない。反本質主義の哲学からそうした自己イメージの選択へと通じる論証的経路も、また、この手の哲学から何らかの政治へと導いていく論証的経路も存在しないのである（CP2：132）」

ローティにとって哲学なる言語ゲームは、《内的文脈・非論証的／外的文脈・非論証（因果）的》たるべきであって、ハーバーマスのように《論証的／論証的》というあからさまなロゴセンタリズムにコミットすることも、デリダのように《非論証的／論証的》という自己矛盾（？）を犯すことも等しく回避されなくてはならない。つまりローティは、「論証」という語が用いられる文脈を内的／外的に類別することにより、《非論証的／非論証的》というセットを体現するプラグマティズムの立場から、デリダとハーバーマスとを同時に批判する道具を手に入れる。

ローティの診断によれば、「大真面目」な討議倫理学同様、脱構築もまた、政治とは隔離された私的空間での非論証的遊戯、「あなたが全身全霊で愛する事柄」を豊かにする詩的な営みとして自閉しているべきであった。だから、外的文脈における論証性に色気を使い始めた八〇年代以降のデリダのみならず、「あやうく私たちに言語の［超越論的・論証的：引用者］哲学を与えそうになる（CoP：245）」初期のデリダや、脱構築の内的文脈における論証性を強調するC・ノリス（Norris：1988）、R・ガシェ（Gasché 1986）らの試みに対して、ローティは執拗な攻撃を加える（CP2：119-28）。《非論証的／非論証的》の正しいセットを採択しているのは、外的／内的文脈の双方で「論証的」たることを断念し、因果の世界に踏み出した「私たちプラグマティスト」しかいない、というローティの自負に信憑性が与えられることとなる。

はたしてデリダの正義論やレヴィナスの他者論が外的文脈における論証性を希求しているものなのか、

あるいは内的文脈において論証を拒絶する類いのものなのか——こうした真っ先に思いつく、当然問われてしかるべき疑問点については、解釈ゲームの泥沼を回避するためにもさしあたってペンディングとしておきたい。しかしそうした免責を与えるにしても、以上のようなローティの議論に対しては、いくつかの疑念を持たざるをえない。ごくかいつまんで三点ほど述べておくこととしたい。

まず第一に、哲学のゲームを《内的文脈・非論証的／外的文脈・非論証（因果）的である》と特徴づけ、政治への論証的‐論理的経路を切断するのは、あくまでもひとりローティが採択したゲームのルール＝規約（規約Cと呼ぶ）にすぎない。規約Cを受け入れない人びとに対して、ローティの議論ははたして説得的たりうるだろうか。

おそらく本人は頑なに否定するであろうが、私には、こうした「哲学」「政治」をめぐるローティの規約は、それ自体プラグマティズム的に正当化されない超越（論）的な主張——RPの体系性を支えつつも、それ自身は説明を受けることのない超越論的命題——として機能しているように思えてならない。とはいえもちろん規約Cを認めなくても私たちの経験的世界に何ら不都合は生じないのだから（政治と哲学を混同する者も、政治について思考したり、行動したりすることはできる）、当該規約の超越性はカント的な意味での超越論的な性格（経験の不可避の前提）を持ったものではなく、たんにRPの完全性（?）を担保するために採用された便宜的要請でしかありえない。つまり、RPという理論体系を美しいと思い、端的に受け入れる者のみが、規約Cを引き受ける義務を持つ。この規約を外してしまえば、ローティの「知識人の傲慢」批判のほとんどが失効を余儀なくされることは容易に推察されよう。

もちろんこうした批判に対しては、「政治／哲学の差異をめぐる規約は、超越論的なものではなく、そのように区分した方が「理論に通常求められる要件（予測力、単純さ等々）の最大達成（Rorty 1979=1992:39-40）」に寄与するから、たまたま採用するのだ」というメタ・プラグマティズムの立場からの反論が寄せられるだろう。いわば、プラグマティズムをプラグマティズムによって担保するという自己言及的な「正当化」である。しかし、規約Cがローティが確信するほどプラグマティックな「有用性」を持っているのかどうかは、経験的にあきらかなこととはいえないし、それ以前にいかなる有用性が問題となっているのかすら不鮮明であるといわざるをえない。これが第二の疑問点である。

いうまでもなく、「信念と欲求、感情のネットワーク（CPI：199）」としての「人間」の倫理的・道徳的関係や人格の構成をめぐる諸々の理論は、社会制度を語る言説と多くの志向的語彙を共有しているし、またサールがいうように、両者とも外延的に処理可能な「剝き出しの事実」には還元されえない指示的に不透明な文脈を含みこんでいる（Searle 1995）。つまり両者の言説は、直接的な前提――帰結関係は持たないとしても、少なくとも志向性や人間の合理性に関与した言語（民間心理学）を媒介としてなだらかな意味的連接関係を有していると考えられる（そもそも、心的状態の説明をめぐる物理言語と心的言語の関係をとり扱ったデイヴィッドソンの非法則論的二元論を、あらゆる言語ゲームに拡大適用することができるかどうかも、本来慎重に検討されてしかるべき問題である）。とすれば、《両者のあいだに論証的経路がないとした方が、政治的な有用性に富む》というローティの見解の方こそ、経験的・実証的に――プラグマティストの観点から――確証されなくてはならまい。すなわち、R・バーンステインが「もし政治は実験的科学であるというローティの主張を「真面目に」受けとめるならば、やはり、「成功」した実験と「失敗」した実験を判断するための基準ないし規準に訴える必要がある（Bernstein

1991=1997:377)」というように、規約Cの採用についてもその「成功」を判別する《規準》をローティは提示できなくてはならないのである。こうした作業抜きに、件の規約が「役立つ」と強弁するのは、アメリカ愛国主義者ローティの、いかにもアイロニスト‐プラグマティストらしくない信仰表明でしかありえない。

いや、もしかすると確信犯的な信仰表明であることをローティは真顔で認めるかもしれない。もちろん、そんなことをすれば、「ローティが議論のなかで用いる理由づけ／推論の規準は彼が良いと信じているものなのであって、たんに彼がたまたま拾いあげて愛情を注いだといった類いのものではない（Misak 1999:15)」というC・ミザックの診断——自分の立脚する立場の偶然性を引き受けるアイロニストの自己矛盾——をローティ自ら承認するようなものなのだが。

このように、規約Cの論理的性格を（疑似）超越論的なものと考えるにせよ、あるいはその有用性によって暫定的に真を付値された経験的理論と考えるにせよ、規約Cにはつねに密輸入された決断主義の匂いが拭いがたく付着している。RPの言語ゲームを共有しない文化左翼に対して、「規約Cを破っている」と批判を投げかけることに、いったいどれほどの意味があるというのであろうか？　ある公理系の健全性と完全性を証明したあるロジシャンに、「xという公理が抜けている」と言ってみたところで、べつだんその人の論理学者としての資質が疑われるわけではない（xを採り入れた公理系の完全性と健全性を証明できなければ、当の批判者の論理能力の方が疑われる）。私たちはRPを受け入れる決断をしないかぎり、規約Cを拒絶しても何ら責めを受ける謂れはないのである。

またここで百歩譲って、RPと規約Cを受け入れたとしても、つまり哲学から政治への論証的経路の不在を認めたとしても、文化左翼の哲学が政治的帰結に因果的影響を持ちえないとのローティ（そしてその意図せざる盟友イーグルトン）の議論にはとうてい首肯することができない。ローティは、文化左翼が「私たちの社会にはびこる多大なサディズムを減少させてきた（AOC:80）」ことを評価しつつ、かれらが経済的再配分の問題に関心を持たず有効な対処法を提出しえないとして批判するが、反本質主義＝構築主義の疑似哲学的主張が、様々な経済的な不平等矯正――ＬＧＢＴの就労差別改善／女性労働者の賃金改善／身体障害者の潜在的可能性の平等の寄与する都市政策形成――に寄与してきたという厳たる因果的事実を彼はどのように考えるのだろうか。

文化的アイデンティティの定義変更は、様々な社会的属性を持つ人びとの財の配分にも因果的影響を及ぼさずにはいられない。いま私の眼前にいる女性が「母性」を押しつけられることなく、かつてとは比較にならないほどよい待遇で仕事をすることができているのは、少なくともローティの推奨するロールズの正義論のおかげなどではなく、ボーヴォワールに影響を受けた無数の、理論と実践の対立平面を抜け出したフェミニストたち（第二波フェミニズム）の格闘の「因果的帰結」だったと考える方がずっと自然ではなかろうか。(6)

また、責任が法‐道徳則によって限定されうるものではなく、責任を問う人々の異議申し立て次第で無限の広がりを持ちうるというレヴィナス‐デリダの議論（これはデイヴィッドソンも指摘していることである（Davidson 1980＝1990）は、「法的には解決している」などと嘯く公的政治に抗う契機を与え、「苦痛を除去」する政治的課題にとり組む法のあり方にも影響を与えずにはいられないはずだ（「セクハラ」を想起せよ）。いったいローティはどのような因果帰属の手続きにのっとって文化左翼の言説の因果的無効を宣告し、かれらの傍観者性を非難するのだろうか。私の目に映るのは、ロールズやアンスコムの果敢な態度と異なり、被爆者の声を「戦争の早期終結のためだった」といって封じ込める、あの笑えない「アメリカ人」の陰影ばかりである。

(5) プラグマティズムの帰結(?)——《思想なき思想》の誘惑

「文化左翼批判の「根拠」となっている哲学／政治－領域の混同禁止論（を含む規約C）は、それ自体プラグマティズムによって正当化されることはなく、むしろRPの体系性を支える超越論的命題として機能している。ところで、RPは経験との因果的作用を持たない命題（超越論的なもの／分析的なもの／アプリオリなもの）の存在を認めない。したがって、RPは自己反駁的である」。——ここまで見てきたRPの問題性は、このようにまとめることができよう。

つまり、「自然化された認識論」ならぬ「自然化された政治学」を指向するRPは、クワインが迷い込んだのと同じような隘路、すなわち、自らの経験主義を「正当化する」ことを断念しつつも自らの言説の真理性を「実証する」ことができない、というラディカルな経験主義＝プラグマティズムについてまわる避け難い問題を抱え込んでしまっている。こうした問題は、プラグマティズムに限らず、「意味」とか「意味論的規準」、あるいは「認識論」といった志向的装置を拒絶する知的ラディカリズム＝《思想なき思想》一般の問題として捉えることができよう。

もちろん、通常実証主義とか唯物論などと呼ばれている思想形態は、説明の正当性を担保するための何らかの規準を率直に立てているのだから、ここでいう《思想なき思想》には当たらない。本書のいう《思想なき思想》とは、推論／理由づけ（reasoning）による正当化一般を否定したうえで、自らの言説を支持する正当な理由（根拠）がないことをもって、当該理説を正当化する言説形態のことである。こうした《思想なき思想》には、以下に述べるように重要な意味において他者がいない。つまり、解釈学的対話空間を希求するローティの思惑とは異なり、RPにはいわば公共性と呼ばれるべきものを担保する他なるものへの感性が徹底して欠如しているのだ。

まず第一に、すでに述べたように、RPは定義上、規約Cを受け入れない人びとに対して、何も語ることができない。換言すれば、RPの内部には規約Cを前提し、その実用性を信じて疑わない《私たち》、立憲民主制に希望を託す改良主義的リベラリストとしての《私たちアメリカ人》しか存在しないのである（ローティにおいて、「私たちは今いるところから始めなくてはならない（CIS：198）」というRPの認識論的主張＝自文化中心主義〔《私たち》でしかありえない〕は、いつのまにか規約Cを受け入れる／受け入れないというメンバーシップの問題〔私たちになるためには規約Cを受容せねばならない〕へとすり替えられてしまっている）(7)。

規約Cは理由／根拠によって正当化されていない以上、ローティの《私たち》に対して反論＝対抗的理由づけを行っても無為に終わるだろう。なにしろ、件の「私たち」は規約Cの因果的効果――それはローティによれば、すでに西洋民主社会の相対的成功によって確認されたことになっている――に対する実証的・経験的な反論、負けを運命づけられた反論にしか耳を貸さないのだから。理由／根拠による正当化を放棄した《思想なき思想》は、対他的な人‐間関係における理に適った（reason-able）対話可能性を、したがって、他なる規約を携えた他者との邂逅を抑圧してしまうのだ(8)。

また、RPは他者の他性を消し去るばかりではない。RPの物理主義は捩れた形で、時空領域を占める物理的対象・出来事の他者性をも抑圧することとなる。つまり、あらゆる規準の撤廃を指向するRPは、クワインやデイヴィッドソン、そしてパトナムらが健全にも擁護する「出来事／出来事の記述」の差異すらも「哲学的に治療」してしまうために、事実上、「言説至上主義」へと帰着してしまう(9)。たしかに、デイヴィッドソンの思考の軌跡をみればあきらかなように、「出来事／出来事の記述」のあいだに存在論的な断絶を見いだすなら、記述とは独立に「どこからどこまでが同一の出来事か」を確定することができなくてはならず、したがって何らかの同定規準が必要になる（柏端 1997）。表象されるもの‐自然を、表象‐自然の鏡と独立に同定するこうした形而上学的作業に巻き込まれることを、規準なき思想RPが拒絶する理由は十分に理解できる。しかし――パトナムがいうように――だからといって「言語と思想がその外部に位置するものを記述しないということにはならない。たとえ記述［行為］によってのみ、その何ものかが記述されうるのだとしても、である（Putnam 1994: 297）」(10)。

様々な差異に実定性を持たせる《規準》を脱構築するローティの試みは、人間による記述に対し疑義を突きつけてくる他者（自然）への責任＝応答可能性を投擲し（CP1:39）、結果的にプラグマティズムの屋台骨である因果の世界をも突き崩してしまうのである。

以上のような《思想なき思想》が避け難く抱え込んでしまう問題性については、ローティ自身、ポストモダニズム批判の文脈において十分に認識していたように思われる。すなわち《思想なき思想》の絶対化、あるいは《思想がないこと＝反本質主義》の本質主義化に対して、ローティはそれ自体妥当な批判を投げかけていたと考えられるのである。次のような記述はそのことを証左している。

プラグマティストの観点からすれば、サルトルやド・マンといった反本質主義者は、そうした［本質がないという］本性を見つけたと主張する最後の瞬間、本質主義者に立ち戻るべきではなかった。サルトルは「人間の本質は、本質を持たないことにある」などと言わず、「人間は、人間以外のものと同じく本質といったものを備えてはいない」と言うにとどめておくべきであった。ド・マンは、欲望「そのもの」は本来的に満たされえない、そしてかかる非充足性は欲望の本質であると主張するために、記号の作用形態に関するソシュール－デリダ的な反本質主義に倣うべきではなかった（CP2：132）。

こうした《反転した本質主義者》としては、サルトル、ド・マン、デリダのほかに、「昨今の政治哲学における〝不可能性〟なる語の広まり（PS：232）」を促したラクラウ＝ムフや、「人間の欲望は本来的に満たされえないことを示した（AOC：36）」ラカン、そして「抑圧者と被抑圧者の比較が不可能であることを示した（AOC：36）」リオタールなどの名があげられている。ローティは、欲望・意味・社会の不可能性を何らかの説明の原理にまで仕立てあげるかれらの政治－哲学を「原理化・理論化された哲学的な失望（AOC：37）」と呼び、かかる思考が文化左翼のあいだで「ファッショナブル」なものとなっている風潮に警鐘を鳴らす。

かれら《反転した本質主義者》たちは、とりあえず経済的・法的施策の規準を提示するという伝統的なリベラリズムが担ってきた作業を、その不可能性、将来陥るであろう隘路を冷笑的に指摘することにより萎えさせてしまう。当然、ある施策を支持する理由空間＝規準の普遍妥当性が不可能だからといって、そうした規準を提示する営為そのものが意味を失うわけではなかろう。だから、不可能性を本質化する文化左翼の《思想なき思想》に基づく政治学は暫定的に真であるとされる理由を折衝しあう会話的ダイナミズムを窒息させてしまうのだ。そこには、自分なりの「事前理論」を携えて、ともかくも「その場しのぎの理論」をこさえつつ他者とのコミュニケーションに踏み出してみる（Davidson 1986b）アクティヴィスト＝プラグマティストはいない。

また、指示対象の実在性を「否定」するポスト構造主義の言語論は、言語に過剰な理論的比重を与え、物理的対象・出来事という志向性にとっての《他者》を正当に扱う余地を奪い去る。その結果《思想なき思想》は、科学の（過剰に哲学的負荷を負った）構築主義的解釈の横行を助長し、かのソーカルの問いに答えられない科学社会学者、科学の冒険をはた目にみる構築主義者に論拠を提供してしまう。実在論／観念論の差異を解体したはずの脱構築は、皮肉なことに物理的世界を「あまりに人間的な」論理へと回収する観念論へと転化しまうのである。意味の彼岸にある環境からの因果作用を、たんなる意味の領域へと還元する新手の観念論に対して、非還元的物理主義者ローティは健全な懐疑のまなざしを向けていたはずだ。

このように、議論空間を切り開く《規準／理由》提示の拒否、そうした拒否そのものを根拠にしてしまう形而上学的な危険——二重の意味での他者性の抹消——については、ローティ自身十分わきまえていたように思われる。だからこそ、彼は「不可能性の哲学」の自閉性を批判し、そして「世界にあるほとんどの事物が私たちから因果的に独立して存在すること（CP3：86）」を否認してみせる構築主義的な科学論とキッパリと距離を置いていたのではないか。にもかかわらず、すでに見てきたように彼のプラグマティズムもまたかかる《思想なき思想》という症候から逃れられてはいない。というより、RPだけは《反本質主義の本質化》を指向する非‐哲学が罹ってしまう病から免れうる唯一の《思想なき思想》として例外規定されているのである。もちろんそれは、論理的に正当化されないばかりか、因果論的にもとうてい確証されえない根拠なき信仰＝規約にほかならない。

ポストモダニズムの不徹底な反本質主義を乗り越えるはずだったローティのラディカルなプラグマティズムは、意図せざる形で反本質主義の本質化に加担し、不気味な他性を多分に帯びた志向システム＝人格という他者、あるいは、志向性に回収しようとする「人間的な」欲望に対して“No”を突きつけてくる自然という他者をともに抑圧する宗教と化す。それは、彼が非難して止まない文化左翼の陥った罠にRPもすっぽりと嵌まってしまうというアイロニーにほかならない。しばしば《アメリカ》と同一視される否定の集合体としての自己規定をプラグマティストが手放し、論理の世界と因果の世界とを折り合わせる（再）記述の《法＝規準》を勇気をもって提示しつつ、自らが拠って立つ位置の偶然性の自覚と《法＝規準》の緊張を生きる息苦しさを引き受けたとき[11]、はじめてプラグマティストは「実践的（プラグマティック）」たりえるはずだ。もちろんそのとき、プラグマティズムはもはや《アメリカ》のなかにはなく、プラグマティストもアイロニストであることを止めているだろう。

(6) アメリカの夢を断ち切ること

本章がたどってきた物語はおおよそ次のようなものである。――理由＝理性（reason）によって世界を説明する欲望につきまとう形而上学の罠を逃れるべく、因果性のもとに政治を奪還しようとするローティの試みは、政治‐哲学の論証的経路の存在を「盲信」する文化左翼への批判へと繋がっていく。しかしながら、そうした文化左翼批判は、あくまで彼自身が定めた「政治」「哲学」「論証」といった語彙の用法（規約）に沿ってのみ有効性を発揮するものにすぎなかった。こうした語彙の規約に信憑性を与えているのは、プラグマティズムという《思想なき思想》にほかならない。ローティは文化左翼批判を遂行するなかで、こうした反‐思想が孕む危険性に気づきつつも、自らのプラグマティズムについてはその危険を省みることなくやり過ごしてしまう。そうした自己反駁的なあり方（の確信犯的なやり過ごし）はまさしく、プラグマティズムという《思想なき思想》の帰結と考えられる。

《思想なき思想》という不躾で、ある意味野蛮ですらある欲望を、「アメリカの夢」という麗句に置き換えるとき、「哲学に対する民主主義の優位」は「哲学に対するアメリカの優位」[12]と同義となり、プラグマティズムという《思想》も、もはやローティ個人の自己創造の糧＝野生の蘭であることを止め、もっと実体的な何か、ローティが意図していなかったような政治的帰結を因果的にもたらす原因となってしまう。アメリカという地政学的場に執拗に回帰してくるこの艶しくも儚い夢を断ち切ること、ローティの文化左翼批判（の失敗）から学ぶべきは、まさしくこの一点にあるように思われる。

註

（1）一応、「イギリスにおいてではなく」という限定／留保が付されてはいるのだが（AOC:79）。

（2）こうした作業抜きに、「ベトナム戦争で左翼が変質してしまった」といったローティの物語に軽々と乗っかってしまうのは、ほとんど犯罪でしかない。その意味で私は渡辺（1999）の記述に少なからぬ不信感を抱いている。

（3）ローティにおいては、「人間の本性に関する知識を重視する主張」としての哲学と政治的主張を「論理的」に架橋しようと試みている点において、「文化左翼」も「共同体主義」もさらには哲学的嗜好を持つ右翼も一律同様に批判される。共同体論に対する批判としては、CP1のp175-196を参照。また、真理概念をめぐってなされたTaylor（1990）とローティ（CP3:84-97）の応酬も見よ。

（4）カラーは、プラグマティズムは、哲学者や理論家を物語る者——詩的言語によって意味の組み替え（のみ）を遂行する者——と規定することにより批判の営為を無化し、畢竟社会のドミナントなイデオロギーを補完してしまうという。彼によれば、ローティのプラグマティズムは「レーガン時代」の伴走者にほかならない（Culler 1988:55）。

（5）ロスレダーがいうように、ローティによる再配分の政治学（＝公的・政治的）と、自己創造（＝私的・哲学的）との鋭い差異は、ローティ自身が提示する「苦痛・侮辱への感受性」という論点を介して、緩やかに解除されるはずだ（Rothleder 1999:52-3）。失われたアイデンティティの奪還を「痛みの軽減」という政治の目的から外す根拠はどこにもない。

（6）ローティのフェミニズム評価は例によって、彼自身のプラグマティズムを基準としてなされている。「女性を正しく記述すること」から、女性をめぐる「新しい記述」「これまで夢想だにされなかった可能性」の提示へと課題を転換させたラディカル・フェミニズム（マッキノン、リッチ）が好意的に扱われる（CP3:202-227）一方で、精神分析の知見などを援用するポストモダン・フェミニズム（バトラーなど）は「哲学的純粋さ」を追い求める文化左翼の悪癖を共有するものとして否定的に言及されている（PS:51）。

（7）「自文化中心主義」がこうした多義性を担わされつつ、明確に使い分けられることなく用いられているという点には十分な注意が必要だ。ローティの共感がグローバリゼーションによって職を奪われる「国内の」労働者に専ら向けられていることなどを考えるならば、「「自文化中心主義」」を内破する「自文化中心主義」という須藤（2000：30）の解釈はあまりにローティに好意的すぎるといわねばならない。ローティが「私たちは周縁化された人びと――私たちがいまだ「私たち」というよりは「かれら」と直観的にみなしている人びと――に目を向けねばならない（CIS：196）」というとき、そこでいわれる「かれら」とは《「私たち」の規約書にいまだ署名せざる人びと》以上の意味をなしていないのではなかろうか。

（8）現行の公的対話空間（立憲民主制）において「声が聞き届けられていない」という苦痛・自尊心への侮辱を感じる人びとは、「対話内容」のみならず、その「対話の作法」をも攻撃していかなくてはならない。これこそが、デリダの説く「公的」な正義‐空間の完結不可能性にほかならない。しばしば「私的な無作法」とのレッテルを貼られてしまうこうした異議申し立てを聞き届ける機制を、ローティの《社会民主主義》、ロールズの《重なり合う合意》は装備しているだろうか。むしろ「無作法な申し立てを聞かなくともよい権利」を保証するばかりなのではなかろうか（浜野 2000：62参照）。

（9）この点は真理の斉合説をめぐるデイヴィッドソンとローティとの微妙だが見逃しがたい差異を生み出すことにもなる。「彼［ローティ］と私とでもし意見が分かれるとすれば、それは、私たちは「斉合性以外の何等かのテストを見出すために、私たちの信念や言語の外に出てゆく」ことができないとした場合、ではなぜそれにも拘らず、私たち自身が作ったものではない客観的で公共的な世界について、知識を得たり語ったりすることができるのか、という問題が残るかどうか、という点についてである。私は、この問題が残ると考えるが、ローティはそうは考えていないようである（Davidson 1986a=1989：176）」。

（10）出来事／出来事の記述（あるいは存在述語／出来事の特性記述）の差異をめぐる存在論的議論への関心は、すべては記述＝意味解釈によって構成されるといった――しばしば反転した「観念論」「社会学主義」を形成する

――構築主義が専横をみせるなか、ふたたび高まってきている。ギンズブルグの過剰なまでの物語論批判や、ソーカルの「悪ふざけ」もこうしたコンテクストから読み解かれねばならない。哲学プロパーでは、いうまでもなくパトナム（とその弟子筋にあたるLynch 1998）による内部実在論、そして「表象から独立した実在が存在する」という外部実在論を「理解可能性の条件（Searle 1995:182）」とするサールの議論が注目されよう（外部実在論については本章第3章参照、またローティによる応答（CP3:63-83）も見よ）。

(11) こうした態度こそデリダが「正義」と呼ぶものにほかならない（Derrida 1994=1999）。《規準》の不可能性を知悉しつつそれでも《規準》を立てて決断するという――本来アイロニストが耐えるべき――この「息苦しさ」をローティが忌避しているのではないかとの疑念は、比較的ローティに好意的なLitowitz（1997:151）によっても表明されている。また私見では、この正義の「息苦しさ」にもっとも感動的な態度で耐え抜いているのは（いまだ戸惑いを表明し続けるデリダではなく）、「他者の不気味さ」ではならぬ「他者があることの快楽」について語ってしまう『私的所有論』の著者である（立岩 1997）。

(12) 野生の蘭とは、一二歳のローティがニュージャージー州―北西部にある山間部に滞在していたときに執心した私的な趣味の対象であり、政治的・公的な興味を喚起したトロツキーの名と対照して、「私的で、不気味かつスノビッシュで、コミュニケーションに馴染まない（PS:6）」ものの代理-表象として用いられている。

第Ⅲ部　社会の制作――ルーマンの構築主義

よく知られるように丸山眞男は「私自身はどんなに差引勘定をしても大日本帝国の「実在」よりは戦後民主主義の「虚妄」に賭ける」と述べ、アメリカ従属下での民主体制の矛盾を突く大熊信行に対して、「戦後民主主義」の虚妄性をある意味で認めつつも、その虚妄性がただちに「実在」に屈するわけではないという立場を明確に差し出した。岸内閣による日米安全保障条約改正（六〇年安保）の強行採決を承けての言葉であり、実に力強い、丸山らしい明快かつ思慮に富んだレトリックである。同時期に日本共産党――ようするに党主導型の左翼のあり方――批判を展開していた吉本隆明が『擬制の終焉』を編み、丸山自身の思考展開とも相まって、擬制・作為／原像・自然といった議論の対立構図が、左派／右派のあいだのみならず左派のなかにもビルトインされていった。

現在に至っても、左派の欺瞞／右派の本音、教条的左派／現実的左派という構図は、繰り返し使用され続けており、ずいぶんと長い歴史を持つ「社会問題を語る語彙」として定着してしまった。丸山は、自然（であること）が作為（なすこと）をつねに失効させてしまう点に日本思想の通奏低音を見いだし、なかば慨嘆しつつ、作為・政治の思想を紡ぎあげていくわけだが、少なくともここ半世紀にわたる日本語圏での思想界での常套文句、レトリックの遠近法を創り出し、再生産したという点では、丸山も「主犯」の一人である。逆にいうとそれほどまでに強固な説得力を持ちえたレトリックであったといえるだろう。

戦後民主主義、近代的価値が作為的に構築されている点を認めたうえで、その構築的な性格にこそ政治という社会的行為の固有の意味を見いだしたという点で、丸山の思考はある種のアイロニーを内包した近代主義である。「本当は…であるのに…人々は騙されて…となっている」という暴露啓蒙でもなければ、規範的な判断の準拠点を特定化したうえで、その準拠点から「現実」のわい曲を批判する、直球の理性啓蒙というのでもない。

虚構はあくまで虚構である。しかし、虚構たること、作為たることこそが政治的行為の（歴史的）本質なのだ――そうした一ひねりをいれたうえで、本質としての虚構という準拠点から、現実の実態信仰を理性啓蒙する。このように複雑に屈曲した丸山の思想、洗練された理性啓蒙は、しかし、どこまでも、思考停止自体を肯定する実感信仰派――「大衆」を楯にとったポピュリズム的・多数決的民主主義の思考停止に他ならない――によって切り崩されていく。90年代には、その入り組んだ理性啓蒙までが、国民国家の論理を前提にしていると文化左翼から批判を受けることになる。あるいは丸山の作為を決断主義的なアイロニーとして「理解」する論者まで現れる。その折り目正しさゆえか、随分と藁人形的に批判されたり、奇妙に援用される。丸山の思想は、幸福とはいえない形で受容・流用されてきたといえるだろう。

しかし先にも触れたように、丸山の論の立て方そのものがそうした不幸な受容の雛形を自ら作り出していた部分があることは否定しがたい。なによりも虚妄と実在、作為と自然といった区別を理論的・歴史的に確認したうえで、それを複雑に入れ込ませるという形で論を展開する限り、「実在」「自然」「原像」の側に立つものたちは、大衆・民主主義的な前提を共有する限り、なかば文法的に勝利が約束されているからだ。構築されるもの／されざるものという対立軸を差し出したうえで、その軸を複線化するという洗練された理性啓蒙の戦略は、啓蒙そのものを拒絶する立場にとっては、単純な暴露啓蒙・素朴な理性啓蒙と大差ないものと映る。丸山の思考が精緻化されていくほど、「実感」にそくした「現実」「自然」主義は、強化されていく。丸山が民主主義という原理を堅持し、大衆の理性を信用する態度を崩さないかぎり、その思考の敗北は宿命づけられている。いや、彼の理性啓蒙が洗練されていけばいくほど、「本音」や「実感」は、大衆からのかい離という丸山理論の失敗を実証することができてしまえる。そのさい、新しい「本音」や「実感」が生み出されていくわけであり、広い意味では——構築されるもの／されざるものの区別の再生産に関して——犠牲者である丸山もまた加担者であるのだ。

丸山が立てた準拠問題を展開していくにさいしては、彼自身がとった理性啓蒙のほかにも「機能的等価物」が存在する。なにが理想で、なにが実感・実態か、というwhatの問いの水準での議論空間から離床し、いかにしてhow作為／自然、理想／実感といった区別が構築されるのか、そのメカニズムを可視化していくというプロジェクト、ニクラス・ルーマンのいう社会学的啓蒙（soziologische Erklärung）である。

社会学的啓蒙は、倫理的価値をめぐる理性啓蒙と実感信仰の議論空間から身を引きはがし、その議論空間がいかにして可能となっているかを分節する。その意味で一見アイロニカルな立場どりにみえるかもしれない。だが、それは学問的な意味でのシニシズムではない。社会学的啓蒙は、十分に抽象された比較のための理論枠組み（社会システム理論）を用意し、人びとの実践、人びとがいかにして社会を構築しているかを克明に書き留め、その理論枠組みを準拠点とした比較（Vergleich）を可能にする。比較は価値の相対主義を含意するものではなく、比較することによる機能的な等価物の探索へと分析者の課題を転換しうる契機となりうる。多くの作為／自然の構図が準拠点としている「文化とパーソナリティ派」的な比較文化論と異なり、社会学的啓蒙は、文化（Kultur）そのものも説明されるべき対象として捉え、文化概念による安易な「比較」を拒絶する。反復的な議論空間を相対化するとともに、その反復性を文化というマジックワードで理解してしまうのではなく、十分な抽象度をもった社会理論にもとづいて機能的等価物を摘出する比較の作業を行う。だからこそそれはたんに社会記述と呼ばれるのではなく、社会学的啓蒙と呼ばれうる。ルーマンの社会理論をシニシズムと捉えることは、彼の提示する社会学的啓蒙のプロジェクトの根幹を見落としたものといえるだろう。

　第Ⅲ部では、このルーマンによる社会学的啓蒙が、倫理的価値と関連付けられうる概念運用・実践（how）に関連して、どのように展開されるのかを、集中的に考察していく。ラディカル構築主義ともいわれるルーマンのプロジェクトにそくして考察を進めた場合、私たちはいかにしてwhatをめぐる問いの圏域からいったん身を引きはがし、howの記述をなしうるのか、そしてそのhowの記述がいかにしてwhatへの検討にフィードバックされていくのか――そうした社会学的啓蒙のエッセンス、社会が社会を制作することに定位する考察のエッセンスを、「他者」「討議」「人権」といった、ここ数十年来の政治哲学、法哲学、現代思想を席巻してきたテーマにそくして検討する。

当然のことながらルーマンは、丸山とは異なる議論・討論の場に身を置いていたので、ここでは、英独仏米などの旧学問宗主国の思想言語に大きな波紋を呼んだ「モダン／ポストモダン」という区別に焦点を当て、その対立の磁場からルーマンがどのように身を引きはがし、社会学的啓蒙を実践していたのかを考察していくこととする。

ルーマンは、自著でもデリダの議論を採りあげていたり、ポストモダン思想に徹底抗戦したハーバーマスの好敵手とみられていたこともあって、しばしば、近代的な価値、「大きな物語」の解体、「人間の終焉」を解くポストモダン思想の文脈において捉えられたりする。とりわけ社会の構成単位を個人や自己や人間ではなく、コミュニケーションとするオートポイエーシス理論は、「人間の終焉」を示唆するものとして、ノルベルト・ボルツのようなポストモダニストに肯定的に受け入れられたりする。ルーマンとデリダのコミュニケーション論を重ね合わせる議論も少なからずあり、デリダやロラン・バルト、ミシェル・フーコー、ジル・ドゥルーズといった論者たちに大きな参照項とされることはなかったが、コミュニケーション（デリダの差延）、自己組織的な社会の構成（ドゥルーズのリゾーム）、歴史的な意味論分析（フーコーの系譜学・考古学）など、一見重なり合いをみせる議論様式が見受けられるのも事実であり、ポストモダン思想の熱狂を知る世代により、その類同性が指摘されたりしている。

ドイツでいえば、フーコーの言説分析に大きな刺激を受けたフリードリヒ・キットラーのような論者が、フランスのポストモダン思想とともにルーマンに大きな影響を受けたことを証言している。キットラーにとっては、ハーバーマスの理性啓蒙に抗うという点において、フランスの同時代の思想とルーマンは「機能的に等価」だったのである（日本でいえば、戦後民主主義の自律的主体像を解毒する吉本隆明のような論者として読まれた、とでもいえるだろうか)。

しかしこのように、ルーマンをポストモダニストとして読むことは、誤りというわけではないにしても、少なくともそうした「反人間」的な部分に焦点を当てる読みによって、ルーマンの理論の持つ説明力や機能を大きく減損させてしまうものである。

思想や社会理論というものを目前にある事象の説明装置、社会分析のおもちゃ箱として扱うのであれば、そうした限定された読みでもいいのかもしれない。それに対して「正しい解釈」を突き付けて思想史的な問題性を突き付けようという意図も権利も私にはない。しかし、方法を欠如したまま、「理論を使う」という態度は、「使わなかった」部分と「使った部分」との論理的な関係性を見えにくくさせ、結果的にその理論自体が持ち得ていたはずの可能性の幅を狭くしてしまう。「使えるものは使う」という態度は、一見、自由な思索をもたらすようにみえるが、実際は逆である。「使えるところを使う」という使い方自体が、理論のみならず分析対象の複雑性をも縮減してしまう可能性を考えなくてはならない。ルーマンを「使いたいように使う」態度が不毛なのは、思想史的に誤りであるから(だけ)ではなく、当の理論や説明したい世界を単層化してしまうからなのだ。「使いたいように使う」というひとは、誤用を指摘されることを恐れたり、逆に憤りを感じるようであれば、実は簡単な話で、使わずに自らの意見・分析を提示すればいいだけのことだ。ポストモダン的な文脈の捨象は、それ自体が思索の自由度を低減させる振舞いにほかならない。

そこで第Ⅲ部では、まず第一に、ルーマンのコミュニケーション理論のポストモダン的解釈とでもいえるもの(クリプケンシュタイン的解釈)を検討し、経験的研究を駆動させるプログラムとしてのルーマンの基礎理論のあり方を確認する。主な検討対象は、ルーマンのコミュニケーション理論を「反人間的」に、あるいは「デリダ的」に解釈する議論群である。そうした解釈空間で好んで取り上げられるのが、クリプキが独創的に解釈したウィトゲンシュタイン（クリプケンシュタイン）であり、日本でも柄谷行人のような論者をはじめとして、80年代以降流行を見せた「他者論」というテーマにおいてウィトゲンシュタインは「創造的に」誤解される。この創造的誤解を媒介項として、「行為は他者の理解をまって事後的に成立する」というクリプケンシュタイン的ルーマン解釈、ポストモダニスト的ルーマン像が少なくない論者から提示された。実は私自身『責任と正義』という書のなかでこうした解釈を示唆しているのだが、ここでは、そうした創造的誤解のもたらす非創造性を確認していくこととしたい。ルーマンはポストモダニストではない。これが第一の論点である。

そのうえで、ではルーマンが理性啓蒙の担い手という意味においてモダニストであったか、といえばそうではない、というのが続く第9章のテーマである。ルーマンがしばしばポストモダニストとして捉えられてしまう背景には、彼自身が、理性啓蒙の雄ともいえるユルゲン・ハーバーマスと激しい論戦を交わすことによって、多くの読者に知られるようになった、という経緯がある。『近代の哲学的ディスクルス』においてポストモダニストを徹底批判し、コミュニケーション的合理性にもとづく間主観的な討議理論を構築したハーバーマスと対峙した、というイメージが、ルーマン＝ポストモダニストという問題含みの理解を醸成してしまった可能性は高い。しかし、ハーバーマス・ルーマン論争と呼ばれているものは、けっして単純な意味において、近代的理性主義vsポストモダン的シニシズムという構図で理解されるべきものではなく、「討議」を人びとの実践に差し戻し経験的記述に差し戻すという社会学的啓蒙をめぐる議論の場であったといえる。それは理性vs反理性でもモダンvsポストモダンでも、人間的理解vs社会工学という軸において捉えられるべきものではなく、理性啓蒙と社会学的啓蒙という二つの「モダン」が交差した場であると考えるべきであろう。「討議」という相互行為実践を、ルーマンがいかにして社会学的啓蒙の立場から捉え返したのか、それは理性啓蒙的な討議理解とどのように異なる社会の捉え方を可能にするのか、を論じていくこととしたい。

第10章は、人権、基本的権利といったきわめて近代的な、そしてたびたびその虚構性・構築的性格が指摘される価値理念を、ルーマンがいかなる理路をたどり、いかなる意味において擁護しているのか、という点に照準する。平板に言えば「モダニストとしてのルーマン」――ただし社会学的啓蒙という思考回路を経由した――を前景化するのが、この章である。丸山は、作為と自然――構築されるものとされざるもの――を区別したうえで、人権や自律的主体といった戦後民主主義的な価値の「虚妄」に賭けた。対するルーマンは基本権のような抽象度の高いしかし普遍性を僭称する概念の歴史的な性格、つまり構築的な性格を、価値的に「賭ける」対象としてではなく、記述されるべき対象として捉え、そのうえで、そうした構築物が果たしている機能――等価的機能物の検出が難しい――を書き留める。

同様に基本的な近代的価値の構築的性格を踏まえつつも、丸山はそれをコミットメントの対象としたのに対して、ルーマンは人びとがそれをいかにして運用・実践しているのかを記述するという社会学的な課題へと舵を取る。そして人びとの実践を記述するという理路を通して、基本権・人権概念の等価機能物の検出の難しさを、機能分化という歴史的診断とともにあきらかにし、高度に複雑化した機能分化社会における基本的人権の「かけがえのない」機能を摘出する。それは「賭け」の対象となるようなものではなく、現実に作動している社会において使用され、実践されているものなのだ。

このルーマンの社会学的啓蒙のあり方に、丸山自身が自ら加担してしまった「構築されるもの／されざるもの」という構図から離床し、かつ適切な形で基本的な権利、価値理念を位置づける方向性を見いだすことができる。

基本的価値を正当化（基礎づけ）しようとしたハーバーマスの理性啓蒙、正当化を断念しつつもその可能性に倫理的に「賭けた」丸山のコミットメント、そのいずれとも異なる近代的価値の啓蒙のありかたを、私たちはルーマンの社会学的啓蒙に見いだす。社会が社会を制作するということを前提としたラディカルな構築主義が切り開く「第三の道」を確認し、本書の議論を閉じることとしたい。

第8章　他者論のルーマン――クリプケンシュタイン的問題設定の問題性

(1)　問題設定

日本の人文社会科学、社会学、あるいは批評の領域においては、ドイツ語圏を除いた場合、ほとんど例外的といえるほどにニクラス・ルーマンの理論が大きな存在感を持っている。二〇一七年時点で、初期の『法社会学』や『公的組織の機能とその派生的問題』から、『社会システム』、『社会構造とゼマンティーク』の1、2巻、社会の理論シリーズ（『社会の法』『社会の経済』『社会の芸術』『社会の科学』『社会の社会』『社会の独特』）、『信頼』『権力』『プロテスト』『情念としての愛』のほか、来日時のシンポジウム記録やヘーゲル賞受賞講演（『パラダイム・ロスト』）など、主要な作品の多くは翻訳されている。ルーマンを扱った日本人の手による研究書も一九八〇年代以降数多く出版されており、二〇〇六年には長岡克行による大部の包括的研究書『ルーマン／社会の理論の革命』が上梓された。また、いわゆる学術的な領域の外側の社会批評、文化批評の領域においてもルーマンの議論は重要な参照点の一つとして機能している。こうした例外的ともいえる受容が実現された原因・理由については、日本の出版文化、人文社会思想の特徴と照らし合わせつつ、さまざまな知識社会学的事情が考えられうるが、ここでは論点を絞り、八〇年代以降の日本におけるルーマン受容の一つの特徴的な側面をとりあげ、その思想史的含意について考察していくこととしたい——つまり、ポストモダン的文脈において重要視されている「他者」をめぐる議論と、ルーマン理論とを接合する方向性についてである。

もちろん、フルッサーやボルツの議論（のみならず、デリダの脱構築・正議論との関連性を図る『デリダとルーマン』など）にみられるように、「理性啓蒙」「暴露啓蒙」と異なる社会理論の方向性を探るルーマンの議論をポストモダン的な議論へと接続する流れは、日本以外でもみられる。しかし、八〇年代以降の日本の受容文脈においては、ポストモダニズムと直接連接させるというよりは、ソール・クリプキの特異なウィトゲンシュタインを介在させる形で、ルーマンの議論をラディカルなコミュニケーション理論として受け止めるという流れが存在している（私自身もこの流れに属していた）。もちろんそれは主流のルーマン解釈とはいえないが、一定程度の影響力をもった解釈図式を構成している。本章では、なかでも佐藤俊樹がもっとも明確な形で提示した——そうであるがゆえに、様々な反響と批判を呼んだ——行為の事後成立説に照準し、その論理と由来を考察していくこととする。

(2) 行為の事後成立説

「根拠の事後成立性」とでもよぶべきルーマン解釈の構図は、非常に影響力を持った馬場靖雄の書

『ルーマンの社会理論』(2001)にもみられる。馬場は、二重の偶有性という問題を解決する根拠(原因)を理論的な水準で求める志向が、ルーマンの議論の構成とかけ離れていることを論じる文脈で、次のように述べている。

> 一般的なもの、根底にあるものは、事後的な観察によってはじめて見いだされる。根底にあるもの、起源に位置するもの、媒介される以前の純粋なものは、遡行的にのみ構成され発見されるといってもいい。DK〔引用者注:Doppelte Kontingenz〕の空虚な円環とその上に無媒介にかぶせられる具体的な社会秩序との間のギャップを隠蔽した後でのみ、媒介・起源・発生・生成について語ることができるのである。(馬場 2001:82)

二重の偶有性のような仮定的なジレンマ状況は、行為者に与えられる能力や合理性によって解決されるのではなく、事実的な相互行為的状況のなかで解決されてしまう。たしかに、齟齬のない状態において秩序について語ることは奇妙である。私が駅で携帯電話の相手と会話をしているとき、私がいささかも注意を向けていない背後にいる人が私とのあいだで第三者からみてかみあったやりとりをしていたとしても、そこに秩序があるというのは奇妙だ。二重の偶有性的な状況は、相互にコミュニケートする意図(伝達意図)をもった行為者同士の間に起こる齟齬の典型的なケースであり、そうした齟齬こそが秩序の達成を論理的にも——秩序と非秩序の規範的な区別が成り立つという意味において——経験的にも可能にする。二重の偶有性的ジレンマは、理論的に想定される根拠(価値の合意、共有価値)などによって解決されるわけではない。その意味で馬場が「時間の圧力のもとでDKの空虚さが「強制的」に打破された後ではじめて、「コミュニケーションの共通の基盤」「それを可能にするもの」などについて語ることができるようになる（ibid: 75）」ということは理解することできる。

しかし、ここで注意しておかなければならないのは、馬場がDK解決の事実性・経験的性格を強調する一方で、解決＝秩序状態の規範的性格についてはーー少なくともこの文脈においてはーーそれほど多くの注意を向けていないように思える、ということだ。たしかに「コミュニケーションの共通の基盤」への反省的把握は事実的に遅れてやってくるわけだが、事実的な（しかし無根拠な？）相互行為がなされるときには、それが理論的な水準において無根拠であっても、そして規範の内容が確定できていなくても、規範に従う（秩序に適う）／違反する（秩序から逸脱する）という区別が行為者において理解可能な形で把握されていると考えられる。事実的な事後遡及性は、実践場面における規範の恣意性を含意しない。つまり、

1a　根拠・起源・基盤が事後的に見出されるということと
1b　規範に従う／違反するという行為が理解可能な形で実践されうること

とは水準が異なっており、両立しうる。さきほどの携帯電話の例でいえば、1aはもちろんのこと、1bの水準でも秩序、したがって規範が存在しているとはいえない（私も背後の人も規範に背くことができない）。一方、「何をすべきか」についての規範の実質的内容が不分明であっても1a、相互にコミュニケー

トする意図を顕在化させつつ、齟齬や誤解をコミュニケートすることは可能だし（1b）、「当事者を経由する解決という道に踏みとどまる（長岡 2006：261）」ルーマンの二重の偶有性状況もそうしたものであろう。

ここでの馬場の記述は、パーソンズ的な「文化」的解決に距離を置こうとするあまり、1aの水準を前景化し、1bにおける規範の位置づけを後背化させているように思える。この点ももちろん馬場は周到な議論を展開しているが、規範の遡及的正当化・定式化の事後的性格についての話と、実際のコミュニケーション過程における規範の従われ方／違反のされ方という実践的側面の話とが混在しており、結果的にジレンマの「解決」の無根拠さと奇跡的（根元的に偶然的な？）性格とが強調されてしまっているように思える。(1) 理論的無根拠が事実によって解決されるという「暗闇のなかでの正当化されていない跳躍（unjustified leap in the dark）」(2)、「コミュニケーションが通用するのは、それが何らかの事実や理念に合致しているからではなく、あくまで現実に行われている（ルーマンの言葉遣いに従えば、システムの作動として生じる）限りにおいてである」（馬場 2006：160）という「作動一元論」的解釈である。

こうした「暗闇の中の跳躍」的な論法は、より精細な形で佐藤俊樹により提示されている。

佐藤の議論は、初期ルーマンの相互行為システムについての議論と、中期以降のコミュニケーション論（情報／伝達／理解）の議論とを対比させつつ、「ルーマンはシステム概念を不当前提している」——相互行為についていえば、システムの自己記述がない以上、システムではなくただ単に「コミュニケーションがある」といえばよい——と主張するラディカルな主張である。ここでその全体像を紹介することは不可能であるが（この点に関しては佐藤（2008）、長岡（2006）を参照）、その議論のエッセンスをなしている行為の事後成立説について概観しておくこととしよう。

佐藤の基本的な出発点は、初期の論文「相互行為、組織、社会」(Luhmann 1975) において提示されている「全体社会は、相互に到達可能な諸行為の包括的なシステムである」という規定である。佐藤は、このルーマンの概括的な規定にかんして「行為の意味が他の行為の意味との関係によって決まる、というか、他の行為との関係によってしか決まりえないことが視野に入っている」と解釈したうえで、こうした議論は、「ある行為が何であるか、いやそれがあるかどうかまでが後に接続する行為に依存し、その行為もそれがあるか・何かを後に接続する行為に依存し、その行為も…」となってしまうがゆえに「臨界的 critical」なものであるとする。

私が道端で右手を挙げるという振舞いは、それがたとえ「向かい側の友人に挨拶する」ことを意図したものであったとしても、タクシーを停車させてしまうかもしれない。私は停車したタクシーに何らかの形で停車の意図がなかったことを弁明しなくてはならないだろう。挨拶するという私の意図的行為は、ある一定の文脈においてタクシーを停車させるという意味を持ってしまうのであり、それを訂正するには再度弁明するという行為に及ぶ必要がある。私の行為の意味が何なのかは、後続する他者の行為が uptake するのであって、私の意図や文脈・状況を関数とした行為の客観的なあり方によっては、規定される(され尽くす)ことはない。もちろん私は意図伝達の不成功を修正することもできる。しかし、それは誤解という形で示された後続行為に後続する「誤解を解く」という意図をもった行為にほかならず、私の当初の意図の直接的な貫徹ではない。主意主義的な行為理論への対抗を意図して立てられたルーマンのコミュニケーション論(相互行為論)のある側面をすくい取った解釈であるといえよう。

ここで着目すべきは、佐藤がこうした事後成立説を論じるにあたって何度かクリプキのウィトゲンシュタイン解釈に言及していることである。この点は、先に指摘した馬場における1aと1bの水準の混在に密接に関連している。たとえば、佐藤は次のように述べる。

> 行為－コミュニケーションは事後的に他者によって成立する、したがって他者が言及しえない状況で行為－コミュニケーションを考えることは無意味である――有名な「ヴィトゲンシュタインのパラドックス」へのS・A・クリプキの答えも、本来そういう意味だろう。(佐藤 2008：59)。

この引用部に付された注にはさらに「規則にしたがうかどうかを論じることも無意味である。そもそも観察者としての他者がいなければ、ある人間の行為が問題となることもない」(ibid：68) とある。長岡の批判に答えた他の個所では、ルーマンの議論とクリプキのウィトゲンシュタイン（クリプケンシュタイン）を同一視するつもりはないと述べているが、他者が言及しえない状況で行為（の意味）を考えたり、規則に従うということを考えることが無意味である、という強い主張はクリプケンシュタインへの参照関係を強くうかがわせるものだ。実際、佐藤の事後成立説は、クリプケンシュタインの議論の構図と偶然とは思えない大きな重なり合いを見せている。私の考えでは、それは馬場について指摘した二つの水準の問題と関連している。つまり、

2a　ある行為が規則（構造）に従っていると判定しうる外的な基準や、心的な事実は存在しない（根

拠は行為がなされた後に事後的に「あったはず」のものとして構成される）

2b　そうした基準や事実がなくとも、ある行為はその実践において規則に適ったり違反したりすることができる。逆にいうと、そうした基準や因果的メカニズム、心的事実が規則に従ううえで必要と考える場合にのみ、規則遵守のパラドクスが起こる

という二つの論点である。佐藤は、馬場と同様、2aを前景化し2bの水準を後背化させ、ラディカルなルーマン解釈——他者による接続が行為を構成するという「暗闇の中の跳躍」——を導き出しているように思える。もちろん佐藤は、「前の行為が何であるかは、後の行為に依存する。…行為はいわば事後的に成立する。／といっても、後の行為がすべてを自由に決めているわけではない。後の行為は前の行為（列）につながることで、前の行為がなす文脈のなかにおかれる。その文脈のなかで自らの意味を成立させる。だから、あわせていえば、前の行為がなす文脈のなかにおかれた後の行為が前の行為を解釈していく」というように、先行行為が後続する行為選択の前提となるという文脈と行為の反射性（reflexivity）を強調しており、行為の意味確定にかんする受け手の優越性を無前提に主張しているわけではない。しかし、この引用部でさりげなく使われた「解釈」という言葉が、佐藤の議論のクリプケンシュタイン的性格を陰に陽に示してしまっている。この点を明確にするために、節をあらため、クリプキのウィトゲンシュタイン解釈とそのルーマン解釈への援用の持つ意味を考えていくこととしよう。

(3) クリプケンシュタインと解釈主義

行為の意味、あるいは行為が事後遡及的に画定される、という議論の前提となっているのは、ある人が行った行為（の意味、意図的行為）は、行為者の意図もしくは文脈によって一意的に画定されるのではなく、つねに複数の適切な解釈（解釈の主体は理解する受け手）に開かれている、というものである。私の指の動きは、明りをつける意図的行為であるが、それは家の外にいる泥棒を警戒させるという行為である可能性がある。行為の責任と意味は、行為者の意図によって統御されつくすことはない。意図的行為の意味は、文脈が行為によって構成され、行為が文脈によって構成される以上、一意的に定まることはない。それは後に誤解として修正のコミュニケーションがなされるにせよ、いったんは受け手の理解・解釈によって確定される。受け手（次なる行為連接の送り手）は行為の意味を確定する＝解釈する一応の（prima facie）権利を有するのである。行為の事後成立説と、後続行為（理解）を先行行為――ある行為者による一定の時空間的な幅を持つ身体的動静――の解釈として捉える考え方は、内的な関連性を持っている。

クリプキのウィトゲンシュタイン解釈は、粗くまとめるなら、こうした後続行為者（他者）による適切な解釈の複数性、一意的な「正しい」解釈の確定不可能性（不確実性）をクリアに示したものといえる。だからこそ、クリプキは、「行為解釈の不確定性」という論点、「共同体的解決」という論点（「規則に従っているから、後続行為に接続される」ではなく「後続行為に接続されるから、規則に従っているとみなされる」）を介して、ポストモダン的他者論や事後成立説的なルーマン解釈に援用されることとなる。問題は、後続行為（ルーマン的にいえば理解の契機）を解釈として捉えるという思考法である。この解釈主義が、解釈の不確定性という問題設定、受け手による一応の確定の権利という問題設定を呼び込む。逆に言うと、解釈主義を外せば、事後成立説を可能にしている問題設定は解消する可能性があるということだ。そして私は、ルーマンの基底的自己準拠の議論を整合的に理解するためには、そうした解釈主義の解消が必要であると考えている。この点を、規則論にかんする標準的なウィトゲンシュタイン解釈にそくして確認しておくこととしよう。

クリプキがウィトゲンシュタインのパラドクスとして提示した問題系に関しては、ウィトゲンシュタイン自身は次のように述べている。

私たちのパラドクスは、ある規則がいかなる行動のしかたも決定できないであろうということ、なぜなら、どのような行動のしかたもその規則と一致させることができるから、ということであった。その答えは、どのような行動のしかたも規則と一致させることができるのなら、矛盾させることもできる、ということであった。それゆえ、ここには、一致も矛盾も存在しないのであろう。

ここに誤解があるということは、私たちがこのような思考過程の中で解釈に次ぐ解釈を行なっているという事実のうちに、すでに示されている。あたかもそれぞれの解釈が、その背後にあるもう一つの解釈に思い至るようになるまで、私たちを少なくとも一瞬の間安心させてくれるかのように。言いかえれば、このことによって、私たちは、〔規則の〕解釈ではなく、応用の場合場合に応じ、私たちが「規則に従う」と呼び、「規則に叛く」と呼ぶことがらのうちにおのずから現われてくるような、規則の把握〔のしかた〕が存在することを示すのである。それゆえ、規則に従うそれぞれの行動は解釈である、と言いたくなる傾向が生ずる。しかし、規則のある表現でおきかえたもののみを「解釈」と呼ぶべきであろう。(Wittgenstein 1953=1976: 162-3)

クリプキの前提は、「私の過去の歴史についてのいかなる事実も(外的であれ内的であれ)、私が〈クワス〉でなく〈プラス〉を意味していたということを確定しない」ということであった。つまり、あらゆる既存の内的・外的事実をもってしても、それは「クワスに従う」「プラスに従う」のいずれとも解釈しうる、ということだ。しかし右のウィトゲンシュタインの引用からも分かるように、ここでは、「規則が行為を導く」ということが単純に否定されているのではない。ここにおいて否定されているのは、「解釈によってのみ、規則はある行為を自らに合致するものとする a rule determines an action as being in accord with it only in virtue of an interpretation」という考え方である(Baker and Hacker 1984: 420)。ベイカーらの立場は、ウィトゲンシュタインの反懐疑論的な立場を確認したうえで、上記の議論が懐疑論として提出されているわけではないこと、つまり規則に従うことの不可能性や不確定性をいうものではなかったということを確認するものである。無理のない標準的なウィトゲンシュタイン解釈である。[3]

ここでウィトゲンシュタインがやっていることはクリプキのウィトゲンシュタインとまったく逆のこと、つまり懐疑論的解決(懐疑論を認めたうえでの解決)ではなく一種の背理法による懐疑論の解消である。「＋2」という加算を続ける生徒の例を、ウィトゲンシュタインは「規則に従うこと」を「（定式化される）規則」と「規則の解釈」とに分離して考察すると奇妙なことになる、したがって「規則と規則に（解釈的に）従う」という規則観は維持できない、というように、背理法的に示している（「規則にしたがうことは、規則を解釈して行為することである」という前提によって、規則と行為があらかじめ切り離されている」（小宮 2011: 165））。この分離法をとると、「規則に従うこと」自体を無意味とするか（従ったり違反したりできなくなる）、②「心的・私的な事実性は行為を導きえず、（正当化を請け負う）共同体が必要となる」といった極端な選択肢にいきついてしまう。

　規則との関連で個別の行為はなされるが、その規則は個別の行為の実践において示される。何がいかにして適切であるかということを私たちは一定程度予期できるし、個々の実践は状況において適切であったり不適切であったりする。規則はそのようにして個々の実践において示されるのであり、けっして心的な過程において解釈されるものではない。むしろ解釈する（ことさらに対象化して記述＝再定式化する）事態を規則に従うことの基本タイプと捉えること（解釈主義）の奇妙さを考える必要がある。――これがおそらくはウィトゲンシュタインが論じようとしていたことだ。

　クリプキは、解釈主義に対する一種の背理法として提示されたウィトゲンシュタインのパラドクスを、懐疑論として受け止め、その解決を共同体による受入れテストに委ねる。クリプケンシュタインに乗るということは、そうした規則と実践の相互反射性をみるウィトゲンシュタインの議論の大前提を、解釈主義によって否定するということを意味する。これは、文献学的解釈の問題ではない（そこは私にはわからない）。ウィトゲンシュタインがもっとも強く批判していた当のものをウィトゲンシュタインに帰

することによって、その主張のラディカルさをそぎ落とすものである。(4)

事後成立説はそうした意味での解釈主義を前提としている、というか、せざるをえない。事後成立説は、先行行為の意味が、先行行為者の意図や行為者が共有する文脈や規則(心的事実や歴史的事実)によって定まらない、つまり行為の意味が行為時点では不確定であることを含意する(行為の意味の不確定性indeterminacy)。後続行為者が、先行行為(身体的動静)の意味を解釈するのだが、解釈には複数の適切なものがありえる(5)——こうした問題構成は、まさしく、「規則に従うこと」を「(定式化される)規則」と「規則の解釈」とに分離して考察する、という懐疑論的スタイルと折り重なるものである(前田2006:713)。行為(規則に従うこと、過程)を規則(構造)への解釈であると考えるからこそ、適切な解釈が複数成立する(不確定性)という問題が生じ、それを解決するために共同体(他者)が挿入される。解釈主義が意味の不確定性と共同体・他者を呼び込むわけだ。解釈主義がなければ、行為(過程)と規則(構造)の分離も不確定性も、共同体的解決も必要はない。

興味深いのは、事後成立性はこのように解釈主義を採らざるをえないはずなのだが、佐藤は、解釈主義を残したまま、意味の不確定性を、「コミュニケーションは成立している」という日常的な直観にもとづいて非問題化しようとしている、ということである。(6)

(1)事後成立的性格を考えると、行為・コミュニケーションの意味が本源的に確定しえないことになるのだが、

(2)その不確定性を処理する仕組み(システム)は不要となる。

(3)なぜなら、学的分析者が不確定性を認識していたとしても日常的には支障なく行為できているから、

と佐藤は論を進める。「社会学者が内部観察者である以上、行為 - コミュニケーションが本源的に不確定ならば、日常的にも不確定でかまわないとかんがえるほかない」（佐藤 2008：44）。このあたりの議論は理解が難しいところなのだが、事後成立説および解釈主義は残したまま、意味の不確定性は事実的に処理されており、そこに処理するシステムや秩序のような仕組みは不要、ということであり、その不要な理由が学的観察者もまた内部観察者である、という点に見いだされている。

内部観察者はことさらに不確定性の問題を前に逡巡することなく、しばしば誤解や誤解の修復を試みながら、ともかくも行為を連接させている。これは、

3a　行為解釈の不確定性を処理する仕組みがあるから、行為は接続する（規則のようなものが因果的に行為を導く）

の否定と、

3b　行為が接続しているならば、行為解釈の不確実性を処理する仕組みは不要である

という主張を併置したものである。当然、3aの否定が正しいとしても、3bが正しいとは限らない。佐藤において、この推論を可能にしているのが、観察水準の差異という論点である。3aは不確定性を処理する仕組みを——学的観察者の水準で——何らかの形で想定せざるをえないが、3bは行為が連接しているという当事者（内部観察者）水準の認識によって担保されている。3aを否定する社会学者もまた3bにおいて内部観察者である、という観察水準についての議論（オートロジー）が佐藤において、解釈主義

を残したまま不確定性問題の解消を可能にしている。それと同時に、システム（構造と過程）不要論、つまり作動一元論を正当化している。この独特の問題の解消は、実はクリプキの懐疑的解決と構造的によく似ている。規則（構造）の解釈の不確定性（パラドクス）にもかかわらず、ある行為は、共同体のメンバーによって受け入れられたときに規則に適っている、と判断されうる。この共同体のメンバーを後続する他者と読み替えれば、佐藤のシステム／構造なき行為の事後成立説は、コミュニケーション論の文脈で経験化されたクリプケンシュタインとして理解することができる。

こうした議論の構成においては、3aの否定のために持ち出される事後成立説、解釈主義は少なくとも学的水準においては維持されており、解釈主義がもたらすパラドクスの解決が当事者水準（経験的水準）に投げ出されている。ここに欠けているのは、解釈主義的な問題の立て方自体が行為接続のあり方を記述していくことの障害となっているのではないか、クリプキの懐疑論的に捉えられた以外の仕方で規則と行為との関係を考えることができるのではないか、という懐疑である。「規則と、規則の解釈としての行為」という対照の構図を問題化するウィトゲンシュタイン的議論を社会学の課題として翻訳する志向、といってもよい。

しかも、こうした解釈主義的-事後成立説が経験主義的・社会学に展開されることによって、佐藤の議論は、規則に従うこと（行為）にかんしてクリプキ以上に強い見解を提示するにいたっている、という点に注意しよう。

たとえば、「行為-コミュニケーション」は事後的に他者によって成立する、したがって他者が言及しえない状況で行為-コミュニケーションを考えることは無意味である」「規則にしたがうかどうかを論じることも無意味である。観察者としての他者がいなければ、ある人間の行為が問題となることもない」（佐藤 2008：68）という言明である。それは、ロビンソン・クルーソー的な問題設定の無意味さの主張につながっている。ロビンソン・クルーソーとウィトゲンシュタイン的規則論（あるいは、私的言語論）とのつながりは込み入っているが、佐藤によって「観察者としての他者がいなければ、ある人間の行為が問題となることもない」という主張の帰属先として言及されたクリプキ自身は、次のようなロビンソン・クルーソー論を提示している。

この、私的言語論でほんとうに否定されているのは、規則に従っている、という事についての「私的モデル」である、という事は、ある島で共同体から分離されて生活しているロビンソン・クルーソーは、何をしようと、何らかの規則に従っている、とは言われえない、という事を意味しているのだろうか。私はそうは思わない。そこから導かれるものは、もし私たちがクルーソーを、規則に従っている、と考えているならば、私たちは彼を私たちの共同体に受け入れ、そして規則に従っている、という事についての私たちの規準を彼に適用しているのだ、という事である。規則に従っている、という事についての私的モデルが誤りである、という事は、物理的に共同体から切り離された個人については、規則に従っている、という事を意味する必要はない。それが意味する事は、むしろ、（物理的に共同体から切り離されていようと、なかろうと、）共同体から切り離されて考えられた個人については、規則に従っている、という事をいうことは出来ない、という事なのである。

(Kripke 1982=1983：213-214)

クリプキが立てているのは、「4a物理的に切り離された／4b共同体から切り離された個人（行為者）」という区別である。共同体側の「私たち」が理解することが可能であると判断することができるならば（有意味に行為する存在であると判断することができるとするならば）、規則に従う／従わないという判断を適用するのは無意味ではない。4aに関して「規則に従うこと」をいうのは、そうした意味では無意味ではない。4bはそうした意味での理解可能性を帰属することのできない個人のケースであり、そうした個人が規則に従ったり、違反したりすることをいうのは、意味をなさない。いうまでもなく、意味をなさないというのは、規則に従うことと規則に従っていると思い込むことの区別が成り立たないということである。

一方佐藤が立てているのは「4c経験的な水準で観察者（言及）から切り離された個人」については理解可能性の帰属可能性を議論すること自体無意味である、という議論である。簡単にいえば4a〜4cのケースについても4bのケースと同様に無意味である、というものだ。「もし本当に他者の行為やコミュニケーションに接続しなければ、それは論理的に観察不可能である。神でない以上、それに関しては誰も何もいえない。その意味で絶対的に無意味な事象だ（佐藤 2008：145）」と佐藤はいう。そして、クルーソー的事例は、社会科学者のコミュニケーションに接続されてはじめて、仮想された「接続しない行為」として意味を帯びる、と。一見これは、Aのケースの有意味さをいうクリプキの議論（私たちの共同体でテストする）と似ているように思えるが、「物理的に切り離されていても、共同体によって理解可能性が帰属されうるならば、有意味」とするクリプキと、「物理的に切り離されている、つまり、事実

的な観察（観察可能性が、ではなく）がなければ、無意味」とする佐藤のあいだには、見逃すことのできない差異がある。(7)

クリプキは、観察可能性、理解可能性を判断することの可能性をとりあげているのに対し、佐藤は観察可能性ではなく、事実的な観察の有無をとりあげている。人間が立ち入れない深海で昨日生まれた深海魚の子は、事実的に観察されていないかもしれないが、観察可能である。観察の事実の有無の水準で議論を展開する佐藤の議論は、クリプキのそれよりも強い含意を持つ。

行為の事後成立説は、先行行為の意味が後続する行為の接続（観察）によって成立すると考える。したがって、後続行為が事実的に存在しない場合は先行行為の意味を問うことは無意味となる。しかし、私たちは、日常的に後続する行為がない状態で、有意味な意図的行為――問われれば、ある記述のもとで理由をもった行為として記述しうるような振舞い――をしている。佐藤的な意味における行為が「成り立たない」としても、現実に、有意味な行為をしている。そうした直観的に有意味と思われる行為の意味を問うことは端的にいって無意味であるはずがない。(8)

酒井・小宮は「佐藤のような議論は、ルーマン内在的な読解というよりもむしろクリプケンシュタイン哲学のもとでの哲学的（ないし現代思想的）読解であり、それはルーマン読解の助けになるどころか、不要な懐疑論を呼び込むことでかえって社会学的課題へと目を向けることを妨げてしまう（酒井・小宮 2007: 82)」と述べているが、佐藤のルーマンは、クリプキのウィトゲンシュタイン以上に現代思想的――議論のラディカルさ、新奇性ということでいえば――であるといえるだろう。

⑷ 行為の不確定性という問題

本節では、解釈主義・事後成立説の問題性を、別の角度から検討してみよう。規則に従うということを規則を解釈することと捉えることから、解釈の不確定性という問題が出てくるというのが前節までの議論であった。佐藤は、この解釈の不確定性をシステムのような仕組みで解消することに否定的な見解を示していたが、この点、仕組みの生成について詳細な議論を展開したのが、大庭のシステム倫理学（大庭 1989）である。時間的には佐藤に先立つ大庭の議論は、明確な形でクリプケンシュタインにそくして展開されているわけではない。むしろその理論的背景をなしているのは、クワイン的な翻訳の不確定性（あるいはデイヴィッドソン的な根元的解釈）論である。仕組みの捉え方について両者は異なる見解を提示しているが、その根幹には、解釈主義的態度に由来する「解釈＋解釈を待つ何か」という区別が前提とされている。この区別がシステム論にとって持つ意味を、（1）構造と過程の分離・再結合という議論の立て方の問題系、（2）構造の「事象的意味」への特化という問題系、に分けて以下で考えていくこととする。

解釈主義は、当たり前のことだが、「解釈（としての行為・理解・後続行為）＋解釈される何か（としての行為・先行行為）」という分離を前提とした加法的理解を前提とする。解釈される何かXはその物理的・空間的な幅の特定も含めて、複数のある程度の適切性を持つ解釈に晒される。この解釈の不確定性を、大庭は「ワーストコンタクト」という「ダブル・コンティンジェンシー」の状況の記述からはじめ、それを次の2点に整理している（ちなみにワーストコンタクトとは筒井康隆の小説に出てくる奇妙な状況設定。初対面の相手に「「始めまして」と声を出しつつ上半身を傾けた。と途端に相手はさめざめと身をよじって涙をこぼす。そんな反応を予想だにできなかった私は、思わず〝何か悲しませてしまったのか〟と戸惑い、今度は首を振って「ゴメンナサイ、初対面なもので」と発生する。と途端に相手は妹を強姦した男を見つけたような凄い目つきで身構える（大庭 1986：45-6）」といった状況である）。

5a 相手の意図・信念の決定不全性（不確定性）

5a-1 相手の身体的振舞いをある程度分節化するための認識の枠組みを当方が持ち、その身体的振舞いを

5a-2 ある状況において意図的な行為として理解しうるような信念・意図の帰属を行え、さらに

5a-3 相手の意図・信念システムの全体的な整合性が想定されうる場合、そうした条件を満たす意図・信念システムの描き方はつねに複数存在しうる。

5b 意図・信念の決定不全性は、ダブル・コンティンジェントである。「私が振舞いBを行為Aとして受け止める、ということを相手は知っている、ということを私は知っている、ということを相手は知っていると、私は…」といった意図の相互反射性が想定されうる。

整合的な行為解釈（マニュアル）の複数性5aと、解釈の相互反射的性格5bを指摘したうえで、大庭は、「そのように互いに、相手の意図・信念システムについての（原理的には無限の）諸可能性を互いに絞り

込んで、互いに相手に対して一定の「規定」された期待を持ちえているのは、何の所為であるのか。さらにいえば、相手の行為の何たるかに関して、原理的には無限の推論（Schliessen）を断つ（Ent-schliessen）ような〈決断〉は、何に支えられているのであろうか（大庭 1986：55）」と続ける。こうした大庭の論は、「不確定性↓それを解消する仕組みの措定」という佐藤が批判した論の運びとなっている。しかしその両者は「解釈と解釈を待つ何か」という区別を前提としている点で、少なくとも不確定性という論点にかんしては通底したものとなっている。(9)

事後成立説においてクリプキが果たした役割を、解釈の不確定性論で担っているのは、デュエム＝クワインの理論の決定不全性論である。(10) 実際、大庭は上記5aの議論の由来を、クワイン - デイヴィッドソンの根元的翻訳・解釈に帰している。大庭の議論に大きな影響を受け、行為の事後成立説を展開した北田（2003）では、デイヴィッドソンに焦点が当てられているが、その大まかな構図は、デュエム＝クワインテーゼのコミュニケーション論的な転用により構成されている。

こうした議論は、やはりルーマンの解釈としては極端なものといわなくてはならない。というのも、ここでは構造と過程とが理論的に切り離されたうえで理論的に接合される、という操作が行われているからだ。

ルーマンの構造と過程との関係についての議論は、より平板な用語に翻訳するなら、文脈の中に置かれた指し手（move）それ自体が、当該の指し手を含む文脈を構成する、ということができるだろう。構造と作動の「相互構成関係」について小宮（2011：76-77）が指摘するように、この場合、指し手と文脈とはウサギ - アヒルの反転図絵のように「同一」のものであり、行為とそれに意味を与える文脈、経験とそれに内容を与える理論（概念枠）のように分離して捉えられるべきものではない。文脈の一意的な特定化の不可能性が行為解釈の不確実性を呼び起こす。行為は、規則・文脈・構造を介して現れるのではなく、構造において端的に実践される。

ここで、大庭自身が名前を出しているデイヴィッドソンのクワイン批判（「第三のドグマ」）を想起するのは、けっして的外れではないように思う。

デイヴィッドソンは、理論の決定不全性を提示したクワインの「経験主義の二つのドグマ」を批判的に検討し、クワイン自身のなかに「概念枠と内容の二元論」という第三のドグマを見いだした。つまり、理論の決定不全性をいうクワインは、非言語的な経験としての内容と、それを適合する理論＝概念枠組みという二分法を前提せざるをえないが、そもそも異なる概念枠組みといえるためには、翻訳可能でなくてはならず――でなければそもそも相手の言っていることを言語として認識することもできない――翻訳可能であるためには共通の概念枠組みを持っているといわざるをえないので、異なる概念枠組み（および概念枠組みに包摂される内容）ということは意味をなさない、というものであった。概念枠組みと内容の二元論が、絶対的な翻訳不可能性と概念枠組みの複数性という問題を生みだすのであり、その二元論そのものを手放せば、理論の決定不全性の問題は解消される、というわけだ。

行為（過程）と文脈（構造）との関係も、まさにこの内容と概念枠組みとの関係と同型である。両者を切断したうえで、切断されたものの関係を問う、という考え方が、行為解釈の不確実性という問題を生みだす。デュエム＝クワインテーゼにそくしたルーマン解釈の定立は、デイヴィッドソンが言う意味でのドグマ――この場合は「解釈と解釈を待つ何か」――を前提とせざるをえないのである（馬場的にいえば、「構造と過程」というときの「と」と、解釈と解釈を待つ何かというときの「と」が異なる、ということである)。(11)

こうしたデュエム＝クワイン的、解釈主義的な解釈は、経験的な社会学としてルーマンを継承する、という点にかんして小さくない問題をもたらす。

一つには、実際に解釈的な態度がコミュニケーションにおいて現れる場面の記述への感度を鈍化させうる。エスノメソドロジストのマイケル・リンチ（Lynch 1993=2012）は、ウィトゲンシュタインの「社会学的読み」について論じた節において、次のように興味深い議論を提示している。

> 同様の議論は、科学社会学者がデュエム＝クワインの決定不全性テーゼを一般的に用いる仕方にもあてはまる。「証拠」と「理論」を分離して、そこから、現存のデータを説明する代替的な理論を（たとえもっともらしくないとしても）常に想像できるのだから、単一の理論の受容を強制することができるような有限回数のデータなどありえないのだ、と論じることによって、決定不全性の問題が作られるのである。（Lynch 1993=2012：209）

こうした決定不全性を前提とすると、人びとがかかわる相互行為、行為システムは、人びとによってその単一性を記述されないと（再定式化されないと）、システムとしての同一性を「確定できない」という奇妙な話になってしまい、ことさらに自らが携わっている行為状況を記述しない雑談のような発話・行為の連接は行為システムとしての同一性をもっていないということになってしまう。ここから「システム概念は不要である」「コミュニケーション／作動があるとだけいえばよい」という作動一元論が導き出されてしまう。行為の連鎖において、状況の明示的な再定式化がなされる、というのは、それ自体行為システムにおける差し手のひとつであり、他の差し手に比して高階に位置する行為ではない。しかし佐藤は、こうした高階の行為（自己記述）をシステムの同一性存立の要件として捉えたうえで、それがなくとも行為は事実的に連鎖しているのだからシステム概念は不要である、という結論を導き出す。これは再定式化を――いわば決定不可能な「理論」として――解釈的態度によって捉えたことの代償である。この代償は、システムの作動を経験的に描くというシステム理論の課題の放棄を含意するものであり、あまりに高い、不当に大きな代償である。経験的社会学としてのシステム論のプログラムそのものを否定するものなのだから。

もう一点、解釈主義が経験的研究のプログラムにもたらす問題として挙げられるのは、それが意味論的、あるいは解釈主義的な構造、あるいは規則に大きな焦点を当てるため――理論の構造上、身体の挙動の意味や、意図・信念の帰属が主題化されるため――、語用論的とでもいうべき行為連鎖にかかわる規則や構造が、規則・構造として把握されにくい、理論のなかに位置づけにくい、という問題がある。

リンチは興味深いことに、シェグロフらの会話の順番取りシステムを、パーソンズの言う二重の偶有性にかかわる社会秩序（会話という社会秩序）の成り立ち（社会システム）の規範性を経験的に記述したものと論じている。順番取りの規則は、それ自体直接的に特定の指し手の意味論的な意味――ルーマン的にいえば事象的次元での意味――を指示するものではない。しかし、それは対他者的な水準において、行為選択の可能なあり方を絞り込むという意味では、ルーマンのいう意味に無関係とはいえないだろう。

小宮は、この順番取りシステムを会話の構造、会話を「順番交替という構造と発言という作動の相互行為性関係によって成立している「社会システム」」であるという（小宮 2011：89-90）。別の言い方をすれば、順番交替の規則は、数量的に多く観察される統計的規則性というよりは、ある振る舞いの連鎖が会話と呼ばれうるような論理的条件、文法であるといえるだろう。

解釈主義では、「解釈を待つX／解釈」という二元図式を立てるため、こうした意味での構造（規則）を構造（規則）として捉えるが難しい。会話的な秩序の構造・規則を緩く捉える場合には、馬場や佐藤の「作動一元論」——行為連接の事実性が、その規範性よりも重視される——が導かれ、そこでは行為連接を導く規範は問題とされることはない。実際佐藤がもっとも重点を置いて論述しているのは、「解釈を持つX」の意味の不確定性（事後成立性）である。その不確定性にもかかわらず行為が連接している（「日常的に支障なく行為できている」）という経験的事実は、構造と過程というシステム論的な問題の立て方とは結びつけられることなく、つまりその秩序を成り立たしめている構造・規則の考察という問題とは切り離されて、端的に前提とされる。意味の不確定性をいう議論自体が、特定の意味における意味（事象次元の意味）に大きな理論的位置価を与え、形式社会学的な規則のあり方を見えにくくさせているのである。[12]

一方、会話的な秩序の構造・規則を緩く厳しく捉え、順番交替のような規則を規則として捉えることを否定するタイプの解釈主義もある。ここでは深く立ち入らないが、ジョン・サールによる順番交替規則批判がそれに当たるだろう。

サールは、規則を、「それが規則であるがゆえに」ある行動を規則の内容に従わせるようなものとして捉え、順番交替のルールは、「振舞いを生みだすさい因果的役割を果たす志向内容がどのようなものかを明らかにしない」(Searle 1986: 18) がゆえに——なのでそもそも従うことができない——、規則と呼ばれるに値しないと述べる。ある振る舞いXが行為として規則に因果的に導かれる、ということでのサールの規則観、志向される内容への肯定的態度を形成する契機としての規則という考え方にたつと、順番交替規則は、たんなる「振舞いの記述と外延的には等価」な記述ということになる。こうしたサールの議論もまた、ある振舞いXと規則とを分離したうえで両者の因果関係を主題化するという点で、広い意味での規則の解釈主義に属するといえるだろう。実際、サールは、その規則論において「「概念の字義通りの意味」を持ちこんで決定不全性を作り出し、その上で可能なオルタナティブの中から一つを決定する外的要因を探究する」という議論を展開している(「根元的決定不可能性 (radical undetermiantion)」に対する河村 (2013) の批判参照)。佐藤とだいぶ異なる規則観ではあるが、意味 (翻訳・解釈の対象としての事象的意味) の不確定性、決定不全性が現出せざるをえない解釈主義の論理構成において、形式社会学的な意味での規則が否定 (あるいは付随化) される、ということの典型例を示しているように思われる。

さてここで、先に挙げたワーストコンタクトの状況に立ち返ってみよう。

大庭はそれを二重の偶有性が露呈する根元的な仮想状況と捉えていた。たしかに異星人ケララと「わたし」のあいだでは、不条理としかいえないやりとりがなされている。しかし、ケララはなぜか、問われれば答えらしきものを言葉にするし、「わたし」の発話に応答するタイミングにかんして、「わたし」と大きな齟齬を持っていないように思える。逆にいうと、順番交替や隣接ペアのような規則が適用されている——何らかの秩序と規範が見出されうる——からこそ、そこで交わされる言語的内容の奇妙さが際立っているのであり、前者のような規則がなければ私たちはワーストコンタクトのエピソードを面白いとか奇妙だ、というように評価することはできないだろう。

このエピソードを小説として理解しうるということ、意味解釈の理論の決定不全性が露呈する仮想状況を理解し、楽しむことができるということ自体が、解釈主義がとりあげない（とりあげられない）タイプの社会秩序、規則の存在を浮き彫りにしているようにおもわれる。行為連鎖を可能にする規則のあり方は複雑な、複数の相貌を持っている。

(5) おわりに

根拠、行為の事後成立性を強調したルーマン解釈。それは、分析者（観察対象である社会に外在する社会学者）が社会の成員による行為の意味構成を軽視し、秩序の行為連鎖の原因や（単位行為の確定の）根拠を見いだそうとする態度を批判的に捉える、というところから議論をスタートさせている。その意味でそれは、社会に外在する観察の視点の認識論的特権性を問題化する内在主義の系譜に位置づけられるものである。そうであるからこそ、それはポストモダン的な他者論と——クリプケンシュタインなどを介して——共鳴しうるものであった。馬場や佐藤の場合は、さらにルーマンを予期理論として捉え（その失敗を宣告し、共同体主義的に解釈された言語ゲーム論を社会理論として擁護す）る橋爪（1985）に対抗するという動機もあっただろう。それは、操作的に特定化された単位行為（あるいは行為者の予期）からスタートする議論、社会・共同体の因果的・論理的先行性をいう議論のいずれにも共通する外部観察の前提を懐疑する内在主義だったのである。

しかしその一方で、このラディカルな内在主義は、逆説的に分析者を被分析者（当事者）から別の意味で切断する懐疑論的外在主義となっている。たとえば佐藤は、分析者もまた当事者である、というそれ自体穏当な判断から、「社会学者が内部観察者である以上、行為‐コミュニケーションが本源的に不確定ならば、日常的にも不確定でかまわないと考えるほかない（佐藤2008：60）」と結論する。しかし、クリプケンシュタイン‐ワーストコンタクト的な「コミュニケーションの本源的な不確定性」が疑似問題であるならば、「社会学者が内部観察者である以上」以下は次のように続けられるべきであろう。つまり――**社会学者が内部観察者であるということは、その人が日常的に規則に従ったり／違反したり、理解したり誤解したりすることができることを意味する。そうでなければ、そもそも社会学者は観察しているなにごとかを会話、コミュニケーションとみることができないはずだ。ある相互行為が成り立っていると判断できるということは、それが規則の働きを読み取ることができる（intelligible）ということであり、当該行為場面に内在しているかいないかにかかわらず、不確定的な状況を逸脱、例外、誤解などとして理解することを可能にする規則・構造を捉えることができるということである。**[13] **この水準においては、内部観察者／外部観察者という区別を立てること自体が無意味である**――と。

ルーマン自身がそうした見解をとり（内／外という用語は注意深く、しかし頻繁に使われている）、それにそくした経験的記述を実際に行いえていたのか、という問題はもはや本章の守備範囲を超えている。しかし『社会システム』一章で掲げられた「以下の考察は、システムが存在するということからスタートする。つまり、認識理論的な懐疑から始めるのではない、ということだ（Luhmann 1984: 30)」という言葉は――分析的リアリズムへの牽制であるとともに――「コミュニケーションの本源的な不確定性」を理論的（あるいはその解決を当事者に委ねるという準理論的）に想定したうえで、その懐疑論的な解決を目指すという方向性をとらない、という方法論的宣言であるように思える。それはポストモダン的な超越的視点の不在とも、ポストモダニストがみるモダンな超越的視点とも異なる水準において、社会システムの作動を理解し記述する、という宣言である。

事後成立説的解釈は、様々な反響と反論を呼び起こすことによって、そうしたルーマンのプロジェクトの引き継ぎ方の可能性を、浮き彫りにすることになった。ルーマン解釈の是非とは別に、ルーマンの社会学的・経験的な継承のあり方への議論を喚起する点において、それは間違いなく学的共同体の発展に寄与してきたといえよう。精細な理論的・思想史的な解釈研究（長岡 2006）とともに、懐疑論的ではないルーマン的プロジェクトの継承(14)（酒井・小宮 2007; 小宮 2011）が現れ始めている。その両者――特に長岡（2006）、酒井・小宮（2007）――にとって事後成立説は（解釈論的・経験科学的に）批判すべき重要な指標として機能してきた。その意味で、そしてその意味にかぎって、行為の事後成立説は学的システムにおいて「意味」を獲得していたのである。

註

（1）これはちょうど、言語の寄生的用法とノーマルな用法との区別の成り立たなさ（無根拠性）をいうデリダが、暗黙のうちに滑り坂論法を採用し、寄生的用法の基底性を主張しているようにみえる、というのと同型の問題かもしれない。誤解と対照される意味での理解の成功の根拠はたしかに事後的に明確化されるものかもしれない。しかしだからといって、理由の定式化の事後性は理由の無根拠性を意味しないし、ましてや誤解のほうが理解よりも理論的に基底的である、ということを意味することはない。

(2) Kripke（1982=1983：18）の表現だが、この表現は、1節で述べるように柄谷行人の他者論においてマルクスの「命がけの跳躍」とともに、先行行為に接続する他者の重要性（先行行為者の意図や、共有規範の非重要性）を強調する文脈において使用され、80年代以降の日本の批評的言論において広範に使用されるようになっていた。

(3) そもそも私にはウィトゲンシュタイン解釈の成否を判定するような立場にはないが、よく指摘されるように（飯田2004：111）、クリプキの解釈は、ウィトゲンシュタイン自身の「ここに誤解があるということは」という誤解の余地のない言葉があることを考えると、やはり無理があるといわざるをえない。

(4) ベイカーとハッカーは、加算を続ける生徒について書かれた『哲学探究』の箇所について、次のように論じている。「この箇所でのウィトゲンシュタインの目的は何か。『哲学探究』は何が規則に適うのかということにかんする懐疑論あるいは概念的ニヒリズムを煽っているのだ、と解釈したくなるところだが、そうした誘惑に屈してはならない。ウィトゲンシュタインは、私たちがどのような行為が規則に従っているのかを「知っている」という確信、ある定式（ある規則の表現）が次にどうすべきか（what step are to be taken）を「決定する」という確信を捨て去るよう促しているわけではない。なにしろ、ある人が何がルールに適うのかを知っていると言うことは意味をなしており、それはおおよそ正当化されうるのだから。同様に、ある定式について、それがある所定の結果を決したというのも意味をなしている。これらは明確な形で異論を受け付けるようなタイプのテーゼではない。それはむしろ、規則および規則に従うという概念の文法の一部を記述したものなのだ。これらの命題の否定は偽ではなく、無意味である。つまり、これらの命題は証拠によって支持される必要はない（Baker and Hacker1985：82）」。

(5) 佐藤は、三谷（2009）の批判に応答するなかで、意図の理解と意味の理解を峻別し、意図の理解においては誰が最終的な同定者かは明確に決まっているのに対して、意味の場合はそうではない、と述べている。たしかに、ポール・グライスの用語系に則っていえば、あらゆる行為や振舞いは自然な意味を持ちうる。それは意図と構成的な関係にあるわけではない。しかし、コミュニケーションにおいて問題となるのは、意図と構成的なかかわりを持つ非自然的な意味であり、グライス自身のプロジェクトの失敗が示すように、それは意図によって（のみ）意味が説明されうることを意味しないが、一方で、意図の理解と行為の意味が独立であるということにもならない。私たちはおおよその場合、行為の意図の理解と意味の理解との関連性を理解しているのであり、だからこそ「そんなつもりではなかった」という弁明（意図と意味づけの齟齬）をコミュニケートすることができる。

(6)「コミュニケーションは成立している」という直観自体には、コミュニケーションという用語の定義次第だが、まったく違和感はない。また行為を因果的に導く因果的メカニズムを措定することを問題化する点にも違和感はない。しかし、佐藤の議論では、私たちが秩序だっていると理解することのできる行為連鎖を人びとがいかにして成し遂げているか、という問いが入り込む余地がないように思う。これは後述するように、「いかに」の仕組みの解明、という課題が解釈主義において立ち上がりにくいということに関連しているように思われる。

(7) さらにクリプキの議論は、ウィトゲンシュタインのものよりも強い。ウィトゲンシュタインはクルーソーが言語ゲームを行っているかどうかの規準は、彼の行動に示されていると述べる。「受け手（共同体に属する私たち）が行為を意味あるものとする（解釈主義）」と、実践においてその有意味性が示される、との差異に注目しなければならない。

(8) ルーマンに大きな影響を受けつつ――スペンサー＝ブラウンの訳者でもある――独自な社会理論を彫琢してきた大澤真幸（1994）は、クリプキのラディカルな解釈をより穏当な形で受け止めている。大澤は「行為する当人にとってあらゆる意味において無関係な――したがってその存在すら確認できないような――他者による（行為に対する）観察の有無によって、規則に従っていること、についての判断の有効性が変化してしまうことの奇妙さ」（ibid：34）を指摘し、「ロビンソン・クルーソーの行為について、私たちは「彼は行為に従っている」と言うことができる」条件を模索している。

（9）大庭は（理論についての）決定不全性under-determinationという用語を選択しているが、ここでは、翻訳マニュアルの複数成立可能性について使われる不確定性indeterminationという用語を統一的に使用する。厳密には両者は区別されなくてはならないが（宮館 1986）、行為解釈の複数成立可能性にかかわる本章の議論にかんするかぎり、大庭の決定不全性と佐藤の不確定性を区別する必要はないと判断する。

（10）クリプキ自身、クワインの翻訳の不確定性とクリプケンシュタインの懐疑とのあいだに接点を見いだしている。Kripke（1982=1983:25-6）

（11）馬場（2001）第二章4節参照。

（12）個々のコミュニケーションが後続する理解の契機において成立するというルーマンの議論を受けつつ、エスノメソドロジーが提示した隣接ペアのような「規則」をその解釈に組み込んだ試みとして西阪（1990）を参照。

（13）したがって、分析者が当事者（社会の成員）の行為を適切もしくは不適切に記述することができる、と考えることは、必ずしも分析者が記述上の特権性を持つ「主意主義的行為理論」に帰着するわけではない。そもそもパーソンズの主意主義的行為理論がそうした意味あいを持つものであったかどうかも要検討事項である。このあたりが、三谷（2009）と佐藤（2010a）の議論の応酬（すれ違い?）と関連しているように思われる。

（14）三谷は事後成立説スイーパー的な役割を担ってきている。北田（2003）の行為の事後遡及説性については三谷（2006）、佐藤の事後成立説については（2009）を参照。佐藤による反論は佐藤（2010a）を参照。

第9章　社会の討議——社会的装置としての討議（倫理）

(1)　問題の所在——熟議と排除という問題系

近年、貧困や差別といった伝統的に使用されてきた概念に変わるものとして（あるいはそれらとは別の事態を指し示すための概念装置として）「（社会的）排除」という言葉がよく言及されている。九〇年代以降、社会的な行為領域へのアクセス可能性が限定されているため、社会的ネットワークから疎外されている人びと、集団の存在に焦点を当てる概念であり、ＥＵが九〇年代にフレームアップして以来、ヨーロッパ圏で様々な社会科学的検討がなされている。本章では、そうした排除／包摂をめぐる議論のなかでもとくにルーマン派の議論を念頭に置きながら、「熟議」「討議」というコミュニケーション様式が持つ社会的位置価と、排除（コミュニケーションの名宛て人Adresseとして認識されないこと）(1)の関係について、考察していくこととしたい。

よく知られているように、ハーバーマスの討議倫理学・理論は、抽象的、論理的、不偏的な主体像を前提としており、その話法に馴染まない他者を排除する、というように批判されてきた。たとえば、討議倫理において価値を与えられる語りの作法は、規範的にも実質的にも「西洋の白人中間階級の男性」のものであり、しばしばマイノリティに見られる「洗練されていない」感情的で身体的な発話の様式を排除するものである、といった具合に。討議や（それを下位類型として含む概念としての）熟議へのコミットメントは、同時に何らかの名宛て人の排除を意味するのであり、もし、熟議という社会的な関係性の様式に倫理的な価値を見出そうとするなら、熟議と排除の関係性を問わないわけにはいかなくなる。(2)こうした点については、すでに多くのポストモダン政治学、ジェンダーの政治理論などで議論されているが（2節）、本章では、やや別の角度から、つまり、ルーマンの討議分析に示唆を受けつつ、熟議もしくは討議を経験的に観察可能なコミュニケーション様式として位置づけ直したうえで（3節）、そのコミュニケーション様式が現代社会においてどのような形で排除と関わりうるのか、について仮説的な議論を提示することとしたい（4節）。

(2) 闘技と討議

熟議的民主主義の理論に対しては、よりラディカルな立場をとる論者から、様々な批判が展開されている。闘技的民主主義の立場をとるウィリアム・コノリーやボニー・ホーニグ、シャンタル・ムフらの熟議／討議批判の基本的な構図は、「合意を目指す討議を理想化すること自体が、「政治的なもの」持つ抗争性の存在を隠匿する」というものといえる。きわめて難解な用語系で記されるムフらの主張をどこ

まで理解できているが心もとないのだが、その論点は大きく二つに分けることができるように思う。(3)

一つは、熟議的なコミュニケーションによってもたらされる合意を、理論内にどのように位置づけるかということ、もっと簡単にいえば、合意／非合意の理論的な優先性をどのように捉えるか、ということである。「完全な合意であるとか、調和的な集合意志であるとかいった理念は放棄されなくてはなければならず、恒常的な紛争と敵対関係とが受け入れられなければならないのである」(Mouffe 1993=1998：208)。つまりは、抗争性によって成り立つ「政治的なるもの」を組み込んだ闘技的民主主義においては、合意的なあり方よりは「非合意的」「抗争的」な世界のあり方をベーシックなものとして考える、ということだ。理念的であろうが事実的であろうが合意に優先的な道徳的価値を置く熟議的民主主義は、政治的なるものの抗争性、合理性や道理性のみならず情念に動機づけられた様々な政治的立場の複雑な絡み合いを隠蔽する。したがって、理論的なスタート（にしてゴールであるような）地点として合意を置くべきではない、という主張である。

いまひとつは――第一の点ともちろん関係するのだが――合意を目指す論理構成そのものが、そうした枠組みに乗ら（乗れ）ない人びとを排除する、という論点である。「あらゆる合意は必然的に排除という行為に基づいている」(Mouffe 1993=1998：219)。

第一の論点は、理論が説明・解決すべき問題設定に即したとき、いかなる社会状態についての記述を議論のスタート地点とするか、という問題（理論の前提となる社会観察の差異）であり、第二の論点は、「合意」に照準した理論構成が、理論的あるいは事実的に行ってしまう排除を指摘することにより、その民主主義理論としての妥当性（理論がもたらす非民主主義的な状態の指摘）を問うものである。ムフの議論においては、両者の論点は密接に結びついているが、ここでは便宜的に両者を分けて検討していくこととしたい。

まず、第一の論点について。注意すべきは、ムフ自身が、熟議民主主義の合意について、かなり強い理論的前提を課しているということである。それは、ムフが持ち出すいくつかの二項図式からうかがわれる。たとえば、「諸個人の諸権利と民主主義的な自己統治が自由民主主義の構成要素であることは事実である…が、その個々の「文法」のあいだには、消去することのできない緊張関係があ」り、この緊張関係を異なる仕方で交渉し、一次的な解決法の接合を目指すことが大部分の「民主主義政治」なのだが、ロールズやハーバーマスらの熟議民主主義は、「最終的な合理的解決法を求めて」おり、「間違っている」(Mouffe 2000=2006: 144)。それは、「自由民主主義の中心的な諸価値の意味と階層秩序を永久に固定しようとすることで、価値の多元性の効果から政治を防御する」(ibid:144) ——と。

ここでは、緊張関係の交渉/緊張関係の消去、(たえざる) 交渉/最終的な解決、一時的/永久的といった一連の対立の構図が結びつけられ、前者=闘技的民主主義の後者=熟議民主主義に対する優位性が示されている。闘技民主主義は、共訳不可能で敵対的な価値が多元的にせめぎあっている緊張状態を出発点とし、その緊張状態を解消するのではなく、絶えざる交渉によって接合し、一時的な政治的な決定へと至るのに対して、熟議民主主義は、価値の多元性を認めはするものの、手続き的に示される合理的な討議のプロセスという「摩擦のない」状態を想定することで、緊張関係を隠蔽し、自由民主主義的な価値のヒエラルヒーを永久に固定する。ポストモダン哲学の示唆を受けたムフがこうした二項対立を持ち出すのは一見奇妙に思えるが、フランス現代思想において内部/外部、ストゥディウム/プンクトゥムといったメタ二値コード、つまり、「様々な二項対立により成り立つ既存の制度／そうした二項対立を脱構築する・脱臼させる・内破する何か」というコードがしばしば使用されてきたことを思えば、さほど不思議ではない。

重要なのは、そうした一連の二値コードの適用が、熟議民主主義に対する闘技民主主義の理論的優位を保証しうるのか、ということである。

まず、熟議民主主義は、その理論の内在的特性として、「最終的な解決」を想定するものであろうか。この点は「最終的」という言葉で何が含意されているか次第ということもあるが、熟議の場で合意に至った政治的決定が、事後の修正を受け入れない、という意味で「最終的」であるというのであれば、それは端的に批判対象を過大視している、といわなくてはならない。特定のテーマについて熟議のプロセスを経た決定は、その決定への理にかなった異議申し立てを受けつけない、というように強い主張をしている熟議民主主義者がどこにいるというのだろうか。熟議がもしそのようなものであるとするならば、複数の個人による熟議など必要ない。一定の手続き、合理的な議論の仕方とされるものをクリアしたとされる卓越した理論家（理想的討議者）が、ひとりで熟慮すればよい。

たしかにロールズの無知のヴェールの議論を、そのようなものとして解釈することはまったく不可能というわけではない。しかし、熟議民主主義を標榜する一般的な論者たちは、個々人が持つ私的な選好を排除することまで要求してはおらず、その意味で、「無知のヴェール」論法とは前提が異なっている。合意を目指す熟議の場に参加する動機を持っているからといって、自らの選好を参加以前に捨て去る必要はない。「合意を目指す場にコミットすること」と「自分の私的な選好を捨て去ること」を等値するときにのみ、熟議民主主義の決定方法が最終的であることとなる。個別の熟議による合意および決定の暫定性は、熟議を民主主義の根幹に据えようとする多くの論者も認めるところであろう。

しかし、ムフは、熟議民主主義は、合意の暫定的性格を的確に位置づけていない、それどころか、そうした暫定的合意の持つ構造的な暴力を隠蔽している、とみているようだ。絶えざる緊張関係の場としての政治的なものは、政治によって、ましてや合意によって解消されるなどということはありえない。「あらゆる合意はある暫定的なヘゲモニーの一時的な帰結として、権力のあるひとつの安定化としてのみ存在する」(Mouffe 2000=2006：161)。政治の緊張関係の複雑さは、合意によって解消されえないその解消されなさを、たとえいったんではあれ、「解消可能である」かのように記述する熟議民主主義は、政治的な関係性の複雑さ、ダイナミズムを過少評価している。複雑な現実に近似するためには、単純な理想的状態の想定を断念しなければならない。そこでムフは、ウィトゲンシュタインの『哲学探究』の有名な「ザラザラした大地へ戻れ！」の節を引き、原初状態をいうロールズ、理想的発話状況をいうハーバーマスを摩擦のない「なめらかな氷の上」を目指す論者として位置づけ、「なめらかな氷の上」では「障害」とされて排除されてしまうような政治的なもののあり方を前面化する自らの立場を対比させる。

そうしたウィトゲンシュタインの引用の仕方が文献解釈上適切なものかどうか、私には判断できないのだが、いわんとすることはわからないでもない。『論理哲学論考』に描き出されたような論理的言語ではなく、様々な多元性を内包する日常言語へ——そう言われるような対照にそくして、討議の倫理と闘技の「存在論」を対比させる。前者は、ある特殊な条件の下での後者の「過度に理想化」された描像にすぎず、したがって、後者に定位することこそがより根底的なのである。

だが、まず第一に、(ロールズは措いておくとして) ハーバーマスの討議理論が、「ザラザラした大地」から遊離しているかどうかが疑問である。ハーバーマスの討議理論は、70年代以降様々な改訂を経ているが、その基本的な視座は、①日常的コミュニケーションにおいて人びとによって前提とされている条件を抽出したうえで、②再帰的に捉え返す場を、抗事実的に想定することにより、合意事項の正当性を形式的に描き出していく、ということである。よく知られるように、コミュニケーション的行為の構成要件である「正当性要求」「真理性要求」「誠実性要求」は、その妥当性が疑われるとみなされる場面にそくして、析出されている。つまり、人びとがコミュニケーションの淀みとみなす場面・事例を観察(再定式化)するところから、淀みでないと人びとがみなす相互行為の妥当性の要件を浮かび上がらせるという構図、「妥当でない」ものの観察から「妥当であること」の条件を観察する方法である。この方法自体は、コミュニケーションの理論、語用論の設計としてはそれほど奇矯なものではない。それはある意味で、ポール・グライスの協調原理・会話格率の議論[4]や、スペルベル=ウィルソンの関連性理論などと似た性格を持っており、人びとが実際になしているコミュニケーションの成功(失敗)条件を摘出するものである。

たとえば、協調原理の下位に位置づく幾つかの格率は、人びとによって遵守される(頻度の高い)会話のルールを社会学的に記述したものではなく、「人々がそれらを前提としているがゆえに、格率への違背(淀み)が起こったときにも発話を合理的に理解することを可能にするような条件」として提示されている。つまり、それらは破られることを織り込んだ前提である。ハーバーマスのコミュニケーション的行為の理論も、諸妥当性要求の条件設定が語用論的理論として適切かどうかは別として、そういう理論構想、人びとによるコミュニケーションの淀み／正常の区別の規準を追構成する理論的試みの一つであるといえる。「淀み」は「淀んでない」ものとの対比においてのみ、「淀んでいない」ものは「淀み」との対比においてのみ、示される。こうした語用論的理論においては、必ずしも、「淀み」が「淀んでいない」ものよりも価値的に劣位に扱われるわけではない。むしろ「淀み」「障害」こそ根底的である、とする考え方のほうが理論的負荷が大きいといえるだろう。

だとすると、問題（ザラザラした大地を忘却している）は、諸々の妥当性を挙げること自体にあるのではなくて、それらの妥当性要求をことさらに（再帰的に）問い返す討議という相互行為様式（②の水準）に倫理的に高い価値が与えられる、という点にある、ということになるだろうか。たしかに、グライスの挙げる4つの格率（量、質、関連性、様態）は、それを守った相互行為のほうがそうでない相互行為よりも「正しい」とか「善い」とかいう道徳的判断を、基本的には随伴しない（Mey 1993＝1996：83）。つまり、格率を守った発言／守らない発言という区別の人びとによる観察と対応に焦点が当てられており、格率を守った発言＞守らない発言という価値判断は基本的に排除している。しかし、討議理論は、妥当性要求を満たした発話行為（相互行為）＞満たしていない発話行為（相互行為）という価値論的序列を導入している。この価値判断の導入は、「氷の上」を「ザラザラした大地」の上位に置くことにほかならないのではないか。

この点は後ほど述べるように、私自身も重要な論点であると考えている。諸々のコミュニケーションの前提条件を再帰的に問い返す討議のほうが、一般的にいって、そうでないコミュニケーションよりも価値が高い、というのは、やはりきわめて限定された歴史的文脈のなかでの一つの価値観の表明でしかないと考えられる。とはいえ、ムフのハーバーマス批判にも疑問は残る。というのも、ムフは実態として社会的な下位集団に属する人びとをも含めた集合的決定（つまり政治）のあり方について問う、という議論の枠組み、民主主義のあり方を問うという枠組みをハーバーマスと共有しているからだ。

集合的決定を暫定的にではあれ目標とするコミュニケーションは、何らかの形で決定しなければならず、その決定に際しては、決定事項に反対した者の意見はいったんは排除される。その決定を、合意と呼ぶのであれば、**合意という概念はそれに合意していない者たちがいることを含意することとなる。**その場合、「あらゆる合意は排除を伴う」と表現するか「あらゆる決定は暫定的な節合の痕跡である」と表現するかは、民主主義というロジックの内部における語法の問題となるようにも思える（有権者による、適切な理由に基づく完全な合意が物理的に不可能である――あるいは問題がある――ことを認めたうえで、「民意に基づく決定」をどう定義づけ（擬制）し操作可能な形で対応するかを考察するのが、「民主主義」という理論・方法論である、ということもできるだろう）。決定というものは、民主主義の名のもとに、決定に合意しないものを構造的に排除する、しかも決定は「権力」の多寡に左右される、だから民主主義は欺瞞である、というのであれば同意はできないにしても、理解することはできるが、「決定は暫定的であり、同意しないものたちの抑圧のうえに成り立つ」ということであれば、それが熟議民主主義批判であるということは理解できない。そうした主張を熟議民主主義者たちは認めるだろうし、永遠に未完であるにもかかわらず／であるからこそ、熟議を継続していく必要性をいうだろう。

理想的な合意の状態は、抗事実的に想定される（正当な合意とそうでない合意とを区別する）規準を表現した像であるがゆえに、つねに理想的でない合意の検出、非合意の検出をし続けるのであり、いわば闘技的な緊張関係を参照し続ける。そうした検出=再帰的手続きがなければ、決定はたんなるむき出しの権力や暴力の多寡を反映したものにすぎなくなってしまう。民主主義はなるほど理想的な手続きではないかもしれないが、そうした「決定の暫定性」「零れおちる非同意」をたえずモニタリングする制度として構想された（側面もある）のではなかっただろうか。そうした外部への再帰的モニタリングなき政治というのは、端的な「力」（power）還元論なのではなかろうか。

つまり、「集合的な決定を、民主主義的に行う」という枠組みのなかで議論している限り、ムフのハーバーマス批判は的を外し続けるように思われる。「政治とは集合的な決定でない」とか「政治とは民主主義ではない」といえば、たしかに熟議民主主義の議論をラディカルに批判することになると思うが、そのいずれの点についても、熟議民主主義者たちが設けた枠の外に出ていないようにみえる。だからこそ、ムフは、「政治的なるもの」のラディカリズムを説きつつ、民主主義や集合的決定を受け入れない抗争性を持つ「敵 enemy」と、「自由民主主義への倫理-政治的な指示を共有する」（Mouffe 2000=2006：158）「対抗者 adversary」とを区別せざるをえなかったのだ。いうまでもなく、その対抗者／敵の区別は、氷の上の世界とザラザラした大地の区別と折り重なりあう。合意するもの／しない者の区別の一項が、さらに対抗者／敵というコードによって指し示される。ザラザラした大地／よりザラザラした大地〔一層ザラザラした大地／もっとザラザラした大地〕…。この背後とりゲームにはむろん終わりはない。

ここでどうしても思い起こしてしまうのが、オースティンの言語行為論評価を契機に、言語行為の

「まじめさ／ふまじめさ」「寄生性／非寄生性」にそくして展開されたデリダとサールの論争である。論証的な文体を拒絶するデリダの議論は大変難解なのだが、あえて散文的にまとめるなら次のようになる。テクストの意味を規定する（とされる）文脈は非歴史的に画定できるようなものではなく流動的で、読み手／聞き手の置かれた状況によって変化するものだから、テクストそのもの、あるいはテクストと発話者の意図によって、意味を確定することはできない。引用か言及か、まじめか／ふまじめかというテクストの性質もテクスト（や意図）に内在的な形では特定化されない。ふまじめな発話や、著者の意図から時間的・空間的に隔絶した書き言葉を、二次的なものとして付随化するのではなく、むしろまじめな発話や著者の意図により意味の確定が可能とみなされるような発話のほうが、特異な文脈設定の効果である――スタンリー・カヴェルの言葉でいえば「デリダからすれば、日常言語はある一般的な書字の「一効果」であり、前者は後者の可能性にほかならない」（Cavell 1999＝2008：106）――と考えたほうがよい…。

ここでも、やはり「ザラザラした大地」の基底性がいわれているようにみえる。むろん、デリダはザラザラした大地のほうが存在論的に基底的などという「哲学的」なことは言わず、サールの「まじめ」な論証の特異性を、言語の「ザラザラ」感を絶えず喚起する言葉を繰り出すことによって、パフォーマティヴに示すという戦略をとる。「ザラザラした大地の方が基底的」といった瞬間に、ザラザラした大地／氷の上という二項図式を自らも使用することによってしまい、消極的な形ではあれ、「氷の上」を実体化してしまうことになるからだ。そのデリダの方法論的な面倒臭さが精算され、「ザラザラした大地」を存在論に特権化するとき、反基礎づけ主義は反転した基礎付け主義となる。リチャード・ローティが、デリダの私的／詩的な言語パフォーマンスを高く評価する一方で、「政治について明瞭で有効に思考するためには、言語の本質についてソシュール‐ウィトゲンシュタイン‐デリダ的に理解せねばならないというわけではない（Rorty 1991: 135)」というのもそのためである。

もちろん、政治というコミュニケーションにおいては、集合的決定は不可避であり、その意味で、意味の確定を先送りし続けるデリダ的パフォーマンスは馴染まない（政治にとっては外部刺激でしかない）。集合的決定という社会的事象を問題とするかぎり、その集合的決定の内部（および内部化された外部）と外部の区別はなされなくてはならず、つまり、外部としての「ザラザラした大地」はたえず、内部（決定）との対比において、状況に応じ occasional に観察・記述され続けなくてはならないわけだが、だとすれば、「ザラザラした大地」——あるいは決定不可能性——の存在論的な基底性というのは疑わしくなってくるだろう。決定の不可避性に踏み込んだ後期のデリダが、「決定不可能性」をめぐる論証的スタイルに立ち戻らざるをえなかったこと、つまりサールとの論争でみせた「面倒臭さ」を放棄したことには、たぶん相応の理由がある。

「決定不可能性は決定に宿り続けますし、決定は決定不可能性から縁を切ることがありません」（Derrida 1996=2002: 167)。決定不可能性、決定から零れおち、その背後に幽霊のようにまとわりつく残余。脱構築主義者が、そうしたものを決定と対比させるとき、かれらは、決定・合意と非合意を対比させる熟議民主主義者とあまり離れたところにいるわけではない。ローティ的にいうなら、「不可能性」を軸に政治理論を組み立てる脱構築主義者と、熟議民主主義者は、論証的スタイルに則って政治を基礎付けようとしているという点で、理論的な根っこを共有している、ということだ。もちろん第7章で述べたように、私はローティのようにそれを基礎づけ主義として批判するつもりはないが、表面的、スローガン的な差異にもかかわらず、両者が同じ根を持っている可能性には注意を促しておきたい。

(3) 熟議と排除

第二の論点、「合意」を目指す論理構成そのものが、そうした枠組みに乗らない人びとを排除する、という論点のほうはどうであろうか。

この批判がもし「合意は非合意の人びとを排除する」ということであるとしたら、この点についてはすでに論じたことになる。合意という言葉をもって何を意味するかは熟議民主主義者の間でも見解の違いがあるわけだが（たとえば異なる理由に基づく結論の一致を合意とみなすか否か、など）、討議や熟議を事実的なレベルで実行する際には、「現在の合意は、過去における非合意の調整の効果であり、未来における非合意に対して開かれている」ということは、共通の前提とみていいだろう。たとえばハーバーマス的な討議の場合は、理想的発話状態は到達不可能な未来に存在するのではなく、つねにすでに前提とされざるを得ない構成的仮象（Habermas 1988=1990: 189）として人びとの経験的発話に作用し、一時的な・一応の合意を可能にする。[5]それは「合意が形成される過程であると同時に不合意が新たに創出されていく過程」（齋藤 2000: 36）としても解釈することができる。

齋藤のように解釈するなら、討議は非合意を構造的に排除するというよりは、合意を目指しつつ、合意／非合意の差異の観察を生み出していくコミュニケーション過程であるということができる。決定は、何らかの形でそのコミュニケーション過程が「一時切断」することにおいてなされる。それを抑圧的排除といえないこともないが、集合的決定というものはそういうものだろう。熟議論者は、合意によらない決定＝一時切断よりは、一応の合意による決定＝一時切断のほうに価値を見いだす。もしそのように解釈することができるのだとすれば、討議理論は「自由民主主義の中心的な諸価値の意味と階層秩序を永久に固定しようとすることで、価値の多元性の効果から政治を防御する」という批判は強すぎるように思う。批判する闘技論者のほうが合意を堅固で揺るがしがたいものと捉えているようにみえる。

そうした批判とは別に、「熟議に動機づけられるのは限られた人たちだけなのではないか」という批判も考えられる。素朴にみえるが、かなり本質的な批判である。たとえば、セイラ・ベンハビブやアイリス・ヤングといったフェミニストたちは、ハーバーマス的な公共性、討議の概念が、特定の社会層にある人びとが内面化・身体化した語り方に適合的であり、そうした語り方を身につけていない人びとを排除する、あるいは劣位化するものである、としている。これは、換言すれば、討議による合意形成へと（合意によって）動機づけられるのは、ある特定の社会層に位置する者たちのみであり、それ以外の人びとはそこに参加する動機を持たない、ということである。ムフらが、討議理論における「情念passion」の欠如を批判するときも同様のことが含意されているように思われる。

かつてバジル・バーンステインは、言語使用について、労働者階級の子どもたちが限定コード（主観的・文脈依存的な言語使用のコード）を身につけているのに対して、中産階級の子どもたちは限定コードのみならず、洗練された精密コード（客観的・抽象的な言語使用のコード）をも身につけていると指摘し、そうした身につけた言語コードの使用法の違いが、ドミナントな教育の現場、社会空間において差異を生み出す可能性を示唆した。「語り方」が社会層、出身階層によって異なるとすれば、合理的・客観的・論理的な語り方に倫理的に高い価値を与える行為空間は、そうした語り方に慣れている社会層に適合的で、そうでない社会層を排除する場となりうるだろう。フェミニストが指摘してきたように、ウーマンリブからの異議申し立てはドミナントな層から「ヒステリック」で「感情的」なものとして劣位化されていた。そうした人びとを動機づけることができず、それどころかかれらを排除しかねない熟議の語り方はいかにしてその倫理的価値を主張しうるだろうか。

真っ先に思いつくのは、社会のドミナントな層において正統的とされるような言語コード以外にも、討議の場を開いていくという対応策である。熟議や討議において課せられる発話様式の条件を緩和し、たとえばナラティヴ（物語叙述）や情動的な異議申し立て、レトリックなどにも相応の位置を見いだす、という方法だ。自らの苦境を論証的に語る言語的資源を持たないマイノリティを排除することは、相互の自由と尊厳の承認という熟議民主主義の基本原理にもとる。論証以外の語り方を包摂することこそが、熟議へのコミットメントを調達していくことにつながる、というわけだ。

しかし改善策は、二つの点で問題がある。

第一に、熟議・討議における論証は、自由と平等な尊厳を、実質的な価値内容に踏み入らずに保障するべく導入された形式的手続きであったはずだが、形式性、手続き性に馴染まない語り方を討議・熟議に導入することによって、そもそも「なぜ熟議民主主義が、手続き主義的な発想を採用したのか」が不分明になってしまう。手続き的な性格を放棄することは、討議・熟議の倫理の基本構想に大きな修正を迫るはずだ。また第二に、そうした改善策を提示しているドライゼックや田村哲樹自身が指摘するように、熟議民主主義が「個別的なものから一般的なものへの接続」を目指す以上、発話が個別なままに留まる、つまり接続に失敗した場合、それらを調整するために論証的な語りがやはり要請されることとなる（しかし、被害者は「一般化して理解してもらいたいわけではない。私のこの苦しみをあなたに伝えたいのだ」と言うかもしれない）。かれらの言葉はたしかにいったん聞かれはするが、それが（当事者もしくは代弁者によって）論証的な形に翻訳されえない場合、やはり熟議の場から捨て去られてしまう。改善策は、排除を先送りにしただけ、との印象をぬぐい去るのは難しい。

ここで幾つかの道が考えられる。一つは、手続き主義と論証主義を捨てて、自らの射程を推し量りながら、闘技民主主義と共闘するというやり方。もう一つは、論証的な語り口がローカルな方言であることを率直に認めて、その方言が包摂しているもの、排除しているものを観察し、自らの限界と可能性を逐次チェックしていくという方向性である。

第一の方向性は有望に思えるが、私自身は、闘技民主主義も熟議民主主義と同様の動機づけ問題を内包していると考えている。つまり、熟議の倫理が、情動的な発話やクレイムをする人びとを排除せざるをえなかったように、闘技の倫理も情動的な政治的発話へと動機づけられない人びとを排除せざるをえない、ということだ。熟議にコミットするのに一定の文化資本が必要であるように、政治的闘技にコミットするにも一定の社会的資源、社会的・人的資本が必要とされる可能性がある。社会資本や人的資本から疎外された弱者は、不作法な異議申し立てにすら、動機づけられない可能性がある。このあたりは、政治哲学というよりは社会調査によって精査されるべき事柄であるが、十分に注意が向けられるべき論点である。ラディカルな闘技民主主義にコミットしない／できないのは、熟議を好むブルジョアや「にやついたインテリ」ばかりではないかもしれない。闘技民主主義と共闘したとしても、排除の問題は解消されるわけではない。

私自身は、排除を解消しようとするのではなく、自らのローカリティを自覚しつつ、排除を排除として認識する制度を熟議内に組み込んでいくという道筋のほうが、問題が少ないように感じる。つまり、経験的な社会科学（政治学、社会学）と組むのだ。排除を理論的に解消しようとするのではなく、①熟議というコミュニケーションの特質（それが包摂するもの、排除するもの）を事実水準において位置づけ[6]、②それらが現代社会において持つ機能を測定し、③その限界を踏まえつつ、熟議を実行する際に留意すべきテクニカルな修正事項を確認していく、ということである[7]。すでに実証的な政治研究との接合は田村などによって試みられているが、以下ではごく大まかに社会学的（と私が考えるもののなかのさらに一部の）パースペクティヴからその構図を素描しておきたいと思う。

(4)　熟議の社会学へ

①熟議というコミュニケーションの特質

熟議的なコミュニケーションの経験的な水準での位置づけを考えるうえで言及しておきたいのが、70年代初頭に展開されたハーバーマスとの論争におけるルーマンの討議論である。この論争がはたして嚙み合っていたのかどうかについて評言する余裕はないが、討議をシステムとみて自己の理論的道具を用いて分析してみせるルーマンの試みは示唆に富む。

ルーマンの議論は様々な論点におよぶが、その基本姿勢は「討議は、意味の解明、特に実践的妥当性要求の解明に資する一つの特殊な社会的システムである討論として考えられうる」（Habermas und Luhmann 1971=1994：407）というものだ。具体的には、討議システムにおける「主題と貢献の明確な分離」、「参加者自身の過去の自分史との結び付きの解消」「前もって与えられた地位の差異の中和化」などの特徴がシステム論的な言葉で表現されていくのだが、ここで注目したいのは、そうした討議システムの次のような「絶対的制約」をめぐるルーマンの記述だ。「ある主題は種々の貢献を受容するための限られた収容能力しかもたないこと、そしてそのシステムの主題集中は種々の貢献をあるシークエンスをなす秩序に強制すること」（ibid：420）。参加者たちは主題にそくした貢献を次々と繰り出すことを要請されるわけだが、参加者が多い場合であっても、シークエンスをなす秩序が強制されるため、討議的なコミュニケーションの過程は不可避的に「だらだらとした」ものとならざるをえない。つまり討議には事実的にかなり膨大な時間が必要となるのだ。「ハーバーマスは、討議のために理想条件として無限に多くの時間を要請するので、大きい時間需用を仮定から外そうとする」（ibid：420）。

多くの時間資源を必要とする、という討議の特徴は、けっして外在的なものではない。討議を打ち切ることは、それ自体が政治的なふるまいである（戦争責任の謝罪の誠実性を再帰的に問い返すコミュニケーションの「終了」など）かもしれないし、たんなる偶然（時間切れによる暫定合意や再開の約束）のなせるわざであるかもしれない。経験的な意味での「討議はいつしかとだえるにすぎ」ず（ibid：421）[8]、ハーバーマスの討議理論は「時間問題を無視して社会性を理想化しており、それはせいぜい少人数の討論にしか適用できず、社会の規模で実現できる見込みはない」（長岡 2006：21）。「時間需用を仮定から外す」ことは、たんなるテクニカルな問題ではなく、いわば偶然的な「討議の終了」がもたらす事実的排除を理論から排除することになるのである。考えてみれば、闘技民主主義者やフェミニストが問題化した「討議からの排除」も、こうした時間的な資源の問題に関係してくるものではなかろうか。討議の終了を権力者の行為とみればポストモダン左翼の批判と結びつくし、それを根拠のない偶然事と考えればポストモダニズム的な投瓶《とうびん》通信論に結びつく。

時間資源の希少性（の無視）という問題は、討議を事実的なコミュニケーションとして捉え返す場合には、重要な論点の一つとならざるをえないだろう。だがそれは、討議的な行為空間を設定することの社会学的な無効性を意味するのだろうか。私はむしろ、時間資源を軽く見積もるからこそ、討議的コミュニケーションは現代の社会において一定の意味を持ちうると考えている。

②再帰的近代における討議

田村哲樹はギデンズなどの「再帰的近代」の議論に依りつつ、「再帰的近代化の進展による社会的基盤の喪失が紛争を不可避とし、最終的に民主主義の必要性を不可避とする」と述べている。再帰的近代という概念は、人びとが自らの選択の前提を自ら作り出していかなくてはならないような近代社会の基本構図を指し示している。そうした状況においては伝統すら選択の基盤ではありえず、たえざる自己正当化を求められる。「問い返されえない基盤」なき社会において、個人は個人として選択主体であり続けることを求められる（個人化）のだが、その「再帰的近代化のもたらす不確実性＝社会的基盤の喪失」と「不可避的な意思決定」とを媒介するのが（田村 2008：20）、民主主義、とりわけ、再帰的に個々人の信念や選好を問い返していく仕掛けを内包する熟議民主主義である、と田村は論じる。

再帰的近代化と呼ばれる事態が、社会的基盤を喪失させるという認識には、違和を感じざるをえない。というのも田村も認識しているように、「社会的基盤が希薄化した」という自己記述を続けること自体が、近代社会の構造のなかにビルトインされているのであり、だとすれば、本当に社会的基盤が希薄化したのか、希薄化したとすればどのような意味においてか、ということが、いま一つ明らかではないからだ。近代社会においては、「人間関係の希薄化」論はその真偽とかかわりなく、様々なスパンで繰り返し語られ続けてきた（佐藤 2010b）。「社会的基盤が希薄化した」という認識を前提とするのではなく、むしろそうした認識が信憑性を獲得し続けているということの社会的意味を考えたほうがよいだろう。

ここでもまたルーマン（派）の議論を参照したい。システム論の基本前提――むろんこれ自体理論的・実証的に検討されるべきものであるが――は、近代社会における機能分化と社会構成員の包摂／排除のあり方の近代的変容である。

（1）身分や階層などでヒエラルヒー的に分化していた成層分化から、法、経済、芸術、教育、政治…といった様々な行為領域が分出する機能分化社会へと移行する。

（2）機能システム間には上下関係はなく、各機能システムは、全体社会を俯瞰する超越的審級なしに、自律的に作動する。

（3）構成員はもはや、地域社会や家族、出自、あるいは、超越的審級により、自分と社会とのかかわり方を確証する（つまり包摂される）ことができなくなる（排除）。したがって、

(4)構成員は、出自などにとらわれることなく、すべての機能システムにアクセスできるが、同時に自らの自由な選択において社会とのかかわり方を構成していなかくてはならない。それが自由で平等な尊厳を持つ「個人Individuum」である。

(5)機能システムの分化を維持するためにも社会は、「生き方」「社会とのかかわり方」を機能システムとのかかわりにおいてそのつど自由に選択する「個人」を必要とする。

かなり粗いまとめではあるが、注意しておきたいのは、こうした見方において、「かつての濃厚な包摂的人間関係が、近代化において失われ、孤立した個人が投げ出された」という疎外論の構図がとられていないことである。重要なのは、ルーマンがデュルケームにそくしていうように、「個人と社会との関係は増幅の関係(Steigerungsverhältnis)にある」ということだ。「希薄でない人間関係から希薄な人間関係へ」という単純な希薄化があったのではない。「むしろ社会こそが、ますます増大する分化の進化論的プロセスによって、諸個人の個人性を上昇させ、したがって個人主義の「制度化」に配慮しなければならなくなる」(Luhmann 1989: 151)。つまり、個人の個人性、人格の代替え不可能性を(かけがえのなさ)は、機能分化した社会の要請において制度化される(Nassehi 2003 が明快に論じているように、社会学的言説もそうした制度化を対象化しつつ推進する装置の一つであったといえる)。機能分化の構造的条件が、個人に自らにかかわる事柄を自由に選択するよう要請するのであり、それにより、メンバーにとってのプライベート、親密性の構築はより重要性と深み、そして代替不可能性を与えられることになる。そうした構造的条件を法的・政治的な文脈において観察し制度化したのが、「基本権」(あるいは「人権」）である（Luhmann 1989a）。自由で平等な尊厳を向けられるべき個人を制度化することにより、機能分化を維持すること、それが近代社会の構造的条件である。

このような機能分化の構図で近代社会と個人化を捉えるなら、熟議・討議の位置価も田村とは異なる形で捉えることができる。

一つの可能性としては、自律をエンカレッジする社会的装置として捉える、というものだ。システム論的な観点をとるなら、自由にしても尊厳にしても、それ自体世界のなかに内在している価値というよりは、相互行為のなかで各人格に帰属され使用されることによって実在性を得るような「理念的実在」（盛山 1995）といえる。行為者が自由で尊厳があるといいうるには、行為者の行為選択が選択的で（あるとみなされ）なければならない。他に選択肢がない状態である行動をとった（「脳に遠隔操作装置を取り付けられて人を殺害した」という物理的な他行為不可能性から、「○○家に生まれた以上政治家にならざるをえなかった」という社会的な他行為不可能性まで含む）としても、それは責任ある自律的行為、自由な行為であるとはいえない（とみなされる可能性が個人化された社会では高い）。そうした自律性は、行為や選択の可能性を比較検討し、選択の根拠を示すという振舞いによって、より充実した形で得られるようになるだろう。他者との相互的なやりとりのなかで、自らの私的選好を選択肢の一つとして相対化し、そのうえで集合的な選択を行う、という討議は、そうした自律性を涵養する練習場、理念的実在としての自由と尊厳の実在性を確からしくしていく特異なコミュニケーション空間として機能しうるのではないか。

「個人化」は、けっして社会から個人を放逐するものではなく、経済的行為者、法的行為者…として責任帰属が可能な主体であるとみなしうる程度に個人が自律的である——社会的交通において自律性を帰属しうる存在である――ことを求める制度である。熟議・討議は（基盤なき社会での合意を調達する場であるというよりは）、個人の自律性を涵養することによって、機能分化社会の構造的条件を維持する社会的装置として機能しうる。そのように考えることができるだろう。

また別の解釈の可能性としては、熟議を分化した機能領域における決定を問い返す場として構想する、というものもありうる。

経済、法、政治といった各機能システムは、決定や行為接続に際して、無限に時間資源を使うことはできない。それは行為連接の合理性を著しく失わせ、各機能領域の自律性を危うくしてしまう。それに対して、熟議は、時間にせき立てられた各機能システムにおける決定の妥当性を一旦括弧に入れて、その決定が排除したものを再帰的に捉え返すことができる。もちろん、それは特異な相互行為様式としての討議が観察した「他のシステムにおける決定」についての討議にすぎず、また、討議を経て得られた合意も、せいぜい機能システムに刺激を与えるにとどまる（したがって討議が見出した「排除」が排除として認識されるかどうかは分からない）わけだが、①再帰的コミュニケーションにおいて有効な媒体として機能する言語に定位し、②時間的な制限を「括弧に入れ」てなされる討議は、各々の機能領域ごとの決定、行為連接の制限、およびそれに伴う排除／包摂の差異を観察する仕組みとして、機能分化した近代社会――あるいは再帰的な近代といってもいい――において特異な位置を持つことができる。もちろん、すでに述べたように、熟議は熟議としてある種の宛て名を排除するわけだが、自らの排除を合理的に認識するという限定を自らに課したうえで、様々な機能領域における排除と包摂の差異を観察することができる。

私は別のところで、ルーマン派の議論を参照しつつ、人権を「当事者たちによって使用される社会的な概念装置、包摂／排除の差異の検出道具」であると位置づけたことがある（次章、北田2010）。たとえば、経済のグローバリゼーションにより機能分化社会に「巻き込まれている」にもかかわらず、あるいはそうであるがゆえに、自足的な地域社会からの包摂を失い、連鎖的な排除を被っている人びとの悲惨や、様々な機能領域を「国家」が一元的に集約する（と自己記述する）政治体制のなかで、世界規模の機能分化にもかかわらず「自由」な社会とのかかわり方を制限されている人びとの苦痛をフレームアップする理論装置、そうしたものとして人権を考えるわけだ。

そのような人権は、各機能システムによって様々に捉えられ、様々に利用されるのだが、全体社会を俯瞰する視点から一意的に正当化される（妥当の基礎があきらかにされる）ことはない。いや、そうした正当化の試みは学的システムや法システムにおいて絶えず提示されるが、その基礎について合意が得られなければ、人権という理論装置の有効性がなくなる、というわけではない。人権を、正当化されるべき規範理論としてではなく、当事者たちによって使用される社会的な概念装置、包摂／排除の差異の検出道具として捉え返していく可能性を、機能分化の理論は示唆しているように思われる。人権は機能分化の理論によって正当化されるのではなく、機能分化した社会において使用されることによりその社会的なリアリティを獲得している。そうした排除／包摂の差異の観察装置としての人権を、社会に実装する一つの試みとして、熟議・討議を捉え返すのである。

③ 社会的装置としての熟議

以上に記してきた「機能分化社会の構造的条件を維持する社会的装置」という解釈と「自らの排除を合理的に認識するという限定を自らに課したうえで、様々な機能領域における排除と包摂の差異を観察する」装置という解釈とは、相入れないものではない。前者は、近代社会が必要とする個人の自律に重点を置き、後者は、近代社会（機能分化）が構造的に生み出す宛て名性（つまりコミュニケーション参加者であること、人格として認知されること）の観察・保障に重点を置く。自律と承認。両者は、いわば力点の相違にすぎず、相互に補完的な関係にあるといっていい。自律的でないもの、人格としての排除を再帰的に観察することを自己の存立要件として内在化させつつ、熟議・討議は、自律の涵養と人格であることの承認の調達を目指す相互行為のフレームを構成する。

もちろん、自律や承認は、熟議・討議とは異なる形、つまり闘技的な政治や社会運動においても獲得されうる。どの形態がより倫理的価値が高いのか、どれがもっとも「排除」の問題に敏感かを競うというよりは――どのコミュニケーションの枠づけも排除を伴うことを認めたうえで――それぞれのコミュニケーション様式がどのように排除と包摂を観察し、そして自らの行為連接において何をいかにして排除しているのか、を書きとめ、比較考察の観点を得ていくこと――そうした研究プログラムのなかに差し戻したとき、熟議や討議の「手放しがたさ」がまた別の角度から照射されていくのではないだろうか。

(5) おわりに

もし熟議的な相互行為のスタイルが、一定の社会学的・歴史的根拠があって、近代社会を生きる私たちの規範や信念に深く根ざしているのだとすれば、いかに知識人の言説のレベルで「人権の欺瞞」「人間の死」が喧伝され続けようとも、「自らの排除を合理的に認識するという限定を自らに課したうえで、様々な機能領域における排除と包摂の差異を観察する装置」は一定の需要・必要性を持ち続けるだろう（同様に、いかに知識人が理想や社会的連帯の重要性を説こうとも、排除は生み出され続けるであろう）。それが、倫理学的、哲学的な意味で基礎づけられるものなのかどうか、は私にはよくわからない。しかし、機能分化と自律的な個人のセッティングを構造的な条件とする近代社会において、事実として、私たちは熟議・討議のような行為空間を手放すことができないでいる。理想的であるがゆえに惹かれてしまう（あるいは否定しまう）というよりは、あまりに現実に深く根ざしていて、手放すことができないでいる、と考えるべきであろう。本章では立ち入ることはできなかったが、そうした事実的なレベルでの「手放せなさ」――馬場靖雄が人権について指摘する「かけがえのなさ」（馬場 2005）――の持つ社会学的意味を歴史的文脈に沿って示すことによって、熟議・討議の社会的なポテンシャルを、政治哲学や倫理学とは異なる角度から見出すことができるように思う。

理念的形象としてではなく、社会的かつ実践的な装置として理念型的に位置づけ直したうえで、それが果たしうる機能を、他の社会的行為の枠組み（社会運動、機能システム、道徳など）と比較考察し、社会学的な水準での可能性と限界とを考察していくこと。それはハーバーマスの問題提起を、ルーマン的な思考様式にそって受け継ぐことにほかならない。ルーマン派の論者たちにより次々と繰り出される排除論は、両者の間で40年近く前に展開された論争を、異なる文脈のなかで再構成していく試みといえるかもしれない。(9)

註

(1) 簡単にいえば、包摂とは、特定のコミュニケーションにおいて人間（Mensch）が、行為連接をなしうる人格として認知されること（名宛て人として認知されること）、あるいはその方法・様式を、排除はそう認知されないこと（方法・様式）を意味する（Luhmann1995a:229）。ただし、ルーマンによる排除の定義は、時期によって微妙に揺れ動いている。この点については、注9、小松（2003）およびFarzin（2006）などを参照。

(2) もちろん、こうした問題性についてはハーバーマスも十分に自覚的である。『道徳意識とコミュニケーション的行為』で展開されている「懐疑論」批判はそうした問題に対するハーバーマスの「回答」としても読むことができるだろう（Habermas 1981＝1991、第三章）

(3) 以下ではシャンタル・ムフによる熟議民主主義（とりわけハーバーマス理論）批判を中心的にとりあげる。熟議民主主義批判に関しての網羅的な検討として田村（2008）参照。

(4) ところで、ハーバーマスはグライスやシファーらの意図に照準する意味理論を批判するのであるが（Habermas 1988＝1990; 北田 2003）、彼のコミュニケーション的行為の理論自体も、意図に相応の理論的な役割を与えなければ成り立たない。辻大介が言うように、「発語内／発語媒介行為が規約・慣習との関わりに照準した区別であるのに対し、コミュニケーション的／戦略的行為は行為の意図に照準した区別である」（辻 2010:237）。また、野家（1993:237-298）は、オースティン自身の理論構成においても、言語行為の「(不) 適切性」をめぐる議論に際して、意図（あるいは意識作用）は小さくない役割を果たしており、その点がデリダによるオースティン批判のポイントとなったと指摘している。この点は注8で述べるハーバーマス理論における誠実性条件の問題と折り重なる論点である。

（5）ただし、理想的発話状況の位置づけは、ハーバーマスの理論展開とともに変わってきている。日暮（2008：24）は、理想的発話状況の位置づけが、反事実的であるが前提せざるをえない構成的仮像から、批判の拠り所としての統制的理念へと変化したと指摘している。

（6）したがって、以下では、とくに断りのない場合は、熟議・討議という言葉を、政治的コミュニケーションの文脈に制限せずに用いていく。むしろ私としては、政治システムにおけるコミュニケーションと熟議・討議的なコミュニケーションとの差異に注目したい。

（7）Habermas（1992＝2002：192-202）では、討議は倫理の領域以外にも拡大適用され、「語用論的な討議」「倫理的－政治的討議」「道徳的討議」「法的討議」など、様々な討議が類型化され、各々が持ちうる社会的な役割が述べられている。それは本章とはまた異なった形で、討議概念を「社会的制度」として分析していく方向性を指し示しているように思われる。

（8）事実的なコミュニケーション様式として討議を捉えた場合に、もっともテクニカルに「時間問題」にかかわってくるのは誠実性条件の成否の判定であろう。この点については、ごく簡単に（皮相的に）大澤・北田（2008：274）で述べたことがあるが、辻（2010：242-243）は、コミュニケーション的行為において求められる誠実な発話には「どこまでも無限に首尾一貫した行動をとる責任が問われることになる」と述べ、誠実性条件で指示されるような条件は「あくまで多かれ少なかれという但し書きつきの条件＝規範であり、無限の首尾一貫性なるものはそれを一方の極に理想化した結果にすぎない」としている。

（9）とはいえ、包摂／排除という問題の立て方のシステム論のなかでの位置付け、理論概念として有効性・説得力・妥当性については、ルーマン派内でも様々な議論がある。当初、機能分化社会におけるメンバーシップと機能システムへのアクセス可能性との関係の特徴を指し示す語にすぎなかった「包摂」概念は、80年代には排除を対照項とした（コミュニケーションと人格との関係性にかかわる）対概念として構成され、90年代以降では、機能システムからの排除の蓄積的連関が主題化されるようになった。90年代（半ば）以降のテクストでは、機能分化社会における全包摂（「すべての機能システムからの機能的な文脈が、社会生活のすべての参与者にとって接近可能となっていること」）とともに、ある機能システムからの排除が特定の空間において連鎖的に蓄積されていく過程が、ブラジルのファベーラ（貧民窟）などの事例記述とともにややドラマタイズされて描かれていくようになる。ある機能システムからの排除が他の機能システムからの排除と繋がらないという「相互依存の切断Interdependenzunterbrechung」が成り立たない社会空間の悲惨を具体的に示しつつ、全包摂を原理とする機能分化社会の問題性を前面化する——そうしたルーマンの排除論は、システム理論において「社会的なものの基礎理論」として期待を向けられる（Stichweh 2009）一方で、説得力を悲惨な具体例の挙示によって得ているようにみえる議論の構成について批判が向けられている。アルミン・ナセヒは、ルーマンの「ファベーラ」やシュティヒヴェーの「ブラックホール」など、排除が純粋に現れる空間を想定する議論のスタイルを、「エキゾシズム的」「ロマン派」的として、批判的に扱っている（Nassehi 2004:332）が、この点はは排除概念のシステム理論的な位置づけにかかわっている。

たしかに、経験的な調査研究など必要としないような明白な排除、記述をはねつけるような排除が存在するというルーマンの論述は（Luhmann1995b:147）、経験的調査と、理論的説明を要しない排除なるものを実体視しているようにもみえる。むろん、私はそうした排除が存在していることを否定するつもりはなく、また現実が理論に隷属すべきとは考えないが、しかし「規範的基礎なき理論というのはそもそも可能でしょうか」という問いに対して「可能だと思います。むろん規範的ということで何を理解するかによりますが」（Hagen（ed.）2005:44）と周到に答えるルーマンの記述としては、やや違和を感じる。それならば社会学に固有の「排除」記述はない、ということになりはしないだろうか（もちろんそれでもよいわけだが、だとすると、なぜ社会システム理論のなかに幾度も姿を現すのか、が分からなくなる)。経験的な学としての社会学においてこそ可能な(経済システムや法システム…、さらに学的システムでも法学や経済学、倫理学…では不可能な)「包摂/排除」概念を構想——というより、観察——していくことが必要なのではないか、という疑問が出てきてもおかしくない(北田 2011 では、そうした方向で改釈して議論している)。

また、後期ルーマンの排除論が、「経験的」「理論的」というよりは、「記述不可能なものを記述する」「文学的」な側面を持っているという点について、Farzin (2008) は、そうした「記述不可能なものを記述する」描出法(レトリック・事例提示)を、早急に否定するのではなく、オートポイエーシス・システムの閉鎖性の理論規定の厳格化と突き合わせ、ルーマン理論内在的に位置づけ直そうとしている(理論外的な概念として丁寧に外部化している、とも読むことができるのだが)。システムの「外部」の無媒介な観察(がありうるという理論的想定)を禁じ手としつつ、その一方で「現在実行されていない全包摂を未来へと先送りする、近代化という進歩の語りの妥当性が疑う」(ibid: 201) 際に問題となってくる社会的排除を描き出していく、という課題。それをはたすための方法論として「レトリック」「事例挙示」が採られている、というわけだ。こうしたシステム論における排除概念の位置づけについては、別稿で検討することとしたい。

第10章　社会の人権——基本的人権とは社会システムにとってなにか

(1)　はじめに

ニクラス・ルーマンによる基本権、人権をめぐる議論は、独特の社会学的機能主義に立って展開されている。その基本構図は『制度としての基本権』（一九六五年）で呈示されており、分析視座の大枠は後期のテクストにも継承されている（Noll 2006 : 281ff）。ルーマンの基本的テーゼは、「基本権は社会的分化ポテンシャルの維持に、そしてその限りで分化した社会構造の安定化に寄与する」（Luhmann 1965=1989 : 77）というものである。基本権は、人間性をめぐる哲学的根拠によって正当化されるものではない。そうした立場をとる点で、彼の議論は、「人権は、人間の本性に関する何か特定の包括的な道徳上の教説や哲学の構想には依拠しない」（Shute and Herley［ed.］1993=1998 : 84）という政治的リベラリズム（ロールズ）や、「人間の本性に関する知識を重視する主張」を批判し、悪、苦痛の除去を動機付ける共感能力の育成を目指すポストモダン的なプラグマティズム（ローティ）、あるいは「私たちは、人権を切り札として考えることをやめ、熟議のための基礎をうむひとつの言語として人権を考えるようになる必要がある」というイグナティエフ（Ignatieff 2001＝2006：156）の議論などと共通した認識を持っている。しかし同時に、ルーマンの議論はいま挙げた三人の反基礎付け主義者のいずれの立場とも異なる分析の視座を採っている。

第一に近代社会の像について。ロールズやローティが前提とする近現代社会の像は、善の構想が多元化し、その序列を指示する価値体系の共有も難しくなってきている社会というものである。それに対しルーマンが照準するのは、善の多元化ではなく（むろんその事実は認める）機能分化である。行為領域が、法、経済、芸術、政治、教育というように機能的に分化し、各々自律した形で再生産されるようになった社会、全体社会を鳥瞰する地点は存在しえず、「各機能システムは自立的で自律的であるがゆえにこそ、すべての機能システムは互いに他のシステムの給付に依存しあっている」（長岡 2006：532）ような社会、それが機能分化社会である。人権や個人も、そうした近代社会の構造にそくして考察される。

第二に、これはローティ的プラグマティズムと近接した発想でもあるのだが、システム論においては、基本権にしても個人にしても、コミュニケーションにおいて帰属される社会的カテゴリーとして扱われる。つまり、なぜ個人、主体は人権、基本権を「持つ」のかではなく、いかに（また誰／何から）個人は、人権、基本権を帰属（構成）されるのか、ということが主要な問いとなる。基本権を構成する様々な概念を、直接理論的に正当化するというのではなく、そうした概念が使われている文脈に着目するということである。

本章では、（1）まず基本権を主題化した初期の『制度としての基本権』における「自由」「尊厳」の位置づけを確認したうえで、（2）それが機能分化の論理とどのように関係づけられているかを追尾し、その後（3）中期以降のルーマンにおいて重要な理論的意義を与えられている「包摂／排除」の対概念との関係を念頭に置きながら、人権のシステム論的な位置づけの可能性を考察する。システム理論的な立場に立ったときの人権の理論的意味を確認したうえで、そうした立場から「国家は自己の人権侵害能力を凌ぐ人権保障能力をもちうるか」という頂いたテーマについて一定の解答を提示することとしたい。

(2) 自由と尊厳――基本権の位置づけ

『制度としての基本権』においては、基本権の中核をなす自由と尊厳への平等な配慮とが、

（1）社会的交通のなかで「自由と尊厳がコミュニケートされるあり方（使われ方）」を考察するコミュニケーション論的分析

（2）成層分化から機能分化への移行という進化論的な歴史考察

という二方面から分析されている。自由と尊厳という「人間が個体たる人格として自己表出することに成功するための基本条件をなしている」(Luhmann 1965=1989：93) 概念の使われ方、機能を具体的な相互行為の分析から抽象し（1）、そうして抽象された自由、尊厳が近代的な機能分化社会において担う機能を測定する（2）、という二段構えをとっているわけだ。ここでは、相互行為における自己表

出の予備的条件としての自由、尊厳の位置づけ（1）をみたうえで、そこで抽象的に捉えられた自由、尊厳の歴史的文脈への埋め込みをみていくこととしよう（2）。

まず、自由について。「自由と帰責とは一個同一の問題を示している」とルーマンはいう。自由の体験は、ある特定の行為の責任が行為者自身に帰属されるか、あるいはテーマによって画定されたシステムに帰属されるか、ということと関係している。自由に行為を選択し、その選択の帰属先としての人格として存在するとき、人は自由であるとみなされる。一方で、自由・責任のない逸脱——監禁されていたために授業に出席できなかったこと——は端的な逸脱であって、自己表出に寄与する行為であるとはいえない。自由とは、コミュニケーションのさなかで、特定の人間が自発的に行為することにおいて、自らの人格を可視化させる（自己表出）可能性であり、したがってその意義は「社会的コミュニケーションの平面に存する」（ibid：95）。社会的交通のなかで、自発的で本人に責任を帰属できる行為を提示していない、できない、とみなされるとき、その動作主は人格として認知されない。

もう一方の尊厳もまた「知性の一定の基礎などと違って、人間に自然的素質として備わっているものではな」く、コミュニケーションにおいて構成されるものとされる。その抽象的な定義は「人格性の一般的なシステム関心に関わり、自覚的であったり無自覚的であったりする困難な表出遂行の成果であり」、「恒常的で社会的な協同の成果」であるとされる。他者に対して自己表出の過程を通して「不可侵のものである」として認識されることの成果・達成（Leistung）、それが尊厳である。「人間を他者との関係において人格たらしめ、そのことによって彼自身を人間性を持つものとして構成する過程」としての自己表出の成果としての尊厳を著しく欠く者は、社会関係から排除されてしまい、尊厳の回復のためには、コンタクトする範囲を狭めなくてはならない。尊厳の欠如は「個人的な人格性が他者への方向付けの要因となるような社会的連関」そのものの存立を危うくするのである。

以上のような「自由」と「尊厳」はもちろん、いつの時代にも前提とされている「コミュニケーション的行為の超越論的前提」のようなものではなく、ある時期以降に、ことさらに言及されるべき価値として構築されたものである。いうまでもなくそれは「個人」というものが社会的に重要な規範的意味を与えられた近代社会における歴史的出来事であるが、**なぜ近代社会はそうした「人間が個体たる人格として自己表出することに成功するための基本条件」なものをことさらに言及するようになったのか**。ここで、近代社会における機能分化というシステム理論の分析が、大きな意味を持ってくる。

機能分化した社会においては、各々の機能領域は固有のコードにそくしてコミュニケーションを維持・再生産しており、サブシステム同士は互いを外部（環境）として観察する。こうした社会においては、社会の全体性、一体性を見渡すことが困難になり、自らのアイデンティティを特定の支配秩序、階層秩序のもとで捉えることができなくなる。また個人はもはや生まれついての地位によって定義されえないので、個人は特定の部分システムにではなく、すべての部分システムに加わらねばならない。社会的アイデンティティの形成と維持、複数の部分システムに参与する能力の維持を、特定の組織・機関が担うのではなく、「個人」へと委ねる、「個人」がはたすべき／はたすことのできるものとして構造化するのが、「個人主義」である、とシステム論は考える。（Luhmann 1989 参照）

各々の機能領域においては、行為態度は「非人格化され、ザッハリッヒ」なものとなり、そうであるがゆえに、行為状況は、個人的な事柄を背景化させ、個人がより多くの行為空間にかかわることを可能にする。そのぶん、「表面的な出会いから長期にわたる結合に至るまで、どのような社会的コンタクトを選択するか、は以前にも増して個々人に委ねられる」ようになる（Luhmann 1965=1989: 149）。もはや身分や出自が「表面的な出会いから長期にわたる結合に至るまで、どのような社会的コンタクトを選択するか」を教えてくれるわけではない。つまり、社会的コンタクトの短期的・長期的な選択を通して「自分が何者であるか」を示す作業（自己表出）――たとえば、何をコミュニケートするか（思想の自由）、誰とコミュニケートするか（集会結社の自由）――を自由で平等な尊厳への配慮を受ける「個人」に委ねることと、社会的な行為領域が機能領域ごとに分化するというのは、同一の事態の表裏の関係にあるわけだ。「基本権の秩序は人間の本性に耳を貸すものであるよりは、社会分化から生じてくる問題の布置状況に対応しているものなのである」（ibid: 158）。

さて、ルーマンの基本権定式が以上のようなものだとすると、問われるべきは、こうした「基本権」論は機能分化理論による基本権の「正当化 Rechtfertigung」といえるのかということだ。この点については馬場靖雄（2005）が興味深い論点を提示している。

馬場は、人々により代替不可能なものとみなされる基本権のかけがえのなさが、ルーマンにおいては機能分化という基本構造のなかに位置づけられていることを確認したうえで、自由と尊厳を保障する社会装置として基本権を位置づけるということは、その機能的等価物を浮かびあがらせることとなり、基本権の必然性を揺るがす可能性があることを認める。しかし、(a)ここで基本権が果たすとされる機能は、そもそも機能的考察を可能にする機能分化の形式と結びつけられており、かつ(b)機能分化は「特定の抽象的観点のもとで機能的等価性の原理に導かれつつ常に新たな代替物（「ポスト何々」）を求めていくような社会編成をも意味している」ため、「機能分化の「ポスト」を求めること自体が、機能分化の圏内に位置する」。したがって、「機能分化そのものは、そして機能分化の体制の一環として組み込まれている基本権は機能分化社会における一種の不動点を形成して」いると馬場はいう。「再帰的で、ヒエラルヒー的にではなく非ヒエラルヒー的に秩序づけられた偶有的な作動の構造」(Luhmann 1993: 17) が生み出す固有値としての基本権、そして、個人が／として「代替不可能なコピーであるというパラドクスを受け入れること」(Nassehi 2003: 110) は、機能分化および機能分析(機能的等価物の探索)が成り立つための条件なのである。

以上のような議論を経て、馬場はローティとシステム論的な基本権論との近接性を示唆する。すなわち、人権は寛容と共感という感情によって支えられている、というローティの議論における感情を、「近代社会のなかで事実的な作動の積み重ねによって形成されてきた固有値と考える」わけだ。この馬場の議論はきわめて示唆的であるが、反正当化主義と自然主義を混在させたローティの共感・人権論と、機能分化・機能分析の可能性の条件(不動点)としての基本権という位置づけの間には、やはり小さくない隔たりがあるように思える。筆者も、「悲惨、痛みの軽減」への共感に照準するローティ的な議論と、システム論的な基本権定式とは「さほど遠くないところに位置している」(馬場 2005:46) と考えるが、もう少しシステム論に寄り添う形で両者の接点を見極めてみたい。その媒介となるのが、「社会的なものの基礎理論としての包摂と排除」(シュティヒヴェー) である。

自由および平等を内容とする「人格の自己表出の基本前提」としての基本権を、個人に帰属させうる／することを前提としてコミュニケーションがなされることが、機能分化の維持に寄与するということ。しかしもちろんそれは、基本権が事実としてすべての個人に対して十分に保障されていることを意味しない。ならば、ルーマン＝馬場的な考え方を採った場合、基本権の適用から疎外されている人たちはどのように扱われうるのだろうか。ロールズ的に言うと、「道理をわきまえたリベラルな諸国（の民衆）」は、リベラルな価値観による保護を受けていない人びとに対し、どのような関係をとることができるか、ということである。たとえば、①十分に機能分化していない他の社会（の人びと）に対する関係、②機能分化した社会において、特定の機能領域へのコンタクトが著しく制限されているため、他の機能領域へのコンタクトが困難になっている人びととの関係、はどうだろうか[1]。

(3) 包摂／排除という問題系

この二つの論点は、一見すると、①が国際問題、②が国内問題というように思えるが、システム論的な問題設定をとる場合、両者はいったんは分けないで考えてみたほうがよい。つまり、『正義論』から『万国の法』へ、というように、②の国内問題から①の国外問題へ、というように考えないほうがよい。たとえば、①は、「人権は西洋的価値観の押し付け」論などで盛んに議論される問題であり、またロールズが『万民の法』で扱っている問題であるが、そうした議論は、政治システムにおいて有意味な単位として認識される国家を単位として前提としている。政治システムが国家として単位化したものを前提とし、その加算集合を「世界」とする発想である。しかし政治システムは機能分化社会における一つの部分システムにすぎず、そこから観察された世界は、他の機能システムにおいて観察される世界とは同じであるとはいえない（正確にいうと、同じであるとも違うともいえない）。コミュニケーションの総体として世界社会（Weltgesellschaft）を捉えるなら、それを政治システムが観察する国家の集積体と捉えることはミスリーディングである（Luhmann 1997a）。

支払う／支払わないの区別に基づく経済のコミュニケーションや、真／偽の区別に基づく学問のコミュニケーションは、政治的に捉えられる国家の物理的境界線に拘束されることなく、再生産されている（法や政治との関わりゆえに経済において国家が重要性を帯びることは当然である。だからといって支払う／支払わないという二元コードが失効するわけではない。経済システムは経済システムの観点から国家を観察する）。「一つの社会という包括的システムにすべてのコミュニケーション的行動が包含されるということは、機能的分化の不可避的結果なのである。このような分化形態の活用によって、社会は地球規模のシステムとなる。構造的理由から、べつの選択肢はありえない」（Luhmann 1990=1996: 199）。つまりシステム論は、①を国際問題、②を国内問題というように振り分けない（そのふり分けは政治システムの自己記述に基づいている）。したがって、②の国内問題から①の国外問題へ、という問題（近代西欧の政治・法文化のグローバリゼーション）の立て方にそくして、人権の問題を考えないほうが（繰り返すがいったんは）よい。

〈「国家」を単位とする基本権分析↓世界単位の人権分析へ〉というロールズ的な規範作用域の拡張論法をとることができないとするならば、いったいどのようにして、機能分化の理論と基本的人権論とを結びつけることができるのであろうか。ここで鍵となるのが、先にふれた「包摂 Inklusion／排除 Exklusion」という理論概念である。

近年、貧困や差別といった伝統的に使用されてきた概念のオルタナティヴとして社会的排除／包摂という言葉がよく言及されている。社会的な行為領域へのアクセス可能性が限定されているため、社会的ネットワークから疎外されている人びと、集団の存在に焦点を当てる概念であり、EUが90年代にフレームアップして以来、ヨーロッパ圏で様々な社会科学的検討がなされている。概括的にいえば、「貧困、生涯教育や基本的能力の欠如、差別のために社会参加ができず、社会の隅に追いやられていく個人の過程で、社会や地域コミュニティの活動だけではなく、雇用、収入、教育機会が得られなくなっていくこと」（中島 2005:12）を示す概念である。貧困や差別といった状態そのものというよりは、そうした状態がコミュニケーションや社会的連帯へのアクセス可能性の阻害と結びつく過程に主眼を置いた概念といっていいだろう。社会的コミュニケーションのアクセス可能性を個々人、集団に保障することが包摂、その逆が排除と呼ばれる。90年代以降のそうしたフレームアップ以前からルーマンは、包摂／排除概念を自らのシステム理論に位置づける作業を行っている。しかしその概念の定式化は、時期によりだいぶ異なっている。その定式化の変遷についての文献学的な精査は、別の機会に譲るしかないが、ここでは、小松丈晃（小松 2003）とファルツィン（Farzin 2006）の見取り図を踏襲して、議論を進めていくことにしよう。

小松とファルツィンは、強調点こそ異なるが、ルーマンの包摂／排除論を、おおまかに三つのフェーズにわけている。『包摂／排除あるシステム理論的区別の展開と問題』と題するファルツィンの著書の冒頭には、次の三つのルーマンからの引用文が列挙されている。

（1）「包摂とは、すべての機能的な文脈が、社会生活のすべての参与者にとって接近可能となっていることを意味する。」(Luhmann 1975)

（2）「包摂は、意識を基盤として作動するオートポイエーティックな心理システムが、自ら固有の複雑性を社会システムの構築のために活用する場合に現れることとなる。」(Luhmann 1989)

（3）「包摂は（したがって排除も）人間がコミュニケーション連関において指し示される仕方、つまりレリヴァントとされる方法にのみ関わる。」(Luhmann 1989)

最初の（1）は『社会学的啓蒙』二巻の「進化と歴史」からの、（2）は『社会構造と意味論』三巻の「個体、個人性、個人主義」からの、（3）は『社会学的啓蒙』六巻の「包摂と排除」からの引用である。ファルツッンの著書はこの三つの引用のニュアンスの差を確認するところからはじめ、主として（3）に時期の理論定式に従いながら、システム論的な包摂／排除論をクリアにまとめている。小松(2003)の時期区分も、おおよそファルツィンのそれと重なっている。小松は、①包摂／排除とが明確な対概念となっていない（包摂のみが扱われている）70年代、②包摂と排除が対概念として用いられるようになった80年代、③蓄積的排除について論及しはじめる90年代の三つの時期にわけて、ルーマンの議論を検討している。

正確にいうと、小松は80年代の前半と後半の使い方の差異にも目を向けているのだが、「包摂／排除」

という対概念が主題化されたのが80年代である、という認識は貫徹されている（長岡（2006:572）も、この画期を八〇年代初頭に見出している）。時期区分についてはさらなる文献学検証を待たねばならないが、おおまかにいって、①包摂に焦点化する議論、②包摂／排除の対概念に焦点化する議論、③排除の蓄積性を主題化した議論という三つの議論のあり方を、ルーマン自身のなかに見出すことができる、とはいえるだろう。

①照準されているのは、機能分化社会における人々の社会へのかかわり方の歴史的特徴である。機能分化した社会においては、専門性が分化し、機能領域ごとの行為連接のあり方は多元化するが、それは、ポストモダンの社会理論がいうように、社会のメンバーが各々の価値共同体＝蛸つぼに閉じこもり、外部と折衝を持たないということを意味しない。むしろ逆である。機能分化した社会に生きる人びとは、一つの機能領域に充足することはできない。それどころか、あらゆる機能領域に何らかの形でかかわらざるをえない。教師は教育に関わる行為のみならず、食事をするためには支払う（支払わない）という形で経済システムにかかわらざるをえないし、少なからず、「その行為は法的か否か」ということが主題化するようなコミュニケーションにかかわらざるをえない。「すべての機能的な文脈が、社会生活のすべての参与者にとって接近可能となっていること」という全包摂のテーゼは、機能分化社会が存立する条件、つまり機能分化の論理を表現する進化的な獲得物（Nassehi 2004:329）を指し示すものといってよい。

こうした包摂概念においては、その対照項である排除は主題化されていない。②の捉え方においては、特に（2）の引用元である「個体、個人性、個人主義」論文においては、包摂／排除は、成層社会と機能分化社会における成員の社会関係へのかかわり方の差異を描き出す対照概念として使用されている。成層社会においては、生れた家族、地位、身分などが成員の社会とのかかわり方を規定している、つまり成員は特定の社会層に包摂されている。しかし、機能分化が進むと、先ほども述べたように、特定の機能領域にのみ生きるということ、各人は社会とのかかわり方を、社会から一方的に示唆されるということは不可能になる。そうなると、各人は、様々な機能システムとのかかわりを、自由に、主体的に選択し、そうした選択の主体とならざるをえない。つまり、社会の成員は、単一のシステム——特定の社会層であれ、特定の機能システムであれ——にのみ属することができない、という意味で「排除」されつつ、様々な行為文脈において、自由な選択をなす「個人」というあり方でもって、社会とかかわっていくこととなる。

機能分化した社会においては、全体社会を俯瞰し、個々の成員の個体性の内容を特定しうるような超越的審級は存在しえず、アイデンティティの形成は自由で平等な個人の選択に委ねられる。「個人化現象は、社会から個人が離反した結果ではなく、社会の側で個人の自律性や個人による決定を要請した結果」にほかならない（佐藤 2004:70)。これは、①と相容れない考えではない。機能分化した社会においては、すべての成員は、様々な機能システムにアクセス可能である（とされる）点において全的に包摂されるが、社会とのかかわり方を指し示す特定の社会領域にのみ帰属するわけにはいかない、という点では排除されているといいえる。自由な近代的個人は排除されることにおいて包摂されるのである（排除個人性)。

①の議論は基本的に、「機能分化した社会における、社会成員の機能システムへのアクセス可能性」

という条件――進化の獲得物――を焦点化したものといえる。それに対して、③の議論が照準しているのは、「社会成員がコミュニケーションにおいて宛先（Adresse）」としてみなされるか（包摂）否か（排除）、という差異である。機能分化した社会は、「すべての人がすべての機能システムにかかわる」という意味で全包摂（①）を、そして「個人は機能システムの外で自由に社会とのかかわり方を選択・決定せねばならない」という意味で排除（②）を、機能分化が退行しないためにもいわば前提としていなければならないわけだが、それは前提・要請である以上、事実的には完遂されない場合もありうる。包摂が要請されているのだが、経験的な事実の水準ではコミュニケーションにおいてレリヴァントな存在とみなされない人間は、むろん存在している（Luhmann 1997b）。③の時期のルーマンは、この要請と経験的事実の落差に目を向けている。「あらゆる人間を全体社会のうちに完全に包摂せよとの要請を理想化すると、重大な問題から目を逸らせてしまう結果になる」（Luhmann 1997=2009:926）。ナセヒは、90年代の半ば以降ルーマンにおいて、包摂の位置づけが「進化の獲得物」から「要請 Postulat」へと縮小した、とみている（Nassehi 2004: 329）が、包摂の要請への縮小と、包摂／排除の差異の主題化は、同じ事態の裏表といえよう。[2]

機能分化社会では、ある人間の行った振舞いを有意味な行為として認知し、連接するか、つまり行為の宛て先として認知するか否かは、各機能システムが決定する。ところで、それらの機能システムの包摂／排除の規準を比較考量、調整する超越的な審級は存在しえないのであった（政治システムはそう自認するが）。要請としては、機能システムの自律性は前提とされており、たとえば、経済力の不足が教育システムへの参加を阻んではならない、ということになっている（ルーマンが相互依存の切断 Interdependenzunterbrechungと、シュティヒヴェーが変換阻止Konvertibilitätssperrenと呼ぶ機制）。しかし、実際は、「ある一つの機能システムから事実上排除されているということが…他のシステムにおいて得られるものを制限してしまう」（Luhmann1997b：926-7）ということが多々ある。「道路で暮らして固定した住所を持たない家族は、子供を学校に入れることができない」「身分証明書を持たない者は選挙権を持たず、法的な結婚ができない。経済的困窮は合法／非合法という法的コードについての高度の無関心を生み出す」（Luhmann 1995a=2007：233）等など。特定の機能システムにおいて宛て名として認知されないことが、他の機能システムにおける排除へとつながるという排除の蓄積的過程、そしてそうした過程が、スラムのような特定の空間——ブラックホール（Stichweh 2000：7ff）——に集中的に現れてくること。「ルーマンのシステム理論は近代社会がその構造によってもたらしているこうした事態を白日の下に晒すために包摂／排除という区別を導入しているのである」（長岡 2006：540）。

粗くまとめるならば、①②においては、機能システムへのアクセス可能性の担保という観点から、機能分化社会が存立する条件（進化の獲得物）として包摂が前景化されている——正確にいえば、要請／実態という区別が主題化されていないため、要請の記述と機能分化の条件の記述とが区別されにくい論理平面における包摂（以下では、これを便宜的に「要請・前提としての包摂」と記す）が前景化されている——のに対して、③においては、成員の宛て名性という観点から、全包摂の前提・要請と、事実水準における達成水準との差異——つまり包摂と排除の差異——が主題化されている。排除という対照項なき要請としての包摂の概念から、前提・要請と経験的事実の差異を検出する概念装置としての包摂／排除の概念へ。(3) 学説史的な妥当性についてはさらなる検討が必要だが、ルーマンの理論において、包摂／排除概念をめぐるそうした内的差異があること自体は否定しがたいだろう。

(4) 機能分化社会における固有値としての人権

さてこうした包摂／排除の概念から考えたとき、2節でみてきた基本権をめぐる議論はどのように捉え返すことができるだろうか。

議論が展開された時期および理論の組み立て方から考えて、『制度としての基本権』の議論は、社会の機能分化を維持・再生産するうえで、社会が成員のあり方について自らに課す要請としての包摂の概念に相応するものと考えられる。機能分化した近代社会において、社会の成員は、特定の社会層に包摂されつくすことはできず、自らの自由な行為によって様々な機能システムにアクセスしなければならない。アクセスを拒絶する場合は、自らの責任とされる。一方機能システムの側も自らの自律性を維持するためには、特定の行為や個人、集団を排除するには、一定の正当化事由――不平等に扱うための平等な理由づけ――を提示できなくてはならない。成員に課される要請としての自由と、機能分化を維持するために社会の側に求められる平等な配慮（の配当）――それを法的システム、あるいは政治システムの観点から記述したものが、基本権である。『制度としての基本権』における基本権の位置づけは、前節の議論でいえば、①②の包摂、つまり、社会が成員のあり方について自らに課す前提、要請としての包摂を法システム・政治システムの観点から記述したものといえるだろう（自己表出の基本前提）。前提、要請としての自由権・平等権（主観的権利）である。

その考え方を敷衍するならば、人権とは、そうした政治システムの自己観察図式である領域国家に妥当範囲を見出す前提、要請としての基本権が、グローバリゼーションによって世界社会へと拡大適用されたもの、ということになるだろうか。成層分化社会においては、身分や地位が経済的・政治的・学問的・教育的なコミュニケーションにおいても重要な役割を持つと了解されているわけだから、そうした社会にとっては、相互依存の切断、個人の自由と平等の達成を含意する人権は、むろん押しつけと映るだろう。この「押しつけ」がいかにして正当化されるのか、ということが『責任と正義』という著書のなかで提示した問いであった。

人権理論をシステム論的に記述するなら、反事実的に措定される全包摂の要請の「良さ」「正しさ」を、何らかの人間本性に関する観察図式にそくして主張する議論ということができるだろう。『万民の法』におけるロールズの試みは、人間本性についての観察図式が文化相対的であることを認めつつ、操作的に議論の出発点を先進国の基本権定式に置いて、そうではない社会との妥協の余地を模索するものであった。そこでは、どこまでも前提、要請（①②の包摂を法的・政治的に表現したもの）としての基本権・人権の貫徹（不）可能性が問題化されている。本章2節の問いのたて方も同様のものだったといえるだろう。

しかし、前提・要請としての包摂よりも、前提としての包摂と事実としての排除の差異（③）のほうに重点を置いて考えるとき、人権は、「基本権の適用範囲を拡張したもの」というのとは異なる位置づけを与えられうる。この点を三段階にわけて検討していくこととしよう。

［1］まず第一に、機能分化の理論を突き詰めて考えるなら、〈「近代の自己記述カテゴリーとしての国民国家」から世界へ〉というグローバリゼーション的な議論の立て方、つまり、「国家（部分）／世界（全体）」という図式が成り立たず、したがって先進国家による後進国家へと啓蒙される対象としての人権という像を相対化して捉える必要がある。

ここで、国家の集合体としての国際社会（international society）と、システム理論のいう世界社会（Weltgesellschaft）との違いを確認しておかねばならない。ルーマンにおいて、世界社会という概念は、「すべてのコミュニケーションをそれ自体のうちに含み、コミュニケーション以外のものを何も含まず、そのことによって完全に一義的な境界を有する」統一体である（Luhmann 1984=1993, 1995:746）、という理論的な位置づけと、経済システムや学問システムが事実国境とかかわりなく自立したコミュニケーション空間を再生産している、という経験的な水準での位置づけ、という二つの位置づけを（包摂概念と同様に）与えられている（Kneer & Nassehi 1993=1995:181）。この位置づけの差異は別途検討すべき重要な論点ではあるが、いずれにせよ、世界社会は、内的に機能分化した国家という単位の加算集合として捉えられてはいない。政治システムは「国家」という単位を有意味なものとして使用し続けているが、政治的コミュニケーション自体は国境を越えてなされているし、一国に閉じる経済的コミュニケーション（支払う／支払わないというコードに即したコミュニケーション）や、学的コミュニケーションは考えることはできない（むろん、各機能システムとその機能システムが観察した国家との関わりは様々な形でありえるし、国家という単位を立てること自体が無意味であると言っているのではない）。「あらゆる機能システムが世界規模で絡み合っているということについては、ほとんど反論の余地がないはずである」

(Luhmann 1993=2003: 724)。

したがって、包摂／排除の問題系を考えていくとき、「国内における包摂・排除／国際的な包摂・排除」という区分をいったんは解除しておく必要がある。機能分化が国境を越えて展開されるものであれば、機能分システムへの包摂／からの排除、および機能分化の「前提」「要請」としての基本権は、世界社会の枠組みで考察される必要がある。「グローバリゼーションと包摂は同じメダルの裏表のようにふるまう。産出される機能に特化したシンボル［引用者注：たとえば経済システムにおける貨幣など］は、世界規模の妥当性を要求するし、自らが要求を掲げるところではどこでも、コミュニケーションの参加者すべてに対する妥当性を要求する。空間的、社会的な普遍性が要請されているわけだ。そうした妥当性が効果的な形でうちたてられるかどうかは、また別の問題である」(Stichweh 2009: 35)。

機能分化を維持・再生産するうえで、社会が成員のあり方について自らに課す前提・要請としての包摂の概念に相応する人権についても、同様のことがいえる。世界社会を俯瞰する視点をとりえない機能分化した社会において、成員が個人として自由かつ平等に社会とのかかわりかたを模索する可能性を担保する——個人に対して要請すると同時に政治システム、法システムに責務を課す——概念装置、それが人権である。機能分化社会における人権を「国際社会＝国家の集合」モデルで捉えることは回避されねばならない。

［2］しかしこうした［1］の捉え方は、前節の議論でいうなら、前提、要請としての包摂という考え方に即したものである。そこではいわば排除個人性という包摂の様式の前提、要請が記されているだ

けであり、その前提、要請の非充足、つまり排除については強い関心が向けられていない。③的な議論――成員の振舞いの宛て名性という観点から、そうした前提・要請と、経験レベルにおけるその達成水準との差異に焦点を当てる――90年代以降のルーマンは、実際、人権というドクトリンの限定性をたびたび論じている。

もちろん、人権ドクトリンを信奉する者たちも、人権という前提・要請が、経験的水準において満たされていないことは否定しない。その二つの水準のズレを補うために「時間の論理」が導入されたりする。「人権というイデオロギーに従っている限り、近代における唯一の問題は、この権利がまだ十分には実現されていないこと、特に地球上に遍く実現されていないことに、ある」(Luhmann 1997b=2009:924)と了解されてしまう。その了解は、人権の非実現／実現という差異を、「現在（の非実現）／未来（での実現）」という差異に折り重ねることにより、件のズレをロジカルに解消する。進歩史観、唯物史観と同様の問題解決策である。しかしこの解決策は、排除という対照項なき全き包摂という理想状態から、現在の社会状態を評価するという論理構成をとっており、その意味で、重点はあくまで包摂、人権の達成にあるといえる。前提・要請の水準と経験的水準との差異が主題化されているとは言い難い。この限りで捉えられた人権は、排除という対照項のない包摂（を法的・政治的に表現したもの）にかかわるものといえるだろう。「人口の大半を機能システムのコミュニケーションへと包摂できていない」という経験的問題は、時間の論理において、やがて解消されるものとして消極的な言及の対象となる。その意味で、人権、グローバルに適用された基本権とは、前提・要請としての包摂の表現なのであり、「西洋の価値観の押しつけ」論がいうようにイデオロギーであるということもできるかもしれない(4)。

［3］しかしルーマンの記述のなかには、そうした前提・要請としての人権という位置づけとは異なる人権の捉え方を読みとることもできる。いわば前提・要請と、その達成水準（の観察）との差異に焦点を当てる概念装置としての人権、という捉え方である。

「あらゆる人間を全体社会のうちに完全に包摂せよとの要請を理想化」する場合の「重大な問題」としてルーマンが挙げていたのは、あるシステムからの排除が他のシステムからの排除に繋がるという排除の連鎖であり、そうした連鎖が特定の地理的空間で際立って現れる、という問題であった。そうした排除連鎖が顕在化する空間は、「世界社会の構成部分である。というのも、機能分化が実現されるなかで機能システムのコミュニケーションに包摂されているのだから。しかしながら、機能システムの特定化されたカップリングの形式、さらに前近代の構造モデルと機能的な構造モデルとの協働（Zusammen-spiel）の形式は、機能分化という構造的基盤のうえに成り立っている。そうしたモデルは、機能分化とそれと結びつけられる包摂の形式の十分な達成を弱体化させたり阻害したりする」（Farzin 2006：80）。つまり、そうした累積的な排除空間は、前提・要請としては（そして部分的には事実の水準においても）世界規模の機能分化社会のなかに「巻き込まれている」のだが（包摂）、事実的には多くの成員たちが宛て名としてのあり方を享受できていない（排除）。ルーマンのこうした議論を敷衍して考えるなら、かかる包摂／排除の差異に照準する概念装置、世界規模の機能分化という状況下での排除を検出する概念装置として人権を捉えることができる。(5) 実際、ルーマン自身も次のように述べている。

もっともアクチュアルな人権の主張様式は同時にもっとも原初的な（自然な）ものでありうる。規範は違背を通して認識される。それと同様に人権も侵犯されることを通して認識される。しばしば期待はずれを契機としてはじめて期待が意識されるように、規範も侵犯されることを契機として意識される。…人権のアクチュアル化は、今日世界規模で、まずはこうしたメカニズムを利用しているように思われる。（Luhmann 1995a：222）

このような状況［引用者注：政治システムにとっては地域国家という枠組は有効だが、法システムを地域的な政治プロセスに委ねることは不毛である、という状況］のもとでは、妥当の基礎を明らかにしたり対応するテクストを精緻化してみても、人権という権利にとってはほとんど得るところがないように思われる。むしろ、権利侵害のほうが、明白である分だけ有効であろう。さまざまな種類の恐怖の光景を前にすれば、それ以上の議論は不必要になるはずである」（Luhmann 1993＝2003：728）

ここでいわれているのは、人権というカテゴリーの消極的な機能である。序において言及した規則をめぐる社会学的な議論で言われるように、規範を肯定的な形で記述することには一定の限界があるが、規範からの逸脱は、比較的容易に観察可能であり、その観察についての成員間の合意が得られやすい。合意は逸脱の観察において調達される（蓋然性を高める）。行為者の自由、平等な顧慮の保障を是とするといった抽象的な価値規範の場合は、なおさらそのように言うことができる。自由や平等は、そもそも成員と社会とのかかわり方を個人に委ねるというものなのだから、価値のコンセンサスモデルとは相いれない。ルーマンに依拠しつつ人権論を展開するネーヴェスがいうように、「人権は、人びとが構造的な非同意という現実的な条件のもとで共在することを可能にする」のであり、「人権問題というのは、非同意があるときに姿を現す」(Neves 2007:419) のだ。

実定法の指示する規範や、地域的な規範は、国境や地域といった境界によって、その効力に限界が与えられる。また規範内容についてもある程度成員間で肯定的な形で合意をえることができる（とみなされている）。しかし、自由と平等な顧慮の保障についての非同意、つまり人権侵害が観察されるならば、人権は国境や境界を越えて問題化されうる。このように考えるなら人権とは、「それ以上の議論が不必要」であるような恐怖、悲惨の観察（ローティの共感）を受けて、社会の成員が、宛て名としてコミュニケーションに参加する機会を構造的に奪われている社会状態を問題化――包摂されている状態である・という観察への非同意――する理論装置である、ということができるのではないだろうか。

経済のグローバリゼーションにより機能分化社会に「巻き込まれている」にもかかわらず、あるいはそうであるがゆえに、自足的な地域社会からの包摂を失い、連鎖的な排除を被っている人びとの悲惨や、様々な機能領域を一元的に集約する（と自己記述する）政治体制のなかで、世界規模の機能分化にもかかわらず「自由」な社会とのかかわり方を制限されている人びとの苦痛をフレームアップする理論装置、そうしたものとして人権を考えることができる。したがってそれは、各機能システムによって様々に捉えられ、様々に利用されるのだが、全体社会を俯瞰する視点から一意的に正当化されることはない。

もちろん、そうした正当化の試みは学的システムや法システムにおいて絶えず提示されるが、その基礎について合意が得られなければ、人権という理論装置の有効性がなくなる、というわけではない。人権を、正当化されるべき規範ドクトリンとしてではなく、当事者たちにより使用される社会的な概念装置、包摂／排除の差異の検出道具として捉え返していく可能性を、機能分化の理論は示唆しているように思われる。**人権は機能分化論によって正当化されるのではなく、機能分化した社会において使用されることによりその社会的なリアリティを獲得している。**その使用の過程を描き出していくことが社会学の課題である。

(5) おわりに

以上、（1）自由や平等な尊厳の顧慮を、規範理論的にではなく、コミュニケーションにおいて帰属し、帰属される社会的カテゴリーとして捉え、それらを基本的権利として個人に帰属するという事態が持つ社会学的な意味を、機能分化理論との関係において考察する『制度としての基本権』の議論をトレースしたうえで、（2）そうした議論が基本権、基本的な人権の機能分化理論による正当化なのか、という問いを提示し、（3）包摂／排除という概念を媒介とすることにより、人権のシステム論的な位置づけを考察してきた。注3にも記したように（3）の議論は、ルーマン派の包摂／排除論と突き合わせつつ深化させていく必要がある。本章では、ルーマン理論の一つの可能な展開形として、「当事者たちによって使用される社会的な概念装置、包摂／排除の差異の検出道具」という人権の捉え方を提示したが、それは、理論的にも経験的にもまだ検討の余地のある見解である。

そのことを前提としたうえで、本章の元となった論文を収めた論集の編者井上達夫から寄せられた題目、「国家は自己の人権侵害能力を凌ぐ人権保障能力をもちうるか」という問いに立ち返ってみる。

これもまた多分に仮説的な議論であるが、人権侵害能力／保障能力の差異は、先に述べた「事実水準の排除／前提・要請としての包摂」と対応させて考えることができるのではないか。人権侵害能力は、それが発揮された場合のみならず、実定法などに発揮する可能性が表現されている場合においても、比較的明白に認識されうる。再度ルーマンを引用するなら、「妥当の基礎を明らかにしたり対応するテクストを精緻化してみても、人権という権利にとってはほとんど得るところ」はなく、「むしろ、権利侵害のほうが、明白である分だけ有効」である、というわけだ。人権侵害であるという否定的な形で人権侵害は同意可能性を調達しうる。一方人権保障のほうは、そうした同意の調達可能性が難しい。何をもって人権保障能力が達成されているということになるかについては、人権侵害のケースのように明確な同意を得ることはできない。特に、ルーマンが指摘するように、福祉国家レジームにおいて「防禦の権利だけではなく、給付を受ける権利」を意味するようになった人権は、その達成条件を拡大し続けてきたといえる（議論のインフレ状態、イデオロギー化）。それは、もちろん規範的に否定されるべきことではないが、達成条件についての合意をますます困難なものとしてきたとはいえる。しかし、民主化運動の活動家を別件逮捕し死刑に処するのは、多くの場合人権侵害とみなされるだろう。しかし、医療の国民皆保険化が実現されていない事態を人権侵害と表現することに同意する人はさほど多くはあるまい。

人権侵害の明白性、否定的な同意調達可能性と、人権保障の内容確定の困難さ——両者の非対称な関係を問うているのが、与えられた「国家は自己の人権侵害能力を凌ぐ人権保障能力をもちうるか」という課題である。本章において重要なのは、人権という概念装置そのものが、そうした非対称性——包摂／排除の差異——をつねに指し示す契機であるということだ。とすると、与えられたお題に対しては、

「然り。ただし、政治システムの自己記述としての国家の自己像として」と答えるしかない。むろん、人権侵害能力（排除）を凌ぐ人権保障能力（包摂）を持つとする自己像、排除を否認するそうした自己像が、異なる文脈においては、異なる記述されうることはいうまでもない。そのように異った形で記述されうる可能性を確保することの機能性を描き出すこと――あえていうなら、それがシステム論的な社会的投企のあり方（の一つ）といえるかもしれない。

註

（1）さらには「恒常的に人格性の自己表出をなしえない「人間」に対する関係」も考えられる。生命倫理学におけるパーソン論とも関わるこの問題については、別稿に委ねたい。

（2）このコインの裏表的な性格のために、しばしばルーマンの包摂概念について、理想（要請）のことなのか、経験的な構造的事態を指し示すのか不明瞭である、との批判がなされたりする（小松 2003:187）。この批判はある意味で正しい。ただ、ルーマンの基本権、主観的権利などの定式化は、そもそも理想／経験の二重性を指し示めしていたものと再解釈することもできる。この点は、Luhmann（1981:84）における主観的権利の位置づけから窺い知れる。主観的権利は（1）諸個人は今やますます人格化され、ますます社会的地位に非依存的になっているものとして理解されねばならない、という点において「主観的」権利であると同時に（2）すべての（個人のすべての機能領域への包摂が「いまだ満たされざる望ましきもの」であり、新たに発達した秩序（機能分化）がそのために必要な参加保証を追加的に供給する必要があるという点において主観的「権利」である。Verschraegen（2002）はこうした議論を受けて、「人権概念が発展するための必要条件であった」「主観的権利とは、全的な包摂、固定した社会的位置が失われたことに対する一種の補償なのである」、「基本的自由や人権を制度化することによって、①近代社会は脱分化へと向かう自己破壊的な傾向性に抗して自らの構造を保護する。その一方で②人権は近代社会に生きる個人の脆弱なポジションを保護する」(Verschraegen 2002:267, 280. 番号引用者)と論じている。本章の文脈でいえば、①は構造的条件、②は前提・要請としての包摂ということになる。

(3) もちろん、こうした議論はルーマン理論に忠実なものとはいえない。『社会の法』などを読むと、人権についてルーマンは本章よりもはるかにネガティヴな見解をとっているように思われる。また包摂/排除の差異については、包摂を、機能分化に即したよりゆるやかな統合を可能にするもの、排除を、連鎖的排除に見られるようにより自由度の低い(統合の度合いの強い)社会状態としたうえで、その差異が諸機能システムのコードを媒介する様相をスケッチしている(Luhmann1997=2009:928)。法システムの合法/不法の区別そのものがそもそも機能しているのか、を先行的にフィルタリングする包摂/排除の差異は、「法を超える正義」のようなものとして価値的に肯定されているわけではないし、そうしたメタ差異が前景化してきた場合の機能分化への負の影響についても論じられている(長岡 2006: 542-543)。メタコードとしての包摂/排除をポストモダン的な「不可能なものとしての正義」を指示する唯一の区別として捉えてはならない。(Luhmann 1995b=2007: 238)

(4) 西欧中心主義へのラディカルな批判者たちと同様に、要請/事実の差異を重視するルーマンもまた「平等や自由のような近代的価値が——機会平等としての平等、そして個人的な(社会的ではない)帰責を可能にするものとしての自由のごとき——イノセンスの幻想を維持するための口実(cover term)となっている」(Luhmann 1997a)ことを認める。重要なのは、にもかかわらず自由や平等がコミュニケーションにおいて使用され続けているのはいかにしてかということを、機能分化の論理に準拠して分析することである。

(5) しかし、こうした解釈はあくまでも一つの解釈にすぎない。ただ、「前提・要請と経験的事実の差異を検出する概念装置としての包摂/排除」という把握が解釈的にも理論的にも妥当性を持つとした場合、考えられるべきは、その概念装置を誰が、何が使用するのか、ということである。本章では「各機能システムが、各々の観点から」という前提で議論を展開しているが、(a)「機能システムの自己像——たとえば国家や政権主体」が、(b)「機能分化から帰結する排除を扱う新たな、二次的な機能システム」(Luhmann 1997b=2009:930)が、という捉え方もありうる。（a′）合法／非合法の差異を攪乱してでも地域社会における包摂を目指すこと（独裁開発におけるコネを介した包摂など）も、（b′）世界社会における包摂／排除を観察する特異なコミュニケーション空間（世界政府？アムネスティ？）もありえるだろう。（a）（b）ともにルーマン自身が自らのテクストに書き込んでいる事柄であるが、筆者は、「各機能システムが、それぞれの観点から」という考え方がもっとも整合的であると判断する。

あとがき

本書は、古いもので一九九八年『Sociology Today』掲載の「構築主義と実在論の不可思議な結婚」、一九九八年に『社会学評論』に掲載された「動機・責任・道徳」、直近のもので二〇一七年に『現代思想』掲載の「他者論のルーマン」であるから、『評論』投稿時から考えると実に20年近い幅を持つ論考群を、改稿・再編集し「社会制作の（人びとの）方法」という観点からまとめ返した書である。初出は次のようになる。

第1章　「存在忘却？『二つの構築主義』をめぐって」『歴史学研究』778、二〇〇三年。
第1章補論　「構築主義」江原・山崎編『ジェンダーと社会理論』有斐閣、二〇〇六年。
第2章　「〈構築されざるもの〉の権利をめぐって――歴史的構築主義と実在論」上野千鶴子編『構築主義とは何か』勁草書房、二〇〇一年。
第3章　「構築主義と実在論の不可思議な結婚」お茶の水女子大学社会学研究会編『Sociology Today』9号、一九九八年。

第4章「「ポスト構築主義」としての「プレ構築主義」――WeberとPopperの歴史方法論を中心に」『社会学評論』55-3、二〇一〇年。

第5章「動機・責任・道徳――Schutz動機論からLuhmannの道徳理論への展開」『社会学評論』49-4、一九九八年。

第6章「自由と人格――Weber自由論の再構成」『東京大学社会情報研究所紀要』66、二〇〇三年。

第7章「政治と／の哲学、そして正義―ローティの文化左翼批判を「真剣に受け止め」、ローティを埋葬する」馬場靖雄編『反=理論のアクチュアリティ』ナカニシヤ出版、二〇〇一年。

第8章「他者論のルーマン――経験的学としての社会システム理論」『現代思想』二〇一七年三月。

第9章「熟議と排除――社会的装置としての熟議」田村哲樹編著『語る――政治の発見第5巻』風行社、二〇一〇年。

第10章「国家は自己の人権侵害能力を凌ぐ人権保障能力を持ち得るか」井上達夫編『人権論の再構築シリーズ5 人権論の再定位』法律文化社、二〇一〇年。


20代に書いた論考の若書きはどうにも恥ずかしく、編集作業のなかで、自らの加齢を思い知らされることとなったが、おそらくはちょうど折り返し地点となるこの時期に、自分の思考の軌跡を再確認するためにもあらためて一書として編集したいと考え、編み上げたものである。もちろん、一冊の本として仕上げるために、大幅な改稿を行っており、また一貫したパースペクティブのもとに読むことができるように、大幅な理路の工事を行った。論文集的なものとはいえ、だいぶ水路づけの変更工事を行ったので、ぜひ序章から順にお読みいただければと思う。

本書の執筆依頼を元勁草書房の徳田慎一郎さんからいただいたのはおそらく十年以上前のことであるが、長らく私は編集作業にとりかかれずにいた。その最大の理由は私の怠惰なのだが、とはいえ、内在的な理由もある。第Ⅲ部のイントロダクション、第8章で述べたように、私はもともと『責任と正義』(勁草書房、二〇〇三年)という書のなかで、というよりもその一部に採録している「コミュニケーションにおける行為の同定と帰責――「責任」「道徳」の社会理論に向けて」(『相関社会科学』一九九七年)という論文のなかで、いわゆる「行為の事後成立説」という立場に近いルーマン解釈、コミュニケーション理解をしていた。

この行為の事後成立説については、今は同僚となっている三谷武司さんが長大な批判論文(『書評ソシオロゴス』二〇〇六年)を書いてくださり、どう応答したものか長考していたところ、同年に長岡克行『ルーマン／社会の理論の革命』というルーマン研究の金字塔的作品が、翌二〇〇七年酒井泰斗・小宮友根「社会システムの経験的記述とはいかなることか」、二〇一三年には河村賢「ルールに従うこと」はいかにして記述されるか――サールの外在的記述と初期ロールズの内在的記述の差異について」(『現代社会学理論研究』(7))という論文が上梓され、もはや事後成立説を擁護することは不可能と考え、降参を意味する白旗として執筆したのが第8章のもととなる「他者論のルーマン」であった。

事後成立説を撤回するにあたっては、もちろん、こうした著書・論文だけではなく、酒井泰斗さんや中河伸俊先生の導きに従ってエスノメソドロジーや概念分析を学習するなかで、あらためて行為やコミュニケーションについて根底から考えなおす必要を感じたこと、また二〇一一年度のドイツ滞在時に集中的にルーマンの原典を読むなかでルーマンの記述により内在的な形で向かい合う時間を得たことなどもある（だらだらしているうちに本書では原典のみ示した書籍も、後に邦訳が出たものも少なくない）。

第9章、第10章はそれぞれ二〇一〇年に出版された論集に収録されているが、この時点で、すでに事後成立説的解釈を前提としない書き方になっている。三谷さんの書評論文から（そのもととなった合評会は二〇〇三年！）すでに十年がたっている。三谷さんの批判に十分な形で応えられているわけではないが、本書が応答の第一弾と考えている。実は曖昧なままに残している「機能主義的正当化」については、別の形で引き続き考察を進めていくこととしたい。

クリプケンシュタイン流のルーマン解釈の撤退戦を続けていくなかで、次第に社会構築主義に対する考えかたも変わっていった。大学院のゼミで『構築主義を再考する』という英語論集を購読し、社会問題の社会学の系譜に位置づく構築主義をめぐる最新の議論状況を概観し、院生の方たちの議論から、私の脳内整理に大きな影響をいただいた。そのなかからあらためて、中河伸俊さんが模索していた構築主義、エスノメソドロジー、ルーマンのシステム論との接点を求める作業の意味・意義を再発見することができた。

私の技量ではとうていエスノメソドロジーに手を出すことはできないが、「エスノメソドロジストならどう言うかな…」という論理づけの探索装置として「使わせて」いただいている。私が仮想敵としていたのはポストモダン的に流用された構築主義であり、歴史認識であり、社会理論であり、社会問題の社会学における構築主義ではなかった。

この点自分自身混乱があったのは事実であるが、あらためて議論の配置図を点検し、いわば方法論的構築主義をもって政治的構築主義を批判すること、そして方法論的な構築主義の観点から自らのかつての論考を再編成し、同時にルーマン的構築主義（構成主義と訳される場合が多いが）を社会学が真の意味で「使っていく」ための道筋を模索すること、それを本書に通底するテーマとした。

もちろん原稿そのものを書き改めたが、同時に長めの前書きと各部のイントロダクションで大幅な水路転換工事を行っている。煩瑣に映るかもしれないが、本書においては個々の論題のみならず、それらの理路・水路づけ自体が重要なテーマとなっている。論文執筆当時の意図とは異なる形で位置づけられている章もある（構築主義批判の意図で書かれたものが、構築主義の可能性を前景化する、というように）。論文集というよりは総体的なリミックスを施した一つの作品としてお読みいただけると幸いである。

ここ二〇年間のうちに「論壇」的なものに限定すると、日本の社会学はだいぶ変容した（社会学界自体は「大きな」といえる変動はなく、以前より淡々とアカデミアの共同体を継承していたわけだが）。大澤真幸さんや宮台真司さん、上野千鶴子さん、内田隆三さんのような頑丈な理論的基盤にもとづき現代社会を斬っていく、名人芸のスタイルは少なくとも学会においては少数派となりつつあり、むしろかつてであれば「現代思想」に目を向けられなかったようないい意味で「地味で着実な」フィールドワークが注目を浴びている（敬愛する岸政彦さんがその発震源であったと思う）。

同時に、かつてであれば理論・思想に沈潜していったであろうタイプの若手も、フィールド調査や計量調査の経験を積み、経験的な学としての社会学というある意味で原点回帰的な傾向がみられる。華やかな現代思想との距離は急速に広がりつつあるように思う。かつては理論系（というか思想系）のひとであれば社会統計から離脱していくことは当然のことだったが、現在の社会学の学生の多くは、理論・フィールド・統計の三点セットをちゃんと叩き込まれる。

理論を前面に出す海外ビッグスターが久しく現れず（紹介されていないだけ、ということもあるだろうが）、共同的な実証研究が志向される現状は、上野さんや大澤さんに憧れて社会学入門した身としては寂しくもあるが、共同的に知を作り上げ、「社会問題の解決」を準拠問題とする社会学にとっては、よい方向性であると思う。

考えてみれば、それは私が学生時代に実はもっともよく読みこんだ（相談させていただいた）盛山和夫先生が体現されてきた道である。社会学は知識を掛金とする個人どうしの象徴闘争の場ではなく、新しい知を共同的に生み出していく共有地となりつつある（というか回帰しつつある）。論壇とは異なる次元でルールをもった知の産出ゲームがなされることによってこそ、真の意味で「社会貢献」が可能になるはずである。本書の議論はきわめて抽象度の高い理論によって構成されているが、経験的研究の共同的探索への貢献を強く意識して編集した。その課題が果たせているかは読者の判断に委ねるしかないが、そのように読まれることを願っている。

最後になったが、本書を編むうえでもっとも煩瑣な作業となる文献表の書式統制、および書誌情報の確認という作業を、ご自身の研究時間を削ってまでしていただいた梅田拓也さん（東京大学学際情報学府院生）、バラバラに散逸していたデータを再構成し、徳田さんから承けたバトンをもって、著者の編集作業に粘り強くお付き合いいただいた渡邊光さん（考えてみれば、渡邊さんは、私の思考の「転回」を決定的にしてくれたマイケル・リンチの邦訳出版を担当された方である）、そして、本書のもととなる論文を書きながら、疑似哲学、論壇仕事にかまける私を見放すことなく、その見事なプロデュース、時機を捉えたハードルの設定によって、アカデミア、そして経験的な学としての社会学へと水路づけてくれた酒井泰斗さん、四〇を過ぎてから一方的にオマージュを捧げて知りあいになってくれたにもかかわらず、経験的研究の持つ理論性を熱く語りあい、「デイヴィッドソン愛」を媒介としつつ、「ふつうの社会学」への帰路（それは理論を諦めることではない）を粘り強く導いてくれた岸政彦さんに心からの謝辞を捧げたい（酒井さんは本書の出版企画には首をかしげていると思うけれども）。もちろん、本書に記載された内容および形式の責任は著者にある。

そして、大学生・院生時代にともに「フランス現代思想」の磁場から意識的に抜け出そうとして、デイヴィッドソンやアンスコム、フランクファートなどを一緒に勉強していたにもかかわらず、長らく音信不通の状態にあった河島一郎君、「ポストモダン」と文化資本の結託から逃げるように論理学入門から分析哲学の古典・最新文献まで共同戦線を張ってくれたくせに、主宰する行為論研究会にも誘ってくれず、いつかどこかで再会し罵倒し合うのを楽しみにしていた河島君。彼がもう三年も前、二〇一五年に亡くなっていたことを最近知った。昔から不器用——というか自分の時間軸を崩さないひと——だったので寡作なのは個性の表れだが、それを読み返しても、彼が学生時代と同様に「行為者性 agency」にこだわり続けていたことが分かる。本書の核のひとつとなっている概念だ。彼とは、実は一番の理論的盟友だったのではないかもしれない、そういう気もする。そんな河島一郎君の夭折になかば怒りを感じつつ、哀悼の意をささげたい。そして本書に収められた初期の論文の精神的共著者としての河島君に、心から感謝する。君がいなければ、本書で書かれたことの半分も私は論文化していなかっただろう。ありがとう。

今後はもう、本書に掲載されたようなわりと純粋に「理論」に照準した書を書くことはないと思う。いまの私は、第Ⅲ部で書き記したことを、どのように経験的（質的・量的・歴史的とを問わず）な研究へと結実させるか、ということに大きな関心を持っている。二〇代からの二〇年後の自分から承けとったバトンを、異なる形で展開していくことが、個人的な意向でもあり、また社会学者としての責任であると考えている。多くの方々からいただいた知的資源を自分なり咀嚼しつつ、調査実践の深度と理論的思考とを深めていきたい。そのリスタート地点にあたる本書に、色々な読者の、様々な専門的な観点からご批判等をいただけると幸いである。

二〇一八年三月二七日

北田暁大

人名索引

参考文献

A

Austin, John L., 1970, *Philosophical Papers*, 2nd ed., Oxford University Press（＝1991　坂本百大監訳『オースティン哲学論文集』勁草書房）

阿部安成，1999，「横浜歴史という履歴の書法」阿部安成他編『記憶のかたち——コメモレイションの文化史』柏書房，25-80.

赤川学，1999，『セクシュアリティの歴史社会学』勁草書房.

————，2006，『構築主義を再構築する』勁草書房.

安藤英治，1965，『マックス・ウェーバー研究』未来社.

浅野智彦，1997，「構成主義から物語論へ」『東京学芸大学紀要 第三部門 社会科学』，48：153-161.

B

馬場靖雄，1992，「道徳への問いの道徳性」安彦一恵他編『道徳の理由』昭和堂，146-163.

————，2001，『ルーマンの社会理論』勁草書房.

————，2005，「機能分化と「法の支配」」『社會科學研究』，56(5/6)：27-48.

————，2006，「ルーマンと社会システム理論」新睦人編『新しい社会学のあゆみ』有斐閣.

Baker, Gordon P. and Hacker, Peter M. S., 1984, “On Misunderstanding Wittgenstein: Kripke's Private Language Argument,” *Synthese*, 58-3.

————, 1985, *Wittgenstein Rules, Grammer and Necessity*, Basil Blackwell.

Becker, Howard S. 1973, *Outsiders: Studies in the Sociology of Deviance*, The Free Press.（＝1993, 村上直之訳『アウトサイダーズ』新泉社）

Bernstein, Richard, 1991, *The New Constellation: The Ethical-Political Horizons of Modernity / Postmodernity*, Polity.（＝1997，谷徹・谷優訳『手すりなき思考』産業図書）

Best, Joel, 1995, “Constructionism in Context,” Joel Best ed., *Images of Issues: Typifying Contemporary Social Problems*, Transaction Publishers, 337-354.

Bogen, David and Michael Lynch, 1993, “Do we need a general theory of socid problems?” in Miller, G and Holsein (eds), *Reconsidering Socid Constructionism.* Hawthrore.

Butler, Judith, 1990, *Gender Trouble: Feminism and Subversion of Idemtity, Rrutledge.*

C

Carnap, Rudolf, 1936, “Testability and Meaning,” *Philosophy of Science*, 3: 419-71.（＝1977，永井成男訳「テスト可能性と意味」『カルナップ哲学論集』勁草書房，97-189.）

————, 1937, “Testability and Meaning,” *Philosophy of Science*, 3(4): 1-40.（＝1977，永井成男訳「テスト可能性と意味」『カルナップ哲学論集』勁草書房，97-189.）

Cavell, Stanly, 1994, *A Pitch of Philosophy,* Harvard University Press.（＝2008，中川雄一訳『哲学の〈声〉——デリダのオースティン批判論駁』春秋社.）

Collin, Finn, 1997, *Social Reality*, Routledge.

Coulter, Jeff, 1979, *The Social Construction of Mind : Studies in Ethnomethodology and Linguistic Philosophy*, Palgrave Macmillan.

Culler, Jonathan, 1988, *Framing the Sign: Criticism and Its Institutions*, University of Oklahoma Press.

D

Danto, Arthar, 1965, *Analytical Philosophy of History*. Cambridge Univ. Press.（＝1989, 河本英夫『物語としての歴史』国交社）

Davidson, Donald, 1980, *Essays on Action and Events*, Oxford University Press.

———, 1986a, "A Coherent Theory of Truth and Knowledge," Ernst LePore ed,. *Truth and Interpretation*, Blackwell, 307-319.（＝1989, 丹治信春訳「真理と知識の斉合説」『現代思想』17(7): 172-189.）

———, 1986b, "A Nice Derangement of Epitaphs," Ernst LePore ed., *Truth and Interpretation*, Blackwell, 433-446.

Dennett, Daniel, 1987, The Intentional Stance, MIT Press.（＝1996, 若島正・河田学訳『志向姿勢の哲学――人は人の行動を読めるのか？』白揚社.）

———, 1991, *Consciousness Explained*, Little Brown & Company.

Derrida, Jacques, 1990, *Limited Inc.*, Éditions Galilée.（＝2003, 高橋哲哉・宮崎裕助・増田一夫訳『有限責任会社』法政大学出版局）

———, 1994, *Force de Loi*, Éditions Galilée.（＝1999, 堅田研一訳,『法の力』法政大学出版局）

———, 1996, "Remarks on Deconstruction and Pragmatism," Chantal Mouffe ed., *Deconstruction and Pragmatism*, Routledge, 79-90.（＝2002, 青木隆嘉訳「脱構築とプラグマティズムについての考察」シャンタル・ムフ編『脱構築とプラグマティズム』法政大学出版局.）

Dummett, Michael, 1978, *Truth and Other Enigmas*, Harvard University Press.（＝1986, 藤田晋吾訳『真理という謎』勁草書房.）

Dray, William, 1957, *Laws and Explanation in History*, Oxford University Press.

E

Eagleton, Terry, 1996, *The Illusions of Postmodernism*, Blackwell.（＝1998, 森田典正訳『ポストモダニズムの幻想』大月書店.）

江原由美子, 1991,『ラディカル・フェミニズム再興』勁草書房.

———, 2001,『ジェンダー秩序』勁草書房.

F

Farzin, Sina, 2006, Inklusion/Exklusion: *Entwicklungen und Probleme einer systemtheoretischen Unterscheidung*, Transcript Verlag.

———, 2008, „Sichtbarkeit durch Unsichtbarkeit, " *Soziale Systeme*, 14(2).

Feinberg, Joel, 1968, "Action and Responsibility," Alan R. White ed., *The Philosophy of Action*, Oxford University Press.

———, 1970, *Doing and Deserving Essays in the Theory of Responsibility,* Princeton University Press.

G

Gadamer, Hans G.,1972, *Kleine Schriften III*, J.C.B Mohr.

Gasché, Rodolphe, 1986, *The Tain of the Mirror*, Harvard University Press.
Gibbard, Allan and Harper, William, [1978] 1985, "Counterfactuals and Two Kinds of Expected Utility," Richmond Campbell and Lanning Sowden eds., *Paradoxes of Rationality and Cooperation*, University of British Columbia Press, 133-158.
Giddens, Anthony, 1976, *New Rules of Sociological Method*, Hutchinson of London. (= 1987, 松尾精文他訳『社会学の新しい方法規準』而立書房.)
Ginzburg, Carlo, 1992, "Just One Witness" , Saul Friedlander ed., *Probing the Limits of Representation*, Harvard University Press, 82-96.（=1994, 上村忠男訳,「ジャスト・ワン・ウィットネス」上村・岩崎・小澤訳『アウシュヴィッツと表象の限界』未来社.）
Goodman, Nelson, 1979, *Fact, Fiction and Forecast*, Harvard Univ. Press.

H

Hacking, Ian, 1999, *The Social Construction of WHAT?* , Harvard University Press.
Hagen, Wolfgang hrsg., 2004, *Warum haben Sie keinen Fernseher, Herr Luhmann?*, Kulturverlag Kadmos.
Hempel, Carl, [1942] 1994, "The Function of General Laws in History," Michael Martin and Lee McIntyre eds., *Readings in the Philosophy of Social Science*, The MIT Press, 43-53.
Habermas, Jürgen, 1981, *Theorie des kommunikativen Handelns*, Bd2, Suhrkamp.
———, 1983, *Moralbewusstsein und kommunikatives* Handeln, Suhrkamp.（=1991, 三島憲一・中野敏男・木前利秋訳『道徳意識とコミュニケーション行為』岩波書店）
———, 1988, *Nachmetaphysisches Denken: Philosophische Aufsätze*, Suhrkamp.（=1990, 藤澤賢一郎・忽那敬三訳『ポスト形而上学の思想』未來社.）
———, 1992, *Faktizität und Geltung*, Suhrkamp.（=2002, 河上倫逸・耳野健二訳『事実性と妥当性（上)』未來社.）
Habermas, Jürgen und Luhmann, Niklas, 1971, *Theorie der Gesellschaft oder Sozialthechnologie*, Suhrkamp.（=1987, 佐藤嘉一・山口節郎・藤澤賢一郎訳『批判理論と社会システム理論』木鐸社.）
浜井修, 1982,『ウェーバーの社会哲学——価値・歴史・行為』東京大学出版会.
浜野研三, 2000,「トロツキーと野生の蘭？——ローティのポストモダニスト・ブルジョア・リベラリズムの問題点」『思想』, 909: 46-70.
橋爪大三郎, 1985,『言語ゲームと社会理論』勁草書房.
橋本努, 1994,『自由の論法——ポパー・ミーゼス・ハイエク』創文社.
波多野誼余夫・三宅なほみ, 1996,「社会的認知：社会についての思考と社会における思考」市川伸一［編]『認知心理学４思考』東京大学出版会, 205-235.
日暮雅夫, 2008,『討議と承認の社会理論』勁草書房.
廣松渉, 1991,『現象学的社会学の祖型』青土社.
———, 1992,『哲学の越境——行為論の領野へ』勁草書房.
Homans, George, 1967, *The Nature of Social Science*, Harcourt, Brace and World.（=1981, 橋本茂訳『社会科学の性質』誠信書房.)

I

Ibarra, Peter R. and Kitsuse, John I., 1993, "Venacular Constituents of Moral Discourse," James A. Holstein and Gale Miller eds., *Reconsidering Social Constructionism*, Aldine

de Gruyter 25-58.（=2000 中河伸俊訳「道徳的ディスコースの日常的な構成要素」平・中河編『構築主義の社会学』世界思想社.）46-104.
Ignatieff, Michael, 2001, *Human Rights as Politics and Idolatry*, Princeton University Press.（=2006, 池谷育志・金田耕一訳『人権の政治学』風行社.）
飯田隆, 1995,「言語哲学大全III意味と様相（下)」勁草書房.
———, 2004,『クリプキ――ことばは意味をもてるか』NHK出版.
lnglis, Fred, 1993, *Cultural Studies*, Wiley-Blackwell.
市井三郎, 1963,『哲学的分析』岩波書店.

J

Jay, Martin, 1992, Of Plots, Witnesses, and Judgements", Saul Friedlander ed., *Probing the Limits of Representation*, Harvard University Press.
Joas, Hans, 1993, *Pragmatism and Social Theory*, The University of Chicago Press.

K

Kant, lmmanuel, 1755, „Principiorum primorum cognitionis metaphysica nova dilucidatio“, *Kant's gesammelte Schriften von der Königlich Preußischen Akademie der Wissenschaften I*, Walter De Gruyter.（=1985, 山下正男訳「形而上学的認識の第一原理」『カント全集２巻　前批判期論集』理想社.）
———,［1781］1787（B）„Kritik der reinen Vernunft“, *Kant's gesammelte Schriften von der Königlich Preußischen Akademie der Wissenschaften III* Walter De Gruyter.（=1961, 篠田英雄訳『純粋理性批判（中)』岩波文庫.）［本文中, 引用は中巻からのみ］
———, 1785, „Grundlegung zur Metaphysik der Sitten,“ *Kant's gesammelte Schriften von der Königlich Preußischen Akademie der Wissenschaften IV* Walter De Gruyter.（=1960, 篠田英雄訳『道徳形而上学原論』岩波文庫.）
———, 1788, „Kritik der praktischen Vernunft,“ *Kant's gesammelte Schriften von der Königlich Preußischen Akademie der Wissenschaften V* Walter De Gruyter.（=1979, 波多野精一・宮本和吉・篠田英雄訳『実践理性批判』岩波文庫.）
菅豊彦, 1998,『心を世界に繋ぎとめる――言語・志向性・行為』勁草書房.
柄谷行人, 1986,『探究 I』講談社.
柏端達也, 1997,『行為と出来事の存在論』勁草書房.
加藤泰史, 1992,「〈定言命法〉・普遍化・他者――カント倫理学における「自己自身に対する義務」の意味について」カント研究会編『実践哲学とその射程』59-89.
河村賢, 2013,「「ルールに従うこと」はいかにして記述されるか」『現代社会学理論研究』7: 80-93.
岸政彦, 2015,「鉤括弧を外すこと――ポスト構造主義社会学の方法論のために」『現代思想』43（11）: 188-207.
北田暁大, 1997,「コミュニケーションにおける行為の同定と帰責」『相関社会科学』, 7: 70-87.
———, 1998,「構築主義と実在論の不可思議な結婚――J・サール『社会的現実の構成』をめぐって」お茶の水社会学研究会『Sociology Today』, 9: 88-97.
———, 1999,「動機・責任・道徳：Schutz動機論からLuhmann道徳理論への展開」『社会学評論』, 49(4): 635-650.
———, 2001a,「〈構築されざるもの〉の権利をめぐって」上野千鶴子編『構築主義とは何

か』勁草書房，255-273.
———，2001b,「歴史の政治学」吉見俊哉編『カルチュラル・スタディーズ』講談社，173-210.
———，2003,『責任と正義』勁草書房.
———，2010,「国家は自己の人権侵害能力を凌ぐ人権保障能力を持ち得るか」井上達夫編『講座 人権論の再定位 第5巻』法律文化社，181-202.
———，2014,「社会学にとって『アメリカ化』とは何か」『現代思想』vol 42-16.
———，2015,「社会学的忘却の起源」『現代思想』vol 43-11.
———，2016,「彼女たちの『社会的なもの the social』」酒井泰斗他編『概念分析の社会学2」ナカニシヤ出版.
小林公，1983,「刑罰・責任・言語」『実定法の基礎理論』東京大学出版会，97-131.
小松丈晃，2003,『リスク論のルーマン』勁草書房.
小宮友根，2011,『実践の中のジェンダー』新曜社.
黒田亘，1992,『行為と規範』勁草書房.
Kripke, Saul A., 1982, *Wittgenstein on Rules and Private Language*, Blackwell.（=1983，黒崎宏訳『ウィトゲンシュタインのパラドックス』産業書房.）

L

La Capra, Dominick, 1983. Rothing Intellectual History. Cornell University Press（=1993，山本和平他訳『思想史再考』平凡社）
Lewis, David, 1973, "Causation," *Journal of Philosophy*, 70：556-67.
Litowitz, Douglas, 1997, *Postmodern Philosophy and Law*, University Press of Kansas.
Löwith, Karl, 1932, *„Max Weber und Karl Marx"*, Archiv für Sozialwissenschaft und Sozialpolitik, 67：53-99 und 175-214.（=1966，柴田治三郎・脇圭平・安藤英治訳『ウェーバーとマルクス』未来社.）
Luhmann, Niklas, 1965, *Grundrechte als Institution*, Duncker & Humbolt.（=1989，今井弘道・大野達司訳『制度としての基本権』木鐸社.）
———，1975, *Soziologische Aufklärung 2: Aufsätze zur Theorie der Gesellschaft*, Westdeutscher Verlag.
———，1978, „Soziologie der Moral," Niklas Luhmann und Stephan H. Pfürtner (Hg.)，*Theorietechnik und Moral*, Suhrkamp, 8-116.
———，1984, *Soziale Systeme: Grundriß einer allgemeinen Theorie*, Suhrkamp（=1993-1995，佐藤勉監訳『社会システム（上）（下）』恒星社厚生閣）.
———，1987, „Autopoiesis als soziologischer Begriff, " Hans Haferkamp und Michael Schmid (Hg.) *Sinn, Kommunikation und soziale Differenzierung*, Suhrkamp.（=1993，馬場靖雄訳「社会学的概念としてのオートポイエーシス」『現代思想』，21（10）：109-130.）
———，1981, *Gesellschaftsstruktur und Semantik*, Bd. 2, Suhrkamp.———，1989, *Gesellschaftsstruktur und Semantik*, Bd. 3, Suhrkamp.
———，1990, Essays on Self-Reference, Columbia University Press（=1996，大澤善信他訳『自己言及性について』国文社.）
———，1993, Das Recht der Gesellschaft, Suhrkamp.（=1993，馬場靖雄・上村隆広・江口厚仁訳『社会の法1，2』法政大学出版局.）
———，1994, "Politicians, Honesty and the Higher Amorality of Politics," *Theory,*

Culture & Society, 11, 25-36.
———, 1995a, *Soziologische Aufklärung 6: Die Sozologie und der Mensch*, Westdeutscher Verlag（＝1997，村上淳一編訳『ポストヒューマンの人間論』東京大学出版会．［抜粋訳］）
———, 1995b, *Gesellschaftsstruktur und Semantik*, Bd. 4, Suhrkamp.
———, 1997a, "Globalization or World Society: How to conceive of modern society?," *International Review of Sociology*, 7: 67-79.
———, 1997b, *Die Gesellschaft der Gesellschaft*, Suhrkamp（＝2009，馬場靖雄・赤堀三郎・菅原謙・高橋徹訳『社会の社会１，２』法政大学出版局）．
Lynch, Michael, 1993, *Scientific Practice and Ordinary Action*, Cambridge University Press.（＝2012，水川喜文・中村和生監訳『エスノメソドロジーと科学実践の社会学』勁草書房．）
Lynch, Michael P., 1998, *Truth in Context: An Essay on Pruralism and Objectivity*, The MIT Press.

M

前田泰樹，2005,「行為の記述・動機の帰属・実践の編成」『社会学評論』56（3），710-726．
Malachowski, Alan ed., 1990, *Reading Rorty: Critical Responses to Philosophy and the Mirror of Nature*, Blackwell.
Martin, Jane, 1994, "Another Look at the Doctrine of Verstehen" , Michael Martin and Lee C. McIntyre eds., *Reading in the Philosophy of Social Science*, The MIT Press, 247-258.
Merton, Robert. 1957, *Social Theory and Social Structure,* Free Press（＝1961，森連吾他訳『社会理論と社会構造』みすず書房）
———, 1966, "Social Problem and Sociological Theory", Robert K. Merton and Robert A. Nisbet eds., Contemporary Social Problems, Harcourt Brace, 697-738.（＝1969，森東吾・森好夫・金澤実訳，「社会問題と社会学理論『社会理論と機能分析』青木書店，410-471.）
Mey, Jacob L. 1993, *Pragmatics: An Introduction*, Blackwell 1993（＝1996，澤田治美・高司正夫訳『ことばは世界とどうかかわるか』ひつじ書房．）
McCarthy, Thomas, 1978, *The Critical Theory of Jürgen Habermas*, The MIT Press.
Misak, Cheryl, 1999, *Truth, Politics, Morality: Pragmatism and Deliberation*, Routledge.
Mises, Ludwig, 1949, *Human Action: A Treatise on Economics*, New Haven: Yale University Press.
三谷武司，2006,「『責任と正義』の論理」『書評ソシオロゴス』2, 1-36．
———，2009,「理論的検討の進展のために」『相関社会科学』19，119-123．
宮館恵，1986,「理論の決定不全性と言語理論の不確定性」三田哲學會『哲学』83，33-60．
森元孝，1995,『アルフレート・シュッツのウィーン――社会科学の自由主義的転換の構想とその時代へ』新評論．
Mouffe, Chantal, 1993, *The Return of the Political*, Verso.（＝1998，千葉眞・土井美徳・田中智彦・山田竜作訳，『政治的なるものの再興』日本経済評論社．）
———, 2000, The Democratic Paradox, Verso.（＝2006，葛西弘隆訳，『民主主義の逆説』以文社．）
向井守，1997,『マックス・ウェーバーの科学論』ミネルヴァ書房．
村上陽一郎・野家啓一，1998,「〔対談〕サイエンス・ウォーズ」『現代思想』26(15)：34-51．

N

Nassehi, Armin and Kneer, Georg, 1993, *Niklas Luhmanns Theorie sozialer Systeme*, Wilhelm Fink.（＝1995，舘野受男・池田貞夫・野崎和義訳，『ルーマン社会システム理論』新泉社．）

———，2015a，2003，Geschlossenheil and Offenheit. Swhrlcamy.

———，2015b，2004 "Inklusion, Eyklusion, Ungleichbarlceie" in Schinn, Thomas (ed.) Hrezierang and Soziale unglechkeut. Humanities Ohline.

長岡克行，2006，『ルーマン／社会の理論の革命』勁草書房．

中河伸俊，1999，『社会問題の社会学』世界思想社．

中河伸俊他編，2001，『社会構築主義のスペクトラム』ナカニシヤ出版．

中島恵理他，2005，「EU・英国における社会的包摂とソーシャルエコノミー」大原社会問題研究所雑誌561，12-28．

中島義道，1984，「自由による因果性」『理想』617, 422-432．

中野敏男，1983，『マックス・ウェーバーと現代』三一書房．

———，1983，「社会のシステム化と道徳の機能変容」『社会システムと自己組織性』岩波書店，124-157．

Nanda, Meera, 1998, "The Epistemic Charity of the Social Constructivist Critics of Science and Why the Third World Should Refuse the Offer", Noretta Koertge ed., *A House Built on Sand, Exposing Postmodernist Myths About Science*, Oxford University Press,

Nasehi, Armin　2003　Geschlossenheit und Offenheit: Studien zur Theorie der modernen Gesellschaft, Suhrkamp.

———，2004 "Inklusion, Exklusion, Ungleichheit : eine kleine theoretische Skizze," Schwinn Thomas ed., *Differenzierung und soziale Ungleichheit: Die zwei Soziologien und ihre Verknüpfung*, Humanities Online, 323-352.

Neves, Marcelo, 2007, "The Symbolic Force of Human Rights," *Philosophy & Social Criticism*, 33(4): 411-444.

西阪仰，1990，「コミュニケーションのパラドクス」土方透編『ルーマン／来たるべき知』勁草書房，61-87．

新田孝彦，1993，『カントと自由の問題』北海道大学図書刊行会．

Noll, Andreas, 2006, *Die Begründung der Menschenrechte bei Luhmann: Vom Mangel an Würde zur Würde des Mangels*, Helbing & Lichtenhahn.

野本和幸，1997，『意味と世界――言語哲学論考』法政大学出版局．

Norris, Christopher, 1988, *Derrida*, Harvard University Press.

野家啓一，1993，『言語行為の現象学』勁草書房．

———，1996，『物語の哲学』岩波書店．

野矢茂樹，1990，「心と他者」『北海道大学文学部紀要』38-2．

———，1994，「行為者性と意図」『人文科学科紀要』東京大学教養学部，103,175-218．

———，1995，『心と他者』勁草書房．

O

岡田光弘，2001，「構築主義とエスノメソドロジー研究」中河他編（2001），26-42．

大庭健，1989，『他者とは誰のことか――自己組織システムの倫理学』勁草書房．

大澤真幸，1994，『意味と他者性』勁草書房．

大澤真幸・北田暁大，2008，『歴史の〈はじまり〉』左右社.
大塚久雄，1966，『社会科学の方法――ヴェーバーとマルクス』岩波新書.
折原浩，1996，『ヴェーバーとともに40年――社会科学の古典を学ぶ』弘文堂.

P

Peters, Richard S., 1958, *The concept of motivation*, Humanities Press.
Pitkin, Hanna F., 1972, *Wittgenstein and Justice: On the Significance of Ludwig Wittgenstein for Social and Political Thought*, University of California Press.
Pinker, Steven, 2003, The Blank Slate: *The Modern Denial of Human Nature*, Penguin Books.（=2004，山下篤子訳『心の本性を考える（上）（下）』NHK出版）
Popper, Karl, 1934, *The logic of Science Discovery* (Eng).（=1971-1972，大内・森訳『科学的発見の論理』恒星社厚生閣）［LF］
———, 1945, The Open Society and Its Enemies, vol. 2: The High Tide of Prophecy, Gorge Routledge & Sons.（=1980, 内田詔夫・小河原誠訳，『開かれた社会とその敵――第二部　予言の大潮』未來社.）［OE］
———, 1957, *The Poverty of Historicism*, Routledge & Kegan Paul.（=1961, 市井三郎・久野収訳『歴史主義の貧困』中央公論社.）
———, 1959, The Logic of Scientific Discoverry, Hutchinson & Co.（=1971-72, 森博・大内義一訳『科学的発見の論理（上・下）恒星社厚生閣.』［LS］
———, 1963, Conjecture and Refutations: The Growth of Scientific Knowledge, Routledge & Kegan Paul.（=1980，藤本隆志・石垣寿郎訳『推測と反駁』法政大学出版局.）［CR］
———,［1967］1985, "The Rationality Principle," David W. Miller ed., *Popper Selections*, Princeton University Press, 357-365.［RP］
———, 1974, *Unended Quest: An Intellectual Autobiography*, Fontana/Collins.（=1978, 森博訳『果てしなき探求――知的自叙伝』岩波書店.）［UQ］
———, 1984, *Auf der Suche nach einer besseren Welt*, R. Piper GmbH & Co.（=1995, 小河原誠・蔭山泰之訳『よりよき世界を求めて』未來社.）［AS］
———, 1990, A World of Propensities, Bristol: Thoemmes Antiquarian.（=1992, 田島裕訳『確定性の世界』信山文庫.）
Potter, Jonathan, 1996, *Representing Reality: Discourse, Rhetoric and Social Construction*, Sage.
Putnam, Hilary, 1981, *Reason, Truth and History*, Cambridge University Press.（=1994 野本・中川・三上・金子訳『理性・真理・歴史』法政大学出版局.）
———, 1983, *Realism and Reason: Philosophical Papers Vol. 3*, Cambridge University Press.（=1992, 飯田隆・佐藤労・山下弘一郎・金田千秋・関口浩喜訳『実在論と理性』勁草書房.）
———, 1988, *The Many Faces of Realism*, Open Court.
———, 1990, *Realism with a Human Face*, Harvard University Press.
———, 1994, *Words and Life*, Harvard University Press.

R

Ringer, Fritz, 1997, *Max Weber' s Methodology: The Unification of the Cultural and Social Sciences,* Harvard university Press.

Rorty, Richard, 1979a, *Philosophy and the Mirror of Nature*, Princeton University Press. [PMN]
———, 1979b, "Transcendental Arguments, Self-Reference and Pragmatism," Peter Bieri et al. eds., *Transcendental Arguments and Science: Essays in Epistemology*, Reidel Publishing Company.（=1992，冨田恭彦・望月俊孝訳「超越論的論証・自己関係・プラグマティズム」竹市明弘編『超越論哲学と分析哲学』産業図書.）
———, 1982, *Consequences of Pragmatism: Essays, 1972-1980*, University of Minnesota Press. [CoP]
———, 1989, *Contingency, Irony, and Solidarity*, Cambridge University Press. [CIS]
———, 1991a, *Objectivity, Relativism, and Truth : Philosophical Papers I*, Cambridge University Press. [CP1]
———, 1991b, *Essays on Heidegger and Others : Philosophical Papers II*, Cambridge University Press. [CP2]
———, 1993, "Human Rights, Rationality and Sentiment," Stephen Shute and Susan Hurley eds., *On Human Right: Oxford Amnesty Lectures*, Basic Books.（=1998，中島吉弘・松田まゆみ訳「人権，理性，感情」スティーブン・シュート，スーザン・ハリー『人権について』みすず書房.）
———, 1998a, *Achieving Our Country: Leftist Thought in Twentieth-Century America*, Harvard University Press. [AOC]
———, 1998b, *Truth and Progress : Philosophical Papers III*, Cambridge University Press. [CP3]
———, 1999, *Philosophy and Social Hope*, Penguin. [PS]
Rothleder, Dianne, 1999, *The Work of Friendship: Rorty, His Critics, and the Project of Solidarity*, State University of New York Press.
Runciman, Walter G., 1972, A Critigue of Max Weber' s Philosophy of Social Science, Cambridge University Press.（=1978，湯川新訳『マックス・ウェーバーの社会科学論』法政大学出版局.）

S

齋藤純一，2000，『公共性』岩波書店.
酒井泰斗・小宮友根，2007，「社会システムの経験的記述とはいかなることか——意味秩序としての相互行為を例に」『ソシオロゴス』31: 62-85.
坂本佳鶴恵，2005，「ジェンダーとアイデンティティ」江原・山崎編，『ジェンダーと社会理論』有斐閣．51-63.
佐藤俊樹，1993，『近代・組織・資本主義——日本と西欧における近代の地平』ミネルヴァ書房.
———，2006，友枝敏雄（編），『言語分析の可能性』東信堂
———，2008，『意味とシステム』勁草書房
———，2010a，「『意味とシステム』書評へのリプライ」『相関社会科学』20: 89-102.
———，2010b，「サブカルチャー/社会学の非対称性と批評のゆくえ——世界を開く魔法・社会学編」東浩紀・北田暁大編『思想地図 vol5 特集・社会の批評』NHKブックス: 205-233.
佐藤勉，2004，「ルーマン理論における排除個人性の問題」『淑徳大学社会学部研究紀要』38: 63-78.
Schegloff, Emanuel A., 1992, "To Searle on Conversation: A Note in Return." *John. R. Searle et al.,* (*On*) *Searle on Conversation: Compiled and introduced by Herman Parret*

and Jef Verschueren. John Benjamins, 113-128.［引用はScheglofｆのウェブサイト公開版より］

Schütz, Alfred, 1932, Der Sinnhafte Aufbau der sozialen Welt, Julius Springer.

———, 1962, *Collected Papers I: The Problem of Social Reality*, Maurice Natanson ed., Martinus Nijhoff.

———, 1964, *Collected Papers II: Studies in Social Theory*, Arvid Brodersen ed.. Martinus Nijhoff.

Schütz, Alfred und Luckmann, Thomas, 1975, *Strukturen der Lebenswelt*, Luchterhand.

Schwinn, Thomas, ed., 2004, *Differenzierung und soziale Ungleichheit: Die zwei Soziologien und ihre Verknüpfung*, Humanities Online.

Scott Joan, 1988, *Gender and Politics of History*, Columbia University Press.（＝1992, 荻野美穂訳『ジェンダーと歴史学』平凡社.）

Scriven, Michael, 1959, "Truisms as the Grounds for Historical Explanations," Patrick Gardiner, ed., *Theories of History: Readings from Classical and Contemporary Sources*, Free Press, 443-475.

Searle, John R., 1983, An Essay in the Philosophy of Mind, Cambridge University Press.

———, 1991, "Response: Applications of the Theory," Ernest Lepore and Robert van Gulick ed., *John Searle and his Critics*, Blackwell.:385-391.

———, 1995, *The Construction of Social Reality,* Free Press.

Shute, Stephan and Hurley, Susan eds., 1993, *On Human Rights*, Basic Books（＝1998, 中島吉弘・松田まゆみ訳『人権について』みすず書房.）

Specter, Malcolm and Kitsuse, John, 1977, Constructing Social Problems, Cummings Publishing.（＝1990, 村上直之他訳『社会問題の構築――ラベリング論をこえて』マルジュ社.）

Sperber, Dan and Wilson, Deirdre, 1986, *Relevance: Communication and Cognition*, Blackwell.

関雅美, 1990,『ポパーの科学論と社会論』勁草書房.

盛山和夫, 1995,『制度論の構図』創文社.

———, 2000,『権力』東京大学出版会.

Stichweh, Rudolf, 1997, „Inklusion/Exklusion, funktionale Differenzierung und die Theorie der Weltgesellschaft" in Sozioale System, 6.

———, 2000, De Weltgesellschaft: Soziologische Analysen, Sehrkamp.

———, 2004, Zum Verhältnis von Differenzierungstheorie und Ungleichheitsforschung : am Beispiel der Systemtheorie der Exklusion. Thomas Schwinn (Hg.), *Differenzierung und soziale Ungleichheit*, Humanities online, 353-367.

———, 2009, „Leitgesichtspunkte einer Soziologie der Inklusion und Exklusion, " Rudolf Stichweh and Paul Windolf (Hg.), *Inklusion und Exklusion: Analysen zur Sozialstruktur und sozialen Ungleichheit*, VS Verlag für Sozialwissenschaften, 29-42.

須藤訓任, 2000,「対立の転轍――ユートピアン＝ローティ」『思想』909: 25-45.

T

平英美・中河伸俊編, 2000,『構築主義の社会学――論争と議論のエスノグラフィー』世界思想社.

高橋哲哉, 1995,『記憶のエチカ――戦争・哲学・アウシュヴィッツ』岩波書店.

田中耕一，2006，「構築主義論争の帰結」平・中河編（2006）．214-238.
田村哲樹，2008，『熟議の理由――民主主義の政治理論』勁草書房.
立岩真也，1997，『私的所有論』勁草書房.
田崎英明，2000，『ジェンダー／セクシュアリティ』岩波書店.
Taylor, Charles, 1990, "Rorty in the epistemological tradition". Alan Malachowski, ed., *Reading Rorty*, Blackwell.
Taylor, Richard, 1966, *Action and Purpose*, Prentice-Hall.
Tenbruck, Friedrich H., 1959, *Die Genesis der Wissenschaftslehre Max Webers; I Allgemeiner Teil: Die Genesis der Methodologie Max Webers*, in: Kölner Zeitschrift für Soziologie und Psychologie 11 Jahr- gang, 1959, S. 573-630. F.H. テンブルック（＝1985，住谷一彦・山田正範訳，『マックス・ウェーバー方法論の生成』未来社.）
富山太佳夫，1999，「歴史記述の前提としてのフィクション」阿部安成他編『記憶のかたち――コメモレイションの文化史』柏書房，207-224.
辻大介，2010，「コミュニケーションにおける匿名性と自由」北田暁大編『自由への問い４　コミュニケーション』岩波書店，226-248.
Turner, Stephen, 1994, *The Social Theory of Pratices*, Polity.
Turner, Stephen and Factor, Regis, 1981, "Objective Possibility and Adequate Causation in Weber's Methodological Writings," *Sociological Review*, 29(1):5-28.

U

上村忠男，1994，『歴史家と母たち』未来社.
上野千鶴子，1995，「差異の政治学」『岩波講座現代社会学　第11巻』岩波書店，1-28.
―――，1998，『ナショナリズムとジェンダー』青土社.
―――，2001，『構築主義とは何か』勁草書房.

V

van Inwagen, Peter, 1991, "Searle on Ontological Commitment," Ernest Lepore and Robert van Gulick eds., *John Searl and His Critics*, Blackwell, 345-358.
Verschraegen, Gert, 2002 "Human Rights and Modern Society: A Sociological Analysis from the Perspective of Systems theory," *Journal of Law and Society*, 29(2), Journal of Law and Society: 258-281.

W

Watkins, John, 1970, "Imperfect Rationality," Robert Borger and Frank Cioffi, eds., *Explanation in the Behavioral Sciences*, Cambridge University Press, 167-217.
渡辺幹雄，1999，『リチャード・ローティ――ポストモダンの魔術師』春秋社.
Weber, Max, [1903-06] 1951, „Roscher und Knies und die logischen Probleme der historischen Nationalökonomie," Max Weber, *Gesammelte Aufsätze zur Wissenschaftslehre,* J.C.B. Mohr, 1-145.（＝1988，松井秀親訳「ロッシャーとクニース」未来社.）[RK]
―――，[1906] 1951, „Kritische Studien aur dem Gebiet der kulturwissenschaftlichen Logik," Max Weber, *Gesammelte Aufsätze zur Wissenschaftslehre*, J.C.B. Mohr, 215-90.（＝1965，森岡弘通訳「文化科学の論理学の領域における批判的研究」エドワルド・マイヤー／マックス・ウェーバー『歴史は科学か』みすず書房，99-227.）[KS]
―――，Die 》Objektivität《 sozialwissenschaftlicher und sozialpolitischer Erkenntnis.（＝

1998, 富永祐治他訳『社会科学と社会政策にかかわる認識の「客観性」』岩波書店.）［Ob］
※Weberの引用にさいしては、原書は、GesammelteAufsätzezurWissenschaftslehre, 4, Aufl. Tübingen:Mohr、1973を用い、以下の略記法を採用した。Weber, Max；［RK］＝ “Roscher und Knies und die logischen Probleme der historischen Nationalökonomie,” 〔『ロッシャーとクニース』松井秀親（訳）未来社、1988〕、［KS］ ＝ “Kritische Studien auf dem Gebiet der Kulturwissenshaftlichen Logik” 〔『歴史は科学か』森岡弘通訳、みすず書房、1965〕、［Ob］＝ “Die 》Objektivität《 Sozialwissenschaftlicher und sozialpolitischer Erkenntnis” 〔『社会科学と社会政策における認識の「客観性」』富永・立野訳、折原浩補訳岩波文庫、1998〕、［SW］＝ “Der Sinn der 》Wertfreiheit《 der soziologischen und ökonomishen Wissenschaften” 〔『社会学および経済学の〝価値自由〟の意味』松代和郎（訳）、創文社、1976〕以下、（［略記］：xx訳yy）という形で上記の原書と訳書のページ数を示す。
Weber, Marianne, 1926, *Max Weber, Ein Lebensbild*, Mohr.（＝1963, 大久保保和郎訳『マックス・ウェーバー』（1）みずず書房.）
White, Hayden, 1975, Metahistory: The Historical Imagination in Nineteenth-Century Europe, Johns Hopkins University Press.
Wittgenstein, Ludwig, 1953, Philosophische Untersuchungen, Basil Blackwell.（＝1976, 藤本隆志訳『哲学探究』大修館書店.
Woolgar, Steve, Pawluch Dorothy, 1985, “Ontological Gerrymandering: The anatomy of social problems explanations,” *Social Problems*, 32(2):214-27.

Y

山口節郎, 1982,『社会と意味――メタ社会学的アプローチ』勁草書房.
山岡謁郎, 1996,『現代真理論の系譜：ゲーデル, タルスキからクリプキへ』海鳴社.
吉澤夏子, 1985,「他者」江原由美子・山岸健編『現象学的社会学――意味へのまなざし』三和書房, 69-88.

Z

銭谷秋生, 1989,「理性の事実」浜田義文編『カント読本』法政大学出版局.

著者略歴

1971年生まれ。東京大学大学院情報学環教授。社会学、メディア論を専攻。博士（社会情報学）。著書に『終わらない「失われた20年」』（筑摩書房、2018年）、共著に『そろそろ左派は〈経済〉を語ろう——レフト3・0の政治経済学』（亜紀書房、2018年）などがある。

社会制作の方法
社会は社会を創る、でもいかにして？　けいそうブックス

2018年11月10日　第1版第1刷発行

著者　北《きた》田《だ》暁《あき》大《ひろ》

発行者　井村寿人

発行所　株式会社　勁《けい》草《そう》書房

112-0005 東京都文京区水道2-1-1　振替 00150-2-175253
（編集）電話 03-3815-5277／FAX 03-3814-6968
（営業）電話 03-3814-6861／FAX 03-3814-6854
堀内印刷所・松岳社

ISBN978-4-326-65415-4　Printed in Japan